JACQUES CŒUR
LE VIF-ARGENT

Son Altesse Royale
Princesse Michael de Kent

JACQUES CŒUR
LE VIF-ARGENT

TRADUIT DE L'ANGLAIS (ROYAUME-UNI)
PAR ÉRIC DE LIERRE

Éditions SW Télémaque

DU MÊME AUTEUR

Dans la même collection :

La Reine des quatre royaumes
Agnès Sorel, maîtresse de Beauté

Ce roman est paru sous le titre original :
Quicksilver

Ce roman a été publié pour la première fois au Royaume-Uni par Constable, un département de Constable & Robinson, 2015.

Éditions Télémaque, 7, rue Pérignon, 75015 Paris
www.editionstelemaque.com

ISBN : 978-2-7533-0310-2

À mes deux Freddy – mon frère et mon fils – qui possèdent tous deux l'érudition et l'intelligence de leur aïeul,

Jacques Cœur, ce Vif-Argent.

Jean II, roi de France
1319-1364
*Judith de Bohême

Charles V, roi de France
1337-1380
*Jeanne de Bourbon

Isabelle 1348-1372
*Gian Gallazeo Visconti,
duc de Milan

Louis I, duc d'Anjou
1339-1384
*Marie de Chatillion de Blois
1343-1404

Valentina Visconti
1366-1408
*Louis d'Orléans

Louis II, duc d'Anjou
1384-1442
*(III) Yolande d'Aragon

Charles VI
1368-1422
*Isabeau de Bavière
1370-1435

Louis d'Orléans
1372-1407
*Valentina Visconti = Marie d'Enghien

Philippe,
comte de Vertus
1396-1420

Charles,
duc d'Orléans
1391-1465

Jean,
comte de Dunois
1402-1468

Louis III d'Anjou
1403-1434
*Marguerite
de Savoie

Marie
1404-1463
*Charles VII

Jean
de Calabre
1425-1470

Louis
d'Anjou
1427-1444

Isabelle 1389-1409
*(I) Richard II
d'Angleterre
*(II) Charles,
duc d'Orléans

Jeanne
1399-1433
*Jean VI
de Bretagne
1389-1442

Catherine
1401-1437
*(I) Henry V,
roi d'Angleterre
*(II) Owen Tudor

Charles VII
de France
1403-1461
*Marie d'Anjou = Agnès Sorel

Henry VI d'Angleterre
1421-1471
*Marguerite d'Anjou
1430-1482

Dauphin Louis
(XI de France)
1423-1483
*Marguerite
d'Écosse
1424-1445

Marie
b. 1444
Charlotte
b. 1446
Jeanne
b. 1448

Jean, duc de Berry
1340-1416
*(I) Jeanne d'Armagnac
*(II) Jeanne comtesse d'Auvergne

Philippe le Hardi,
duc de Bourgogne
1342-1404
*Marguerite de Flandres

Jeanne 1343-1373
*Charles II le Mauvais
roi de Navarre

Jean Ier de Bourgogne
« sans Peur »
1371-1419
*Marguerite de Bavière

Jeanne de Navarre
1370-1437
*(I) Jean V,
duc de Bretagne
*(II) Henry IV,
roi d'Angleterre

René
1408-1480
*Isabelle
de Lorraine

Yolande
1412-1440
*François Ier
de Bretagne

Charles
(du Maine)
1414-1472

Philippe le Bon,
Duc de Bourgogne
1396-1467

Marguerite d'Anjou
1430-1482
*Henry VI d'Angleterre

Yolande d'Anjou
1428-1483
*Frédéric de Vaudémont
1428-1470

Jean VI,
duc de Bretagne
1389-1442
*Jeanne de France

Arthur, comte
de Richemont
Connétable de France
1392-1458
*Marguerite
de Bourgogne

François Ier, duc de Bretagne
1415-1450
*Yolande d'Anjou
1412-1440

LA FAMILLE ROYALE DE FRANCE AU TEMPS DE CETTE HISTOIRE

Avant-propos

Au milieu du XVe siècle, le marchand Jacques Cœur passait pour l'homme le plus riche du royaume de France. Il possédait la plus imposante flotte marchande de Méditerranée et finançait les campagnes de Charles VII pour reprendre la Normandie et Calais aux Anglais et les bouter hors de France. À tous égards, Jacques Cœur était un personnage incontournable. Une réussite d'autant plus remarquable si l'on songe à ses origines.

Jacques naquit à Bourges en 1400. Son père Pierre était un marchand pelletier prospère, dont les peaux étaient réputées les plus belles du duché de Berry. Cependant, la famille demeurait à l'écart des cercles du pouvoir. Malgré son intelligence et son habileté, Jacques Cœur n'aurait peut-être pas connu le destin qui fut le sien si les Anglais n'avaient poursuivi leur conquête grâce à leur alliance avec la Bourgogne, ce qui obligea le dauphin Charles, dont la légitimité était contestée, à se réfugier à Bourges avec ses partisans en 1418.

Chapitre 1

Duché de Berry, début du XVe siècle.

– Père, attendez-moi ! Ces peaux sont si lourdes, j'ai peine à vous suivre ! ahane le jeune Jacques.

Les petites jambes du garçonnet ploient sous une charge plus lourde que d'ordinaire. Pierre Cœur s'arrête pour l'attendre et lui tapote affectueusement la tête.

– Tiens bon, mon garçon. Nous y sommes presque.

Jacques est habitué à porter les fourrures que son père vend à de riches clients, dont certains princes de sang. Ce jour-là est toutefois une occasion particulière : c'est la première fois que le garçon se rend chez le duc de Berry, en son palais de Bourges, capitale du duché. Le duc, l'un des plus fins collectionneurs et amateurs d'art de son temps, est le plus gros client de son père. Justement, Pierre lui livre des peaux de martre d'une qualité et d'une douceur inouïes. Le duc, qui souffre du froid et de l'humidité, en double tous ses vêtements. Alors que les deux hommes pénètrent dans la grande salle du palais, avec son haut plafond voûté, le garçon manque trébucher sur une des longues queues de fourrure, et le duc s'exclame :

– Soyez les bienvenus, mes chers amis ! Ah ! Ah ! Pierre, je vois que vous m'avez apporté, outre les peaux, une petite créature vivante !

Jacques ne peut s'empêcher de rougir. Seul transparaît son visage poupin sous la montagne de poils soyeux qui encombre ses bras.

– Faut-il le dépecer à son tour ? plaisante le vieux duc.

La familiarité de l'auguste prince envers le pelletier ne manque pas d'étonner le garçon. Les deux hommes discutent du temps et de la conjoncture, et le jeune Jacques, peu à peu débarrassé de ses peaux, ose pivoter sur lui-même avec hésitation pour admirer ces lieux qu'il découvre. Tandis que Pierre lui vante ses marchandises, le duc note la curiosité du garçon et l'invite d'un ample geste à explorer la vaste salle.

– Promenez-vous, mon garçon, que vos yeux se régalent des objets exotiques et raffinés que j'ai collectionnés au cours de ma vie.

En chemin vers le palais, le pelletier avait sondé les connaissances de son fils :

– Que sais-tu, Jacques, du duc de Berry, notre seigneur ?

– Mon précepteur m'a enseigné qu'il était le troisième fils du roi Jean II, qui lui a attribué le duché souverain du Berry.

– Bien. Et peux-tu me parler du roi Jean II ?

Jacques s'étonne d'être ainsi interrogé, mais un futur marchand se doit sans doute de bien connaître les arcanes du pouvoir.

– À la mort du roi Jean, son fils aîné Charles V lui a succédé.

– Bien, mon fils. Et que sais-tu des relations entre les deux frères, Charles V et notre duc ?

– Quand notre précédent monarque s'est emparé du Poitou, il l'a confié à son benjamin qui régnait déjà sur le Berry, l'Auvergne et la Touraine.

– Tout à fait. Tu as bien retenu tes leçons. Rends-toi compte, le duc Jean gouverne une bonne partie du centre de la France.

– Il doit être très riche ? murmure le garçon avec de grands yeux.

– Oui, c'est l'homme le plus riche du royaume de France.

Quelques mètres plus loin, Pierre ajoute :

– Notre bon duc possède de nombreux palais et châteaux, demeures qu'il décore somptueusement en faisant travailler les plus grands artistes de notre temps. Nombre de ces trésors sont représentés dans le célèbre manuscrit enluminé dont il a passé commande, *Les Très Riches Heures* du duc de Berry. Si je te confie cela, c'est qu'aujourd'hui tu vas pouvoir admirer pour la première fois l'une des plus magnifiques collections d'art rassemblées à notre époque.

D'un tempérament curieux et observateur, le garçon ne perd rien des chefs-d'œuvre qui se déploient autour de lui. Une poignée de mains scelle le marché, après quoi le duc s'adresse à Jacques, les bras croisés :

– Dites-moi, mon jeune ami, lequel de mes trésors vous a le plus ébloui ?

Au grand étonnement du duc, le garçon répond sans hésitation, en pointant le doigt :

– Monsieur le duc, je suis très intrigué par ce bouclier, accroché là-haut sur ce mur.

Le duc gratifie le père d'une tape amicale.

– Mon cher Pierre, votre fils m'enchante ! J'ai acheté cette pièce à un marchand qui m'a certifié qu'elle provenait de la bataille des Thermopyles, une défaite subie par les Grecs il y a très, très longtemps, contre les Perses. Elle s'est déroulée au défilé des Thermopyles. En avez-vous entendu parler, mon enfant ? Non, cela ne me surprend guère. Vous êtes un peu jeune pour avoir commencé le grec. Quel âge avez-vous, six ou sept ans ? La bataille des Thermopyles est restée gravée dans la mémoire collective, rarement a-t-on vu un petit groupe d'hommes résister avec un tel héroïsme face à une armée beaucoup plus nombreuse. Les Grecs, originaires de la ville de

Sparte située au sud du Péloponnèse, savaient qu'ils ne pourraient pas s'en sortir et pourtant ils se sont battus jusqu'au dernier homme. Leur bravoure a impressionné jusqu'aux Perses eux-mêmes qui ont célébré leur courage en chanson et en poésie. Dans les moments de doute, je n'ai qu'à porter les yeux vers ce bouclier pour me donner de l'ardeur.

Le pelletier Pierre Cœur n'en revient pas qu'un homme si puissant prenne le temps de présenter l'un de ses objets à un enfant, preuve de la passion qu'il voue à sa collection.

Sur le chemin du retour, Jacques interroge son père sur le duc de Berry.

– Mon fils, tu viens de rencontrer l'un des mécènes les plus généreux et les plus cultivés du royaume. Le duc Jean est aussi un hôte qui reçoit fastueusement, non seulement ses pairs mais aussi les artistes qu'il admire et considère comme ses amis. Je peux te dire qu'une telle largesse n'est pas courante, surtout chez les puissants. Tu t'es parfaitement conduit aujourd'hui, ajoute le marchand avec une satisfaction non dissimulée. Dorénavant, tu m'accompagneras chaque fois que le duc me mandera.

Jacques accueille avec fierté ce compliment paternel. Un peu plus loin, son père dit :

– Tu as pu constater que le duc est un collectionneur invétéré. Ses nombreuses demeures sont réputées pour leur opulence, enviées aux quatre coins du royaume comme à l'étranger. Ses bibliothèques en particulier, pour leurs précieux manuscrits et ouvrages enluminés.

– Comme celui dont vous m'avez parlé, *Les Très Riches Heures* ?

– Oui, c'est le plus célèbre, mais il en commande sans cesse de nouveaux. Reliés de soie, de velours ou de cuir rouge, munis de délicats fermoirs en or ou en argent et sertis de perles ou de pierres précieuses, et parfois même ornés de somptueux émaux. Homme de goût et de culture, notre duc ne se contente pas de collectionner les grands maîtres d'autrefois, il veille à soutenir les artistes et les artisans les plus doués d'aujourd'hui.

Jacques sent la profonde admiration de son père pour leur illustre bienfaiteur. Garçon intelligent et perspicace, il semble avoir beaucoup appris de cette visite. Le pelletier se promet de l'amener chez d'autres clients de marque, manière d'encourager ses bonnes dispositions.

– Père, c'est vrai ce qui se raconte en ville, que les palais de notre duc sont encore plus imposants et plus magnifiques que ceux de son frère cadet, le duc de Bourgogne ?

– Oui, mon fils, je crois que cela est vrai, bien que je n'aie jamais eu le privilège de me rendre à la célèbre cour de Bourgogne. Sache également que la curiosité insatiable du duc ne se cantonne pas aux plus belles œuvres d'art.

– A-t-il d'autres collections ? s'enquiert le garçon.

– Son secrétaire m'a confié que sa bibliothèque ne compte pas moins de quarante et un ouvrages d'histoire, trente-huit romans courtois et quantité de textes religieux et de bibles. Aussi de remarquables traités dépeignant la faune et la flore, les grands classiques de l'astronomie, trois mappemondes, *Le Livre des Merveilles* de Marco Polo, *Les Fleurs des histoires de la terre d'Orient* du prince Hayton et *Le Livre du ciel et du monde* de Nicolas Oresme. L'une de ses pièces les plus rares est un magnifique psautier dont les illustrations représentent les apôtres et les prophètes.

Pierre sent son fils moyennement captivé.

– J'ai aussi entendu dire, ajoute-t-il, que le duc collectionne les animaux exotiques. Des autruches, des dromadaires, des chamois et des ours qui le suivent parfois dans ses diverses demeures.

Des mois plus tard, alors que se conclut une nouvelle transaction chez le duc, le prince propose au jeune Jacques de lui faire visiter son jardin zoologique et lui raconte des anecdotes sur les impressionnantes créatures enfermées dans de vastes enclos et sur les lointaines contrées d'où elles proviennent.

– Vous avez peut-être remarqué l'ours et le cygne sur mon blason ?

Le garçon opine du chef.

– Et qu'ils figurent aussi sur bien des objets chez moi ?

Nouvelle confirmation. Le duc mène alors Jacques au bord du rempart et indique les profondes douves où sont retenus des ours. Les bêtes se mettent à rugir quand il leur lance de la nourriture et le garçon sursaute de peur. D'une main rassurante, le prince l'entraîne alors vers l'étang où nagent des cygnes et leurs petits.

– Voyez-vous, mon jeune ami, notre famille allie la puissance de l'ours à la grâce du cygne. Mais n'allez pas imaginer que le cygne est gentil : c'est un volatile agressif, capable de vous briser le bras d'un seul coup d'aile.

Pour le jeune Jacques, les visites chez le duc de Berry sont la découverte d'un monde où règnent l'opulence et l'art le plus éblouissant, et c'est là que naît la quête du beau et de l'exceptionnel qui le poursuivra toute son existence. Accompagnant son père, il se rend tour à tour dans les nombreuses résidences du riche mécène. Partout, c'est un émerveillement pour les yeux : magnifiques tapisseries à motifs d'héraldique, de scènes de batailles et d'épisodes bibliques, broderies de Florence et d'Angleterre, brocarts de Lucques, émaux, vaisselle de porcelaine, d'or et d'argent... Un jour, le duc demande au garçon :

– Mon jeune ami, de toutes les merveilles que vous avez pu admirer dans mes palais, laquelle m'est la plus chère, à votre avis ? Vous n'avez pas idée ? Nul doute que ma réponse vous surprendra : il s'agit de ma collection de pierres précieuses. Les lapidaires italiens et juifs connaissent mes goûts et me présentent les gemmes les plus rares et les plus magnifiques. Je possède en particulier parmi les plus beaux rubis du monde, dont l'un de deux cent quarante carats !

Tel un magicien, il sort la pierre d'une poche sous son ample tunique. Il permet au garçon de la tenir dans sa main et celui-ci la tend à la lumière. Bouche bée, Jacques admire les reflets des multiples facettes. Ravi, le duc frappe dans ses mains.

– Mon garçon, je vois que vous avez la fibre d'un parfait connaisseur ! Je prédis que vous suivrez mes pas. Comme moi, vous êtes subjugué par le chamarré de ce rouge sang ! Promis, je vous montrerai d'autres trésors la prochaine fois.

S'il est ébloui, Jacques est également sensible au prodigieux savoir-faire dont témoignent les objets qu'il lui est donné d'admirer. Tentures, orfèvreries et peintures sont d'une facture remarquable. Souvent, quand le duc le surprend à observer telle ou telle pièce, il lui en relate l'histoire.

– Ce tapis de soie que vous venez de caresser m'a été apporté par un marchand qui m'a certifié qu'il venait d'Égypte et qu'il s'agissait de celui dans lequel la jeune Cléopâtre était dissimulée quand on l'a amenée en secret à Jules César. On l'aurait déposé à ses pieds et déroulé, dévoilant la jeune reine. Je n'en ai pas cru un mot, mais l'anecdote n'en est pas moins charmante et l'ouvrage splendide, aussi n'ai-je su résister ! Vous connaissez ce célèbre épisode historique, n'est-ce pas ?

Jacques, toujours aussi captivé quand le prince s'enflamme, avoue son ignorance et l'écoute lui raconter la vie de Cléopâtre, jusqu'à son décès par la morsure de l'aspic qu'elle-même avait choisi de déposer sur sa poitrine.

Outre les multiples visites chez les grands seigneurs à qui son père propose ses peaux, Jacques apprend aussi beaucoup à écouter les conversations dans les nombreux bureaux de change et comptoirs d'escompte de la ville. Grâce à l'Yèvre et à ses multiples canaux, Bourges est un important centre commercial dont les rues grouillent d'activité et d'animation. Les femmes échangent des nouvelles sur les petits derniers et la santé des aïeuls. Partout l'on s'efforce d'attirer le chaland. Des tanneries s'échappent de puissantes odeurs et les bavardages enjoués des apprentis. Dans les ruelles étroites, drapiers et bonnetiers proposent les étoffes les plus variées, tissus précieux et passementerie pour d'élégantes robes comme des laines plus grossières teintes dans des coloris sombres.

Dans cette ville ouverte et accueillante, l'on peut croiser nombre d'étrangers reconnaissables à leurs tenues inhabituelles. Le jeune Jacques est une figure familière dans ces rues, un peu partout on le salue. Lui n'a d'yeux que pour les demoiselles, toujours chaperonnées par leur mère ou leur gouvernante. Les pavés sont souvent boueux et poussiéreux, mais les habitants ont toujours une mise soignée, y compris les charretiers et les muletiers qui approvisionnent les entrepôts. Bourges est un foyer d'activité commerciale où s'entremêlent de multiples nationalités et cultures, tant et s'y bien qu'y circulent des monnaies du monde entier. À leur arrivée en ville, les voyageurs et les marchands se rendent dans le quartier à l'est où l'on trouve une bonne vingtaine de comptoirs pour y changer leurs devises. Jacques, qui aime traîner dans les parages, observe et apprend beaucoup. Comment le taux de change fluctue d'une échoppe à l'autre en fonction de l'offre et la demande, qu'Untel qui a ses habitudes ici ou là, quelles monnaies d'or ou d'argent sont réputées de bon aloi, combien la confiance conditionne l'acceptation ou non d'une lettre de change, quel monnayeur a bonne réputation. Doué pour le calcul mental, il ne tarde pas à conseiller son père dans des spéculations profitables. Pelletier réputé, Pierre Cœur rembourse toujours ses créditeurs rubis sur l'ongle, ce qui lui vaut d'être bien accueilli chez les prêteurs. Jacques assiste à ces négociations et y parfait son apprentissage. Souvent, le soir, quand la table a été débarrassée et que ses frères sont couchés, Jacques se voit dispenser les lumières paternelles.

– Mon fils, je vais t'expliquer où réside le succès dans le commerce. La qualité et la demande, voilà les deux facteurs nécessaires pour réaliser un profit, quelle que soit la marchandise.

Le jeune Jacques écoute religieusement. Les braises rougeoient dans l'âtre et l'horloge égrène les secondes.

– Vois-tu, il ne sert à rien d'avoir quelque chose d'exceptionnel à vendre si personne n'en veut ou n'a les moyens de se l'offrir. La demande est essentielle et l'on peut aussi l'encourager en vantant ses produits. Mais un commerçant digne de ce nom se doit également de cultiver la qualité. Il ne faut vendre que ce qu'il y a de meilleur aux connaisseurs, sans quoi on ne les revoit pas. Les biens médiocres, on les réserve aux clients impécunieux ou ignorants.

Peu disert, Jacques ne perd pas un mot des leçons paternelles. Il n'est pas l'aîné, sa mère ayant eu un fils d'un premier mariage, mais il est le plus intelligent des trois garçons dont l'éducation est confiée aux pieux frères de la Sainte-Chapelle de Bourges. Jacques arbore la tonsure depuis son plus jeune âge. Leurs parents espèrent que l'un d'eux au moins se tournera vers la prêtrise. Chez les marchands et artisans, la coutume veut que l'aîné suive les traces du père et entame son apprentissage dès l'âge de quatorze ans. Toutefois, le jeune

Jacques nourrit d'autres ambitions que de devenir simple pelletier. Chez les prêteurs, il croise sans cesse des marchands venus des quatre coins de la Méditerranée et qui trompent leur solitude en évoquant les cités dont ils sont originaires : Florence, Sienne, Milan, Venise et Gênes. Jacques entend prononcer les noms des illustres banquiers, négociants et militaires qui y détiennent le pouvoir, dont les Médicis, les Albrizzi et les Bardi. Peu à peu, le langage du négoce n'a plus de secrets pour lui et il acquiert la conviction que le commerce est la voie de la richesse, les plus illustres marchands d'Italie menant une existence digne de celle d'un prince.

Toutefois, la France traverse une période d'instabilité. Les Anglais multiplient les incursions depuis leur territoire de Normandie et deux factions s'opposent à la cour de Charles VI, le parti d'Orléans mené par Louis, frère du roi auquel il reste fidèle, et les Bourguignons. Le duc de Bourgogne est allié aux Anglais car il souhaite préserver ses intérêts commerciaux en Flandre. Les escarmouches entre les partisans des deux camps nuisent à la prospérité économique. La France des premières décennies du XVe siècle n'en connaît pas moins une grande effervescence artistique, aussi bien dans la peinture que dans l'architecture ou la littérature. Des seigneurs éclairés tels que Jean de Berry et les ducs de Bourgogne favorisent ce climat de grande créativité. Guidé par son puissant protecteur, le jeune Jacques Cœur forme son goût auprès des artisans les plus réputés de Bourges.

– Entrez, mon garçon ! Vous admirez les collections de notre bon duc, à ce qu'il paraît ? Venez, nous allons vous montrer comment est soufflé le verre…

Le maître verrier l'entraîne dans l'atelier pour lui montrer le procédé. Au moyen d'une longue canne, il récupère une boule de verre en fusion dans le creuset. Puis il souffle pour lui donner la taille voulue, la façonne par des mouvements de moulinet et de balancier, la découpe par endroits. Le garçon peut constater que de nombreuses étapes sont nécessaires pour obtenir une pièce finie d'une perfection admirable.

– Tu peux filer, garnement ! s'amuse l'artiste. Va donc chez le tisserand voir comment on obtient les plus belles étoffes !

Au fil de ses pérégrinations, Jacques en apprend aussi bien sur le travail de l'étain que sur l'art de la broderie. Mais il n'aime rien tant qu'observer les potiers à leur tour. Il s'émerveille de voir la glaise prendre forme entre leurs mains, devenir un bol ou une tasse que l'on met à sécher sur une étagère. Certains jours, on lui permet même de s'y essayer. Au fil des mois, les artisans s'attachent à ce garçon curieux et lui réservent toujours un accueil chaleureux. Doué d'un goût et d'un flair remarquables, Jacques apprend vite et sait que ces connaissances lui seront utiles le jour où il parviendra à ses fins et deviendra un puissant marchand.

Chapitre 2

En 1416, le garçonnet est devenu un jeune homme au solide physique qui occupe un poste subalterne à la monnaie royale de Bourges. Pierre Cœur a pu constater, quand son fils l'accompagnait chez les clients, que le garçon avait un vrai talent pour les questions financières et le calcul mental. En outre, il est vif d'esprit et persuasif. Il semble disposer d'un sixième sens qui lui permet de deviner la nature véritable des gens, et lesquels sont susceptibles de se laisser tenter par l'acquisition d'une fourrure. Peu disert, Jacques sait avoir la parole qu'il faut au bon moment. Il sait à merveille adapter son attitude, entre l'empathie discrète et le naturel amical. En même temps que son esprit se livre à de rapides calculs mentaux. Cet apprentissage de la psychologie du commerce aux côtés de son père, ainsi que les notions financières glanées à observer les prêteurs, lui ont permis d'entrer à la monnaie. Jacques est le plus jeune des employés et se fait souvent taquiner pour le soin qu'il accorde à sa musculature.

– As-tu bien fait tes exercices quotidiens, Jacques ? Combien de fois as-tu effectué le tour de la place au pas de course, avec un seau d'eau dans chaque main, j'imagine ? Cinquante ? Davantage ?

Jacques sourit à cette plaisanterie qui revient chaque matin.

– Vous savez, j'arrête de compter à cinquante !

Un esprit sain dans un corps sain, telle est sa devise. Les autres ont beau se moquer, ils ne l'admirent pas moins.

Habitué depuis sa plus tendre enfance à porter de lourdes charges de peaux dans l'entrepôt paternel, Jacques tient à conserver la forme. Toujours aimable et courtois, il est malgré tout d'un naturel silencieux, contrairement à ses camarades, nettement plus bavards. Jacques se contente d'écouter et de sourire, sans jamais livrer le moindre renseignement. C'est la leçon qu'il a retenue des visites avec son père : être attentif et s'imprégner de tout, pour proposer au client ce qu'il désire ou ce dont il a besoin. Enrichie grâce à la finesse du père et à la perspicacité financière précoce du fils, la famille s'installe dans une demeure cossue au sein d'un quartier prospère, digne du pelletier le plus respecté de la ville. Jacques s'entend très bien tant avec son demi-frère, son aîné de trois ans, qu'avec son cadet Nicolas. Les repas s'accompagnent souvent de discussions sur la situation politique et économique, occasion pour Jacques de se familiariser avec les intrigues qui agitent la cour. Comme bien des chefs de famille, Pierre se lance dans de véritables exposés à l'intention de ses garçons attentifs.

– Notre bon roi Charles ne ménage pas ses efforts, quand il a toute sa tête, pour réconcilier les deux factions qui s'opposent au sein de sa propre famille. D'une part ses propres partisans, les Orléans, et d'autre part le clan de son cousin le duc de Bourgogne, surnommé Jean sans Peur.

– On raconte que c'est un vrai monstre ! s'indigne le jeune Nicolas.

– Tel est peut-être le cas, répond son père, mais ce n'est pas à nous d'en juger. Quoi qu'il en soit, il jouit du soutien des Parisiens, lesquels s'opposent à Louis d'Orléans, frère du roi et que j'ai eu l'honneur de rencontrer ici à Bourges, chez Jean de Berry. Un seigneur remarquable et vertueux. De toute façon, les Parisiens en veulent aussi à notre bon duc de Berry parce qu'il a choisi le camp de son neveu le roi. Ils ont saccagé l'hôtel de Nesle qui lui appartient, où j'ai eu l'honneur d'être reçu, et pillé son château de Bicêtre. Vous êtes trop jeunes pour vous en souvenir, mais il y a seulement quatre ans les Bourguignons ont assiégé notre bonne ville de Bourges.

– Je m'en rappelle très bien, papa, dit Jacques. Vous nous aviez expliqué que c'était une mesure de représailles parce que le duc Jean refusait de choisir son camp et s'était réfugié au cloître de Notre-Dame. N'est-il pas vrai que ses talents de négociateur ont épargné à Bourges d'être rasée ?

Pierre adresse un regard admiratif à son fils.

– Tout à fait, mon garçon. Les habitants de Bourges lui seront éternellement reconnaissants d'être intervenu, ce qui leur a valu d'avoir la vie sauve et de ne pas tout perdre.

L'année suivante, lors d'une veillée devant la cheminée, Pierre confie à son épouse Marie qu'il a vu le duc ce jour-là et l'a trouvé bien triste et affaibli. Le vieil homme continue d'être hanté par la défaite d'Azincourt, subie deux ans auparavant contre les Anglais.

– Je pense que notre pauvre duc ne va pas tarder à quitter ce monde, ce qui me chagrine encore plus que je ne saurais l'exprimer. Je crains qu'il ne se soit jamais vraiment remis de cette funeste bataille qui a coûté la vie à tant de ses compagnons et parents. Jacques, vous n'étiez pas en âge de combattre, mais il ne vous aura pas échappé que cette défaite a eu de funestes conséquences pour la France.

Jacques baisse la tête, penaud. Il regrette encore de ne pas avoir pu guerroyer aux côtés de son aîné pour défendre la liberté du royaume et tenter de refouler les Anglais vers Calais. Son frère était rentré vivant – un vrai miracle, même si son rôle s'était limité à conduire une charrette. Personne n'avait envisagé la défaite car les Anglais étaient cinq fois moins nombreux et leurs rangs affaiblis par la dysenterie.

– La fine fleur de la jeunesse du royaume a péri ce jour-là, soupire Pierre. Dieu soit loué, tu étais trop jeune, sinon nous t'aurions certainement perdu. Tu n'imagines pas le soulagement de ta pauvre mère au retour de son aîné. N'oublions pas que le roi Henri V d'Angleterre, une fois qu'il a eu son compte de prisonniers à rançonner, a ordonné que plus personne ne soit pris vivant. Dorénavant, tout Français aurait les poignets ligotés dans le dos et serait égorgé. Toutes les grandes familles ont perdu leurs fils. Le jeune duc Charles d'Orléans fut le seul aristocrate à survivre sur le champ de bataille ce jour-là.

– Deux hommes sont tombés sur lui, explique le jeune Nicolas. Les Anglais ne se sont aperçus qu'il était vivant qu'après avoir retiré les deux cadavres. Henri V a décidé qu'il serait enfermé dans la Tour de Londres pour le restant de ses jours.

Un regard de leur père suffit pour que les trois frères comprennent que le moment est venu d'aller se coucher. Resté seul avec sa femme, Pierre repense à son vénérable bienfaiteur qui n'est plus le même depuis le désastre qui a tant meurtri sa famille, sa province souveraine et le royaume tout entier. Le roi, dont l'esprit était dérangé, n'avait pu tenir sa place au premier rang. Ni son cousin le duc d'Anjou, très souffrant, et son oncle, le cher duc Jean, trop âgé et diminué.

Un mois plus tard, alors que la famille est réunie pour le repas du soir, Pierre annonce d'une voix nouée, les yeux chargés de larmes :

– Notre cher duc bien-aimé n'aura pu survivre à Azincourt et à ses effroyables conséquences. Comme je le redoutais, il est passé de vie à trépas. Jean de Berry, grand humaniste et collectionneur d'exception, à qui sa ville et ses provinces doivent tant, est mort de chagrin, à n'en pas douter.

– Comme il n'a pas d'héritier, qui va lui succéder ? s'enquiert Jacques.

– J'ai appris qu'il avait désigné le troisième fils du roi. Comme vous le savez, ses deux aînés sont morts et il est donc le dauphin actuel.

L'effroi est palpable dans le regard des trois frères. Tous ont entendu la rumeur selon laquelle les deux princes auraient été empoisonnés par leur oncle, le duc de Bourgogne, celui que l'on surnomme Jean sans Peur.

Chapitre 3

À seize ans, Jacques Cœur songe à se marier. Voilà deux ans qu'il a des vues sur la fille d'un voisin, Lambert de Léodepart, prévôt de Bourges, ancien valet de feu le duc de Berry et personnage des plus influents. Plus jeune que lui, Macée est très timide et cela convient à Jacques. Lui gagne déjà sa vie et il est décidé à obtenir sa main, coûte que coûte.

Depuis des mois, il se débrouille pour sortir en même temps qu'elle, croiser son chemin quand elle rentre du marché ou encore fréquenter la même église qu'elle. Elle a remarqué le jeune homme, bien évidemment, et lui l'a surprise plus d'une fois qui l'épiait derrière un rideau à sa fenêtre. Macée est assez jolie et devient vraiment belle quand son sourire timide se propage à ses doux yeux bleus. Est-elle intelligente ? Jacques a questionné en vain ses camarades de classe. La famille de Macée occupe une position sociale plus élevée que celle de Jacques et ne fréquente pas la même société. L'intérêt que Jacques porte à la demoiselle n'échappe pas à sa mère.

– Je crois avoir remarqué que tu n'es pas indifférent à la fille de nos voisins… Elle s'appelle Macée, c'est bien ça ?

Jacques rougit et se met à bafouiller.

– Maman, je souhaite l'épouser. Pourriez-vous m'aider à en parler à papa ? Lui va me répondre que nous ne sommes pas du même milieu, mais après tout, si nous nous plaisons ? Je vous promets de travailler avec acharnement pour que ma femme soit fière de moi !

– Mon cher fils, sait-elle que tu l'apprécies et souhaites l'épouser ? Lui as-tu parlé ? Ou à ses parents ?

– Non, mais elle m'a vu qui l'observait et nous nous sourions chaque fois que nous nous croisons en entrant ou sortant de chez nous.

Sa mère éclate de rire.

– Voilà qui est un peu maigre pour fournir de solides bases à un mariage, mon fils ! Qu'as-tu à lui offrir ? Tu gagnes certes ta vie, mais elle vient d'un milieu aisé.

– Maman, ne soyez pas si cruelle ! Vous voyez bien que je suis amoureux ! Parlez à papa, je vous en conjure !

Quelques jours plus tard, Pierre prend son fils à part.

– Ta mère m'informe que tu t'es mis en tête d'épouser la fille de nos voisins. Tu voudrais que je demande à son père qu'il t'accorde le droit de lui rendre visite. Franchement, même si je ne doute pas de ta réussite professionnelle, je crains que la différence de statut entre nos deux familles ne constitue un obstacle insurmontable, et il est de mon devoir de t'avertir que la démarche échouera certainement.

Pierre accepte néanmoins de présenter la requête de son fils et, à la grande surprise de l'un et l'autre, le prévôt consent à une visite. Le jeune homme n'oubliera jamais cette première rencontre officielle. Le père et le fils se présentent à l'heure convenue et sont conduits au salon. Tandis qu'ils patientent, Jacques observe les lieux. Les fauteuils confortables sont munis de têtières. Sur un buffet sont disposés de beaux verres et une cruche recouverte d'un tissu bordé de perles, sans doute destiné à repousser les mouches. Des tableaux sont accrochés aux murs – quelques compositions florales et des portraits d'aïeux à la mine grave.

Il y a quelques ouvrages sur une étagère basse. Il en déchiffre les titres. Des vies de saints, des classiques de la littérature grecque et latine. La demoiselle aurait-elle une affinité pour les langues mortes ? Jacques, qui n'a guère brillé dans les humanités, craint de passer pour un ignare. Les mathématiques, c'est une autre histoire, mais les filles n'ont pas l'esprit scientifique. Après une attente interminable, Macée pénètre dans la pièce, accompagnée du prévôt. Jacques est incapable d'articuler le moindre mot et son père vient à la rescousse.

– Mon cher voisin, auriez-vous l'obligeance de me montrer les livres de votre bibliothèque ?

Celle-ci se trouve à l'autre bout de la grande salle. D'un geste délicat, sans prononcer le moindre mot, Macée invite Jacques à prendre place sur une chaise à haut dossier et munie d'un coussin en cuir. Elle-même s'asseoit à côté de lui, rajuste les plis de sa robe et garde les yeux baissés avec modestie. Le jeune homme s'éclaircit la gorge et se lance, d'une voix hésitante :

– Mademoiselle, nous sommes voisins depuis notre plus tendre enfance.

– Oui, dit-elle timidement.

– Je vous ai vu grandir et devenir une jeune femme charmante, poursuit-il, enhardi.

– Oui.

– J'ai sollicité l'autorisation de votre père pour vous rencontrer dans l'espoir que nous puissions discuter et apprendre à mieux nous connaître.

Encore une fois, elle se contente de la plus brève des réponses :

– Oui.

Jacques est désemparé, certain que leurs pères ne vont pas tarder à se joindre à eux.

– Peut-être pourrions-nous nous promener ensemble un dimanche après la messe ? suggère-t-il.

– Oui, lâche de nouveau Macée d'une petite voix douce.

Ce jour-là, Jacques ne parvient pas à lui faire prononcer un autre mot, mais, le dimanche suivant, les deux familles prennent place l'une à côté de l'autre à l'église et Jacques est rassuré de l'entendre s'exprimer normalement. Tout le séduit chez cette jeune fille qui l'attire depuis des années : son maintien, son visage ouvert et gracieux, son regard qui s'illumine dès qu'il se porte sur ses frères et sœurs, et peut-être un jour sur lui. Jacques, un garçon de taille moyenne et d'une belle carrure, se demande s'il lui plaît. Il scrute ses propres traits dans le miroir en métal poli de la salle d'eau : mâchoire carrée, nez droit, yeux d'un bleu profond, cheveux châtains. En son for intérieur, il sait que c'est pour protéger la jeune fille qu'il s'entretient. Qui sait, peut-être se félicitera-t-il, un jour, d'avoir le dos solide et les bras musclés. Quoi qu'il en soit, son vœu le plus cher est que Macée de Léodepart le juge, un jour, digne d'elle.

Un dimanche, comme ils bavardent au retour de la messe, elle lui confie :

– Mon cher Jacquet, certaines personnes estiment que notre union serait pour moi une mésalliance…

Elle est la première à le désigner sous le sobriquet de « Jacquet ». Il retient son souffle, redoutant ce qui va suivre.

– Mais je pense que nous pourrions être très heureux ensemble.

Jacques ressent un profond soulagement. Outre que Macée est une jeune femme avenante et dotée de bon sens, il doit bien s'avouer que leur union favoriserait grandement sa carrière. L'alliance avec la famille Léodepart lui offrirait un accès aux plus hautes sphères de la finance, le grand-père de Macée a dirigé la monnaie de Bourges. Il lui faudra encore deux ans pour convaincre le père de Macée qu'il est un parti digne de sa fille. Leur mariage sera enfin célébré en 1418. Jacques est bien conscient d'avoir fait un beau mariage, mais son amour n'en est pas moins profond et sincère.

La même année, le parti bourguignon, allié des Anglais et mené par Jean sans Peur, s'empare de Paris. Le dauphin Charles est évacué en catastrophe par le prévôt de Paris, un partisan de la puissante famille princière d'Anjou, et il se réfugie à Bourges. Fidèle au roi, la ville accueille son fils en digne héritier du regretté duc Jean de Berry. Avec sa sagacité coutumière, Jacques Cœur s'intéresse à la personne du dauphin. Il perçoit un manque de confiance chez ce garçon de quatorze ans qui est parvenu de justesse à s'échapper de Paris et qui est persuadé que ses deux aînés ont été éliminés par Jean de Bourgogne, leur cousin qui convoite le trône. À la mort de Charles VI, il ne restera plus que le troisième dauphin du règne pour empêcher Jean sans Peur d'accéder au trône de France. Le jeune prince ne dispose que d'un seul atout : sa future belle-mère Yolande d'Aragon, duchesse d'Anjou, connue sous le nom de « reine de Sicile », son titre le plus ancien. Si Yolande ne règne pas, en réalité, à Naples, elle finance néanmoins les campagnes de son fils aîné, Louis III d'Anjou, qui tente de récupérer le trône qui lui revient de droit. Riche et puissante, veuve de Louis II d'Anjou qui était le cousin du roi, Yolande est un soutien essentiel pour le dauphin. Elle jouit de l'estime et de la confiance de Charles VI, ainsi que de la reine Isabeau.

Yolande n'ignore rien de la tension qui existe entre les époux royaux. Isabeau redoute les accès de folie auxquels son mari est parfois sujet, car il lui arrive alors de s'en prendre aux serviteurs et à son entourage, avec méchanceté et cruauté. Émue de la détresse d'Isabeau, Yolande a accepté de lui rendre service, courtoisie bien naturelle entre princesses : elle a choisi une demoiselle d'Anjou dans son entourage et lui a donné pour mission de se rendre agréable à Charles VI, son épouse ne s'en sentant plus capable. Autre réussite de Yolande : elle est parvenue à fiancer sa fille Marie, huit ans, au jeune Charles, qui n'avait alors que dix ans, le treizième enfant mal-aimé d'Isabeau ; celui qui n'était pas encore dauphin a vécu plusieurs années avec sa future belle-famille dans leur château d'Angers, comme c'était la coutume à l'époque. Le futur Charles VII gardera toujours un souvenir heureux de ce séjour en Anjou, et en vouera à jamais un tendre respect à Yolande, qu'il appelle « ma Bonne Mère ».

Désormais installé à Bourges, magnifique fief légué par Jean de Berry, le dauphin manque pourtant de moyens et d'appuis. À cause de la guerre qui n'en finit pas et des querelles à la cour, les caisses sont vides et l'administration désorganisée. Tant que les Anglais occupent une bonne partie de la France, l'avenir semble plus qu'incertain. Hormis la reine de Sicile et sa famille, Charles est isolé. Il n'a aucun entourage pour le conseiller et le soutenir. Jacques Cœur a vite fait de deviner quel rôle la reine de Sicile a dû jouer auprès de Jean de Berry qui n'avait pas d'héritier, pour le convaincre de choisir Charles comme successeur. Depuis ses fiançailles, Charles dépend financièrement de la générosité de Yolande. Hériter de Jean de Berry constitue une étape majeure pour garantir sa survie et asseoir sa légitimité.

Quelques mois plus tard, Jacques est informé que l'auguste Yolande, à qui l'on a décrit la tendre affection de feu Jean de Berry pour ce fils de pelletier, souhaite faire sa connaissance. Avec quarante hommes de tous âges, il est convié au palais ducal. Il ne s'y est plus rendu depuis plusieurs années, mais ne se sent nullement intimidé en entrant dans l'imposante demeure où il a tant de souvenirs d'enfance.

Pourtant, à la vue des magnifiques tapisseries, sa gorge se serre d'émotion comme la première fois qu'il les avait admirées. Il n'a qu'à fouler les tapis de soie pour retrouver cette sensation de marcher sur les nuages. Dans la salle d'audience, il est immédiatement frappé par l'aura de Yolande. Grande et svelte, le port altier, vêtue d'une robe de deuil blanche et noire, elle observe sereinement l'assistance depuis sa place sur l'estrade. Perdu dans son admiration, Jacques sent qu'on lui effleure le bras et un élégant page lui demande, d'un ton suave :

– Monsieur, si je ne m'abuse, vous devez être Jacques Cœur, employé à la monnaie royale ?

Jacques acquiesce et on le mène devant la reine de Sicile qu'il salue bien bas. Elle lui adresse un sourire ambigu, non dénué de charme, et un regard chaleureux. Un jeune homme se tient à ses côtés, l'air un rien nerveux. Jacques reconnaît le dauphin Charles.

– Si vous le permettez, monsieur Cœur, je vais m'asseoir. Je suis fatiguée d'être restée debout toute la journée.

Elle lui fait signe de s'installer près d'elle, comme si leur conversation n'était pas destinée à toutes les oreilles. Observateur à son habitude, Jacques note que Yolande multiplie les petits gestes destinés à rassurer Charles, lequel montre quelques signes de fébrilité et la suit comme un fidèle lévrier.

– Je tenais à vous rencontrer, dit-elle en regardant Jacques droit dans les yeux, car l'on m'a vanté vos mérites. Je sens que vous êtes un jeune homme promis à un grand avenir. Parlez-moi de vos projets. Vous travaillez à la monnaie de Bourges, c'est bien ça ?

Jacques bafouille que c'est effectivement le cas.

– Mais je me suis laissé dire que vous aviez l'âme d'un marchand et projetiez de sillonner la Méditerranée ?

Jacques en convient, stupéfait qu'elle puisse connaître ses ambitions secrètes.

– Si jamais vous deviez passer par Marseille, prévenez-moi. J'aurai plaisir à vous écouter me narrer vos voyages. Si, par malheur, je suis absente, l'un de mes gens se mettra à votre service, une personne de toute confiance.

Elle sourit de nouveau et Jacques comprend que l'audience est terminée. Il repart avec de l'admiration pour cette grande dame, et le sentiment que leurs chemins sont appelés à se croiser. Malgré tout, il continue de s'étonner qu'elle ait pris l'initiative de cette rencontre. Les services qu'il a pu rendre au duc de Berry n'étaient pas si considérables. Cela se limitait à la livraison des peaux, l'occasion de quelques conversations, certes marquantes. Jacques se dit parfois que tout ce qu'il sait lui a été enseigné par le vénérable protecteur de son père, si cher à son cœur. La reine Yolande avait certainement d'autres mobiles pour le convier. Il a presque le sentiment d'avoir passé un examen.

En tout cas, il irradie de cette femme une force de caractère hors du commun. Le même page l'escorte vers la sortie et, cette fois-ci, il décline son nom, Pierre de Brézé. Le garçon est très beau et il jouit d'une sorte de magnétisme proprement étonnant. Jacques se promet de se renseigner sur lui et ses liens avec la famille d'Anjou, où il est visiblement bien introduit. Pour un garçon d'à peine douze ou treize ans, il fait déjà montre d'une parfaite aisance avec les inconnus. *Je veux bien être promis à un grand avenir*, songe Jacques en quittant le palais, *mais je mettrais ma main à couper que ce jeune Pierre ne l'est pas moins…*

Chapitre 4

Le 10 septembre 1419, le duc de Bourgogne et quelques-uns de ses partisans sont attirés dans un traquenard à Montereau et sauvagement assassinés sur un pont. Le complot a été fomenté par le parti des Armagnac pour venger l'assassinat de Louis d'Orléans, frère du roi. L'odieux massacre convainc Philippe, qui succède à son père à la tête de la Bourgogne, de s'allier pleinement et ouvertement à Henri V d'Angleterre, l'adversaire de la France. C'est, là, une période sombre pour le royaume, et, pour ne rien arranger, il semblerait que le dauphin Charles ait joué un rôle dans le massacre des Bourguignons.

Quand la rumeur se répand dans Bourges, la population n'en revient pas. Pour ajouter à la stupeur générale, le traité de Troyes est signé en 1420. Cinq ans après la défaite d'Azincourt, la France se résigne enfin à dédommager l'Angleterre, et l'humiliation est consommée : Catherine, fille de Charles VI, doit épouser le victorieux Henri V et leur fils réunira les couronnes des deux royaumes. Le document a été signé par la reine Isabeau, Charles VI n'étant pas en état, et sous la pression du nouveau duc de Bourgogne. Le dauphin s'en trouve déshérité et la France livrée à l'ennemi héréditaire. Le royaume semble voué à la dérive, avec, à sa tête, un roi le plus souvent en proie à la folie et une reine hésitante et influençable. Privée du soutien de son beau-frère Louis d'Orléans mort assassiné, elle s'est sentie désemparée et est tombée sous la coupe du meurtrier lui-même, Jean sans Peur, qui l'a manipulée à son aise.

À présent, elle est devenue le pion de son successeur Philippe. Résultat, tous les territoires au nord de la Loire se retrouvent sous l'influence de l'Angleterre. Du royaume de France, il ne reste que le Berry, le Poitou, la Touraine, l'Anjou, la Provence, Orléans et Lyon. Le pays est démembré, en passe d'être entièrement conquis par les Anglais.

Deux ans auparavant, le décès de Pierre Cœur a laissé un grand vide dans la vie de Jacques. Sans être un génie, le pelletier a su transmettre à son fils des valeurs comme le patriotisme et la loyauté au roi. Privé de cette influence salutaire, Jacques se rapproche de son beau-père, le prévôt Léodepart, réputé être l'un des esprits les plus avisés de Bourges. Il profite des repas dans la famille de Macée pour s'entretenir avec lui, dans le grand salon où une belle flambée crépite dans la cheminée devant laquelle dorment les chiens, pendant que les autres sont occupés à jouer aux cartes, à lire ou siroter une liqueur.

– Mon cher beau-père, j'aimerais connaître votre avis sur le traité de Troyes. Je m'interroge, que nous dicte le devoir en cette période confuse ?

– Nous traversons en effet des temps compliqués. Tant que les Anglais sont présents en nombre, il n'y a rien que nous puissions faire. Malgré tout, nous demeurons Français dans notre cœur. L'occupant ne doit pas s'attendre à ce que nous fassions preuve d'allégeance à la couronne d'Angleterre. De mémoire d'homme, nous avons toujours été en guerre. Faudrait-il soudain tout oublier et pardonner, comme si la blessure d'Azincourt n'était pas encore à vif ? Existe-t-il une seule famille dans le royaume qui n'ait pas perdu un fils ou un père dans cette boucherie ? Les termes du traité de Troyes sont une nouvelle humiliation que l'on ne saurait ignorer, mais pour l'heure nous ne pouvons nous battre. Nous n'avons ni chef pour nous mener au combat, ni armée pour défendre notre roi malade.

Le prévôt secoue la tête et contemple ses mains, résigné.

Plus tard, ce jour-là, Jacques fait part de ses interrogations à Macée, dans l'intimité de leur propre demeure.

– Ma mie, vous connaissez ma franchise, que je tiens de mon père et compte bien transmettre à mon propre héritier, dit-il en souriant et caressant le ventre arrondi de son épouse. Je m'inquiète de ce que nous réserve l'avenir, maintenant que nous avons charge d'âme. Votre père m'a clairement signifié, lors de notre mariage, que moi seul devais pourvoir à vos besoins et à ceux de nos enfants. Lui doit se soucier de ses fils.

Comme son mari, Macée ne se perd jamais en circonvolutions.

– Nous n'avons pas à nous plaindre, non ? Votre traitement à la monnaie nous suffit, d'autant que vous avez été promu.

Jacques l'étreint affectueusement. Macée est loin d'être sotte, mais lui sait pertinemment que leur situation pourrait devenir précaire, maintenant que leur famille est appelée à s'élargir et dans un contexte d'instabilité économique où les prix ne cessent d'augmenter à cause de la guerre et d'un avenir incertain. Malgré tout, il lui plaît de voir sa femme qui s'épanouit dans le mariage et la maternité, visiblement ravie de la nouvelle naissance qui s'annonce.

– Dès que notre dauphin aura épousé Marie d'Anjou, poursuit Macée d'un ton confiant, je suis certaine que leur cour florissante attirera de nombreux courtisans fortunés en notre ville de Bourges. Cela sera bon pour les affaires et nous profiterons de la prospérité qui en résultera.

Plus il voyage et plus Jacques apprécie la France, sa campagne verdoyante, la richesse de son agriculture et de son artisanat, ses atouts commerciaux. En ville, le négoce a moins souffert de la guerre civile. Outré des clauses humiliantes du traité de Troyes, Jacques décide que sa réussite profitera non seulement aux siens mais aussi à la France pour recouvrer l'intégralité de son territoire. Toujours employé à la monnaie, Jacques se lance pleinement dans le négoce et ne tarde pas à s'y faire remarquer. Il impressionne ses interlocuteurs par sa capacité de travail, ses connaissances financières et son habileté. Tous lui promettent un bel avenir.

Pour l'heure, ses activités commerciales se cantonnent à la France, mais il nourrit des ambitions extranationales et rêve de pouvoir, un jour, acheter et revendre des marchandises venues du monde entier. Mais de tels projets devront attendre. En cette période d'incertitude, personne n'accepterait de financer ses expéditions au Levant, où son instinct lui dit qu'il pourrait se procurer les marchandises les plus profitables.

Quand le dauphin s'installe à Bourges en 1418, il existe en France quatre institutions habilitées à battre monnaie. Quatre ans plus tard, on a commencé à mettre de l'ordre dans le système monétaire, mais il y a encore de fortes variations entre les monnaies. Un jour, un de ses collègues prend Jacques à part :

– J'ai appris que tu allais encore être père. En as-tu les moyens ?

Jacques affiche une moue pensive.

– Mon négoce marche plutôt bien. Oui, je devrais m'en sortir. Pourquoi me poses-tu la question ?

– Je t'ai souvent entendu parler de ton projet de voyager au Levant, sauf que tu ne trouves personne pour te financer. Je pourrais peut-être t'aider. Un échange de bons procédés, en quelque sorte.

– Nous travaillons déjà à longueur de journée, objecte Jacques. Le contexte est trop agité, je doute que nous puissions parvenir à grand-chose. La monnaie croule sous les commandes ; quant à mon négoce, je ne pourrai pas le développer tant que je ne saurai me procurer des marchandises plus rares et exceptionnelles.

– Tu es bien naïf, mon ami ! Il existe d'autres moyens de s'enrichir facilement.

Il explique la ruse à Jacques. D'autres collègues sont déjà dans la confidence, l'opération pourra démarrer dès que Jacques donnera son accord. Jacques tergiverse pendant des semaines, mais les traites impayées s'accumulent à la maison, la naissance du troisième enfant entraîne de nouvelles dépenses et l'ingéniosité de Macée n'y suffit plus. Il finit par accepter de coopérer. La monnaie de Bourges jouit du privilège de battre monnaie, une mission certes régalienne mais qu'elle exerce indépendamment. Elle a pour responsabilité d'émettre des pièces conformes aux dispositions légales, mais il n'est pas très compliqué de réduire très légèrement la quantité de métal précieux. Jacques n'en est pas fier, mais lui et ses collègues utilisent ce système à leur avantage. Pour dire les choses simplement, la tentation et l'appât du gain ont eu raison des principes moraux de Jacques Cœur. Autour de lui, bien des gens ne reculent devant aucun moyen pour gagner de l'argent rapidement. Ce n'est pas une excuse, et ces jeunes inconscients s'imaginent qu'ils vont pouvoir s'enrichir impunément. Conscientes que les malversations financières se multiplient à Bourges, les autorités dépêchent des inspecteurs à la monnaie. Un risque auquel n'avaient pas songé les apprentis filous. Un matin, Jacques arrive à la monnaie pour y découvrir des inconnus à l'allure sévère qui interrogent deux des employés. On lui fait signe d'approcher.

– Jacques, ces messieurs ont été dépêchés par la Monnaie de Paris pour vérifier l'affinage en argent de nos monnaies. Tu es le plus doué d'entre nous pour les chiffres. Renseigne-les et montre-leur que tout est en ordre.

Jacques blêmit. Tout n'est pas en l'ordre, comme lui et ses collègues le savent pertinemment. Il esquisse une profonde révérence pour dissimuler sa gêne.

– En quoi pouvons-nous vous être utiles, messieurs ?

Il espère que leur visite sera de pure forme et très courte.

– Apportez-nous tout votre stock de monnaie, répond celui qui semble être le chef des inspecteurs. Nous souhaitons sélectionner des pièces au hasard pour les fondre et vérifier leur teneur en argent.

Jacques n'aurait pas pu imaginer pire scénario.

– Vous pouvez disposer, le congédie l'inspecteur. Nous préférons opérer seuls. Vos collègues ont pu constater que nous avons tout pouvoir.

Jacques et les employés s'éclipsent, la mine sombre. Sauf à être de parfaits incompétents, les inspecteurs auront vite fait de constater la supercherie. Quelle que soit la pièce fondue, la quantité d'argent obtenue sera inférieure aux prescriptions légales. Dès le lendemain, Jacques et ses collègues doivent s'expliquer devant nul autre que son beau-père, prévôt de Bourges. C'est là ce qui les sauve : jamais il n'enverrait au cachot le mari de sa fille bien-aimée. Ainsi, il choisit de les entendre à huis clos. Malgré tout, même si sa malhonnêteté n'a été qu'en partie dévoilée, Jacques en ressort honteux et il en tire une leçon profitable : lui qui ambitionne de devenir un puissant marchand se doit de jouir d'une réputation sans faille. Il se console en songeant que son défunt père, au moins, n'a pas eu à subir cette cruelle désillusion. À son grand soulagement, les parents de Macée lui conservent leur soutien et l'affaire s'ébruite à peine en dehors de leur cercle. Leur déception est manifeste et Macée elle-même le tient à distance un certain temps – le pire des châtiments. Grâce à l'intervention de son beau-père, Jacques bénéficie d'un pardon royal, sorte de réhabilitation destinée à de jeunes coupables, et cette seconde chance le sauvera. Mais, fort de cette mortification, il se jure à lui-même de faire fortune grâce à ses seules facultés, par des moyens honnêtes, une réussite dont il fera profiter les siens et son pays.

Profitant des relations de sa belle-famille, Jacques a ses entrées à la cour du dauphin et il y noue des liens avec les courtisans et les conseillers qui ont suivi Charles à Bourges. S'y trouve nombre de banquiers, de magistrats et de militaires, certains venus par intérêt, d'autres par patriotisme. Le rêve de Jacques d'affréter des navires pour le Levant semble un peu plus proche de se concrétiser, à présent que le sanctuaire relatif de Bourges attire de plus en plus de personnages riches et influents.

Le 2 juin 1422 est célébré à Tours le mariage du dauphin et de Marie d'Anjou, fille de la reine de Sicile. Jacques Cœur et de nombreux habitants de Bourges font le voyage pour fêter leur union. Jacques en profite pour jauger l'état d'esprit des marchands de sa connaissance.

– Comme vous vous en doutez, mon ami, la venue d'une foule de visiteurs aux poches pleines d'écus est toujours une bonne chose pour le commerce ! Et puis, ce mariage est important parce que notre dauphin doit se montrer plus souvent à ses sujets. Et nous nous félicitons de cette union avec la fille de la duchesse d'Anjou, qui ne peut que renforcer sa légitimité dans cette partie du royaume.

Jacques sent à quel point ce mariage est une étape clé pour le dauphin. Les festivités sont prévues pour durer trois jours et il a la surprise d'être convié à une audience en privé avec la reine de Sicile. Leur première rencontre remonte à deux ans et, depuis, Yolande a séjourné dans ses terres de Provence. Jacques la trouve toujours aussi belle et impressionnante. Avec son air serein et majestueux, et ce soupçon de sourire dont on devine le reflet dans ses yeux d'un bleu insondable. Il est tiré de sa rêverie quand elle lui prend la main et lui déclare, sans préambule :

– Mon cher monsieur Cœur, je suis ravie de vous revoir car je sais que je peux vous faire confiance pour me donner votre avis sincère sur les courtisans dont mon gendre s'est entouré à Bourges.

Jacques ne manque pas d'être désarçonné par cette question à brûle-pourpoint. Toutefois, sa vigilance circonspecte ne le quitte jamais. Il a certes un avis informé sur l'entourage du dauphin, mais un jeune homme de vingt-deux ans peut-il se permettre d'être franc avec l'une des plus puissantes dames de l'époque ? Il décide que oui, s'éclaircit la gorge.

– Majesté, permettez-vous que je m'exprime librement ?

– Certainement, monsieur. J'y compte bien.

Malgré le ton plaisant, Jacques perçoit le tranchant de la voix. Il inspire profondément et se lance.

– Dans ce cas, Majesté, sachez que certains des conseillers les plus proches de votre gendre font montre d'une corruption et d'une dissolution sans bornes. Et le dauphin lui-même n'est pas sans blâme, car il est faible et influençable.

Jacques sent son courage le déserter et baisse le regard après s'être permis un jugement si catégorique.

– Dites-m'en plus, insiste la duchesse. Je souhaite savoir par le menu ce qui se passe à la cour.

– Majesté, je crains qu'il n'y ait toujours dans son entourage des hommes qui flattent la part déraisonnable et sournoise de Charles. J'ai souvent eu l'occasion, lors de mes visites au palais, d'entendre tel ou tel courtisan qui s'employait à le tenter.

C'est dans le caractère de Charles, songe-t-il.

– De quelle manière ? s'enquiert fermement la duchesse.

Jacques se sent un devoir de répondre car il est persuadé que seule la reine de Sicile saura sauver le futur roi.

– Récemment, j'ai surpris l'échange suivant : « Sire, voilà bien longtemps que je n'ai pas eu le plaisir de vous recevoir en ma propriété. Sachez que j'ai acquis de remarquables faucons pour la chasse, ainsi que trois demoiselles que vous aurez plaisir à traquer ! » Le dauphin a eu un rire gourmand et a répliqué : « Songez-vous à une chasse précise, mon cher ami ? J'imagine volontiers un banquet et une belle flambée dans votre manoir, et la délicieuse prise que l'on pourrait réserver au plus entreprenant des chasseurs ! » Ce genre de frasque se répète souvent, Majesté, et j'en reste désemparé.

– Pouvez-vous me fournir d'autres exemples ? demande Yolande, lèvres crispées.

Devant l'hésitation de Jacques, elle ajoute, d'un ton plus doux :

– Il me faut avoir une idée précise de ce qui se passe à Bourges, sans quoi je ne saurais y remédier. Vous comprenez cela, n'est-ce pas ?

Jacques ne peut que se rendre à cette logique.

– Majesté, il s'est récemment produit un drame affreux. La fille de notre boulanger livrait des pâtisseries au palais quand le dauphin l'a croisée par hasard. Il a exigé que la demoiselle participe à un banquet organisé chez un courtisan. Jamais les parents de la demoiselle n'y auraient consenti. Un certain nombre de godelureaux étaient présents, l'alcool coulait à flots. Le dauphin a prié la demoiselle de le suivre à l'étage, sous prétexte de lui montrer la vue. Des témoins ont entendu une bousculade et la pauvre enfant s'écrier « Non ! Non ! ». Elle est tombée du balcon, sur la terrasse en dessous. Grièvement blessée, elle est décédée peu après.

– Et qu'avez-vous fait de cette information ? demande calmement la reine.

– Majesté, mon réflexe a été de m'en ouvrir à mon épouse.

– Et comment a-t-elle réagi ? demande Yolande en un murmure.

– À mon grand étonnement, elle s'est montrée d'une parfaite fermeté, quasiment en colère. « À quoi s'attendait cette petite sotte ? Qu'est-ce qui lui a pris de résister ? Une fois sur place, elle se devait de céder au désir du dauphin, ou bien il ne fallait pas y aller ! » Pour ma femme, Charles est un personnage indéchiffrable, tiraillé en profondeur par ses ambitions et ses hésitations, en proie à de bonnes et à de mauvaises intentions. Il lui faut quelqu'un qui sache le tenir en laisse comme un chien timide et lui donner quelques récompenses. En revanche, une fois qu'il est détaché, il est capable de tout.

Jacques se tait, craignant d'en avoir trop dit.

– Et partagez-vous l'avis de votre chère épouse ? s'enquiert la duchesse sans rien laisser paraître.

Jacques sent que cette femme remarquable aurait vite fait de le percer à jour s'il tentait de jouer la comédie.

– Selon moi, bon nombre des courtisans de Charles ont renoncé à leurs ambitions politiques depuis le traité de Troyes. Au lieu de se battre pour rétablir le dauphin dans ses droits, ils profitent de la moindre occasion pour s'enrichir ou festoyer.

Difficile de savoir comment la reine de Sicile réagit à ses dires, elle conserve le même masque impassible. Elle se contente de le remercier pour sa franchise et son offre d'aide à l'avenir.

Quelle n'est pas la surprise de Jacques de se voir de nouveau convoqué au palais dès le lendemain ! *Compte-t-elle me demander ce que j'ai fait pour soutenir notre jeune dauphin ?* songe-t-il. *Bien peu, j'en ai peur...* Dans la vaste salle d'audience, seuls sont présents la reine et Charles.

– Ah, monsieur Cœur... Approchez, je vous en prie. Je souhaite vous présenter à mon gendre.

Jacques les salue l'un et l'autre d'une révérence respectueuse.

– J'ai jugé préférable que vous fassiez connaissance dans un cadre plus intime, propice à des échanges sérieux. Je suis certaine que Charles profitera grandement de vos services, d'autant que je dois quitter la cour pour retourner en Provence auprès de mon aîné. En marchand bien informé, je ne doute pas que vous sachiez que Louis prépare une nouvelle expédition en vue de reconquérir le trône de Naples et de Sicile qui lui a été usurpé.

Jacques se contente d'un petit sourire entendu. Il en a eu vent, bien évidemment.

– Et je suis également certaine que ma fille Marie aura plaisir à visiter votre magasin de Bourges.

On leur apporte des boissons servies dans des flûtes vénitiennes, une infusion de menthe très rafraîchissante par cette chaude journée de juin. Tandis que Yolande s'entretient avec les domestiques, Charles et Jacques échangent des amabilités, chacun jaugeant discrètement l'autre. Le marchand a trois ans de plus que le dauphin, un surcroît d'expérience et de maturité qui se perçoit. Maintenant qu'il a été présenté à Charles par la reine de Sicile, personne ne s'offusquera qu'il soit convié à la cour. Nul doute que Yolande a soufflé à l'oreille de son gendre d'intégrer le marchand à son entourage et de solliciter fréquemment ses conseils. Une suggestion amicale, mais suffisamment appuyée pour ne pas être écartée. *La bonne influence de sa belle-mère continuera-t-elle quand celle-ci sera loin de lui ?*, ne peut s'empêcher de se demander Jacques.

Deux jours plus tard, la reine de Sicile quitte Tours pour regagner la Provence où l'attendent ses deux enfants les plus jeunes. Elle s'estime en devoir de soutenir son fils aîné qui va et vient entre Marseille et la Calabre pour réunir des soutiens en vue de récupérer son trône de Sicile. Le même jour, Jacques Cœur prend le chemin de Bourges avec la suite du dauphin et de la nouvelle dauphine. Durant le trajet, il fait la connaissance de René d'Anjou, fils cadet de Yolande, duc de Bar, et de son épouse Isabelle, héritière du duché de Lorraine.

René est un sacré personnage, bien en chair, le visage avenant, les yeux pétillants, le tout surmonté d'une folle tignasse rousse. Isabelle est tout le contraire, svelte comme sa belle-mère, le teint délicat, ses beaux cheveux blonds noués en une longue natte pour monter à cheval. Cavalière émérite, elle est parfaitement à l'aise sur sa monture qui provient sans doute des écuries de son père, grand amateur de pur-sang. Jacques admire les bagues de la jeune femme ; son œil avisé note la qualité des pierres, peut-être des cadeaux de Yolande.

– Mon cher Jacques, dit René d'un ton badin, si je puis me permettre, ma mère a beaucoup insisté pour que nous vous rendions visite lors de notre prochain séjour à Bourges. Elle m'a vanté votre réputation de magicien. Elle prétend que vous détenez la pierre philosophale, que vous savez transformer le métal en or, et les grenouilles en princes ! Est-ce la vérité, ou bien s'est-elle moquée de moi à son habitude ?

– Monseigneur, je crains qu'elle ne vous ait trompé.

– Ha ! Ha ! s'esclaffe René. Vous entendez, Isabelle ? Elle m'a toujours raconté que j'étais né grenouille et qu'elle avait dû s'entendre avec une sorcière d'Anjou pour me transformer en prince ! Je l'ai longtemps crue.

Tous rient de bon cœur.

– Nous résidons à Nancy à la cour de mon beau-père, explique René, mais nous prévoyons de revenir bientôt à Bourges pour rendre visite à ma sœur. Ma mère nous a dit le plus grand bien de vos marchandises.

– Eh bien, ce sera pour moi un honneur que de vous recevoir en mon modeste magasin.

Un sourire vient sceller leur relation naissante. Chacun connaît déjà les mérites de l'autre par la bouche de la reine de Sicile. René le salue, donne un coup d'éperon et remonte le cortège à bride abattue. Cette première rencontre confirme les éloges que Jacques avait entendus sur ce jeune couple charmant. Il se promet de trouver une idée de cadeau pour honorer leur mariage.

À cette époque charnière, le marchand s'associe à Pierre et Berthommier Godart qu'il connaît depuis l'enfance. Les deux frères se ressemblent physiquement : taille moyenne, corps bien entretenu par l'exercice, visage affable quoique passe-partout, regard futé mais honnête. Leur ambitions rejoignent celles que Jacques nourrit depuis si longtemps : développer une activité commerciale hors nos frontières , acheter et vendre des biens partout en Méditerranée, et même jusqu'au Levant. Tous trois sont conscients qu'il leur faudra un certain temps avant d'atteindre cet objectif, mais, tant que la cour demeure à Bourges, ils disposent d'un débouché idéal pour leurs produits de luxe.

En 1422, la chance sourit enfin aux Français. Le 31 août, le roi Henri V, qui avait mené l'Angleterre à tant de victoires, meurt de dysenterie. Son héritier, qui doit lui succéder aux trônes d'Angleterre et de France, n'est qu'un nourrisson. Moins de deux mois plus tard, en octobre, Charles VI, fou et bien-aimé, rejoint son ennemi dans la tombe. Un messager arrive à Bourges avec la nouvelle que le duc de Bedford, frère d'Henri V et régent à Paris, rentré en Angleterre avec la dépouille du roi, a regagné la France dès qu'il a appris la mort de Charles VI, pour proclamer Henri VI roi d'Angleterre et de France. Un avis à cet effet doit être colporté dans les principales villes du royaume. À Bourges, ces événements déclenchent des réactions passionnées et unanimes. Partout l'on entend : « C'est notre dauphin qui doit monter sur le trône ! »

– Notre cité est profondément monarchiste, confie le prévôt à son gendre. Je me demande bien comment la situation peut évoluer.

– Mon père, dit Jacques, j'ai appris que la reine de Sicile était de retour à Bourges et j'ai bon espoir qu'elle incite son gendre à prendre l'initiative.

– Vous pourriez bien avoir raison, mon cher Jacques, convient le vieil homme avec un sourire circonspect.

Alors que le dauphin légitime du roi défunt est un jeune homme de vingt ans, parfaitement à même de diriger le pays, il semble peu probable que la majorité des Français se résigne à une longue période de régence dans l'attente que Henri VI soit en âge de monter sur le trône. Encouragé par son entourage et ses conseillers, Charles décide qu'il peut prendre le risque de bafouer les conditions du traité de Troyes. Comment imaginer que les Français puissent se résoudre à devenir les sujets du roi d'Angleterre ?

La majestueuse cathédrale Saint-Étienne, située sur une hauteur d'où elle surplombe la ville de Bourges, est bondée en ce jour où l'on rend hommage au feu roi Charles VI. Une musique céleste s'élève vers les arches de haute volée du plus pur gothique flamboyant. Le dauphin et les siens sont présents, tous vêtus de la tunique noire de deuil. La grand-messe se déroule dans le plus profond recueillement, accompagnée de chants grégoriens. Jacques Cœur et Macée figurent parmi l'assistance en ce jour mémorable. À la fin de la cérémonie, la famille royale se lève pour mener la procession dans l'allée centrale.

Charles est flanqué de Yolande sur sa droite. Elle porte sa couronne de reine de Sicile et n'a pas hésité à revêtir sa tenue de grand apparat pour servir la crédibilité de son gendre. Parée de velours noir et de rangs de perles du cou jusqu'aux genoux, elle est une figure majestueuse à ses côtés. Charles lève de temps en temps la main de Marie, qui se trouve à sa gauche, et salue les fidèles debout de part et d'autre. Au moment où le cortège passe à leur hauteur, Jacques est frappé par la ferveur qui se lit sur le visage du dauphin. Macée n'est pas moins subjuguée.

Derrière viennent René et son épouse Isabelle. Elle aussi porte de magnifiques perles et lui une toque noire ornée d'une plume blanche maintenue par une broche qui scintille à la lumière des cierges dans la pénombre. Une fois les massives portes franchies, tous s'arrêtent sur le porche en haut des marches au pied desquelles la foule s'est massée. Dix trompettes en argent sonnent un air de clairon qui impose le silence. Dressé sur un piédestal, le héraut royal, vêtu d'un tabard orné des armes des Valois sur le devant et dans le dos, annonce, d'une voix grave et puissante :

– Le roi est mort, longue vie au roi !

Puis Charles s'avance et déclare, avec assurance :

– Je suis l'héritier légitime de mon père en ma qualité de dauphin !

Les trompettes retentissent à nouveau, et de partout fusent les cris coutumiers : « Montjoie ! Noël ! Vive le roi ! » Les habitants de Bourges lancent leurs chapeaux en l'air et s'étreignent dans la bonne humeur. Avec une parfaite dignité, celui qui vient de s'autoproclamer roi descend les marches en compagnie de son épouse et de sa belle-mère, suivi de René et Isabelle. Comme ils sortent de la cathédrale, Jacques glisse à Macée :

– Voilà un monarque que je serai fier de servir !

Chapitre 5

Un an après son mariage avec Charles, Marie d'Anjou accouche d'un fils le 3 juillet 1423, le dauphin Louis. Bonheur supplémentaire : Yolande est présente pour la naissance et le baptême. L'heureux événement est dignement fêté à Bourges comme dans toutes les parties du royaume qui résistent aux Anglais. Malgré tout, Yolande doit regagner la Provence sans tarder. Soucieuse du sort de Marie, elle suggère à René de lui rendre visite dès que possible. Lui et Isabelle n'ont toujours pas pu revenir à Bourges depuis la cérémonie en hommage à Charles VI, mais il promet à sa mère d'y programmer un long séjour.

Retenus par leurs obligations en Lorraine, ils ne font le voyage qu'en 1424, alors que Louis a déjà seize mois. Le petit dauphin, d'un pas titubant, entraîne Isabelle dans sa chambre pour lui montrer ses jouets. Resté seul avec Marie, René cherche à sonder son cœur. Il apprend simplement que Charles la traite aimablement, mais ne la consulte en rien et n'a de cesse de la mettre enceinte. Depuis la naissance de Louis, elle a déjà fait trois fausses couches.

René et Isabelle profitent des moments de calme pour visiter la ville. Comme promis, ils passent voir Jacques Cœur dans son magasin des faubourgs. Le bâtiment ne paie pas de mine, mais à l'intérieur c'est une véritable caverne d'Ali Baba. Isabelle ne peut retenir un frisson à la vue des deux colosses noirs qui montent la garde à l'entrée.

– Ces messieurs vous écorcheront vive si vous convoitez le

moindre objet présent en ce lieu féérique ! la taquine René. Vous voyez leur sabre ? Avec, ils pourraient raser le plus fin duvet sur vos joues !

– C'est ça, dites que j'ai de la barbe ! feint de s'indigner Isabelle en pinçant gentiment son mari.

Jacques les mène dans son antre, une petite pièce tapissée de velours rouge où règne une atmosphère chaleureuse et rassurante. De hauts candélabres en cuivre dispensent un éclairage doux, les flammes se reflétant dans les nombreux miroirs.

– Je vois que la pureté de votre reflet vous émerveille, dit Jacques. Ce sont là des miroirs de Venise, où l'on recourt à un amalgame très rare d'étain et de mercure, au lieu du métal poli sous verre habituel.

René et Isabelle prennent place sur de larges coussins brodés. Des friandises et des jus de fruits sont à portée de main. En face d'eux, un autre festin les attend, celui-ci destiné à leurs yeux : sur une longue table basse drapée de brocart sont disposés de magnifiques objets d'arts et des bibelots sertis de pierres précieuses comme ils n'en ont jamais vu. Tandis qu'ils se restaurent, Jacques Cœur leur montre ses dernières acquisitions. Des plaquettes d'ivoire sculptées à Jérusalem, prétendument du vivant du Christ, des objets byzantins en or et en bronze doré, icônes russes de saints et de la Vierge réalisées sur des écorces qui conservent la forme incurvée du tronc.

Enfin, des plis de sa tunique, Jacques sort quantité de petits ballots de soie blanche, les uns après les autres. *Combien de poches peut-il bien avoir ?* se demande René, toujours terre à terre. Le marchand saisit l'un des paquets et l'ouvre délicatement, coin par coin. Ses gestes rappellent à René la manière dont son père épluchait les bananes, fruit venu d'Aragon en même temps que son épouse Yolande. Le bananier s'était parfaitement acclimaté en Provence. Louis d'Anjou s'amusait à les éplucher très doucement, morceau par morceau, pour le plus grand amusement de ses enfants.

Jacques Cœur répète le rituel pour chaque ballot, le place délicatement dans le creux de sa main et le déplie avec précautions. Chacun contient une pierre précieuse étincelante qu'il prend entre le pouce et l'index pour la tendre à la lumière. Saphirs d'un bleu profond, émeraudes d'une pureté inouïe, rubis rouge sang, de la taille de l'ongle de l'auriculaire d'Isabelle. Elle et son mari ne cessent de pousser des cris d'admiration à mesure que le marchand poursuit sa présentation à la manière d'un magicien. Chaque pierre a son histoire qui ne fait qu'ajouter à la fascination et Jacques est un conteur-né. Il leur livre un certain nombre d'anecdotes sur ses visites à l'oncle de René, feu Jean de Berry, en particulier celle du bouclier des Thermopyles. Au moment de prendre congé, René et Isabelle promettent de revenir chez le marchand dès leur prochaine visite à Bourges.

Peu de temps après, Jacques et les frères Godart décident de se rendre à Marseille, sous la protection d'une escorte armée. Jacques souhaite tirer parti du commerce florissant entre la cité phocéenne et les contrées du Levant. Les trois associés ne sont pas déçus du voyage. Ils découvrent une vaste baie où de multiples navires sont à l'ancre, sans compter tous ceux à quai. On croise des matelots de toutes nationalités, en train de jouer aux cartes, de raconter leurs péripéties ou d'écrire à leur famille. Les nombreuses échoppes et tavernes cherchent à attirer le chaland, et partout ce ne sont que charrettes emplies de fruits, de légumes, de fromages ou de tonneaux de vins et de toutes sortes de spiritueux.

Les rues sont d'une propreté douteuse, les marins ne se gênant pas pour balancer leurs ordures ici et là. À mesure que l'on s'éloigne des docks, la ville prend des airs plus coquets, les demeures et les boutiques deviennent plus cossues. On aperçoit quelques carrosses et des écuries à l'arrière des maisons. Ils ont réservé des chambres dans une auberge située à une distance raisonnable du port, ni trop loin ni trop près – la pêche est florissante, mais l'odeur souvent pestilentielle.

Apprenant que la reine de Sicile est présente en ville, Jacques lui dépêche un messager et se voit convier à dîner au palais. Dans cette éventualité, il a pensé à prendre sa plus belle tenue : un habit de velours vert et une toque carmin agrémentée de rubans. Il s'y rend sur une fière monture et on le fait patienter dans une antichambre. De taille moyenne, la pièce est décorée de tapisseries d'une finesse digne de celles du duc de Berry. La reine Yolande finit par arriver dans un frou-frou de soie et lui tend chaleureusement les deux mains.

– Soyez le bienvenu, monsieur Cœur, dont la réputation de marchand gagne notre ville de Marseille !

Puis elle se tourne vers l'élégant jeune homme qui la suit :

– Louis, voici quelqu'un qui vous sera d'une grande aide et qui se montrera toujours scrupuleusement équitable.

Flatté, le marchand comprend qu'il s'agit là de Louis III d'Anjou.

– Mon cher Jacques, je confie dorénavant mon fils aîné à votre flair sagace.

Le marchand veut protester, mais elle l'interrompt d'un geste.

– J'ai mené mon enquête et ce que j'ai appris me convient. Vous êtes honnête et intelligent, combinaison parfaite chez un conseiller.

– Monsieur le duc, soyez certains que moi et mes gens vous servirons et vous approvisionnerons toujours avec fidélité.

– Louis, vous devriez vous promener jusqu'au quai avec Jacques, lui confier vos espoirs et vos aspirations. N'hésitez pas à vous livrer avec franchise, je lui fais entièrement confiance.

Elle les salue, tout sourire, et disparaît dans une pièce adjacente. Les deux hommes marchent longtemps au bord de l'eau.

– Monsieur, vous êtes certainement avisé des difficultés auxquelles je me heurte.

– Monseigneur, je sais que votre père était l'héritier de Jeanne II, dernière reine de Naples et de Sicile, mais que votre cousin Alphonse d'Aragon revendique aussi le trône.

– En effet. La reine Jeanne appartenait à la branche aînée des Anjou. Comme elle n'avait pas de descendant, le royaume revient de droit à ma famille.

– Dans ce cas, comment Alphonse justifie-t-il ses prétentions ?

– La reine Jeanne était une vieille harpie. Une femme vraiment épouvantable, à en croire tous les témoignages. Elle a décidé, sur un caprice, que les Aragon devaient lui succéder et non les Anjou. Depuis sa mort, les deux familles se disputent la couronne. Le mariage de mes parents s'inscrit dans ce contexte. Ma grand-mère d'Aragon, lasse de cette querelle, a proposé à ma grand-mère d'Anjou que son fils, mon père qui était alors un jeune duc, épouse sa fille, seule enfant du roi d'Aragon, pour marquer la réconciliation des deux familles. Mais Alphonse a jugé qu'une femme ne pouvait porter la couronne d'Aragon, donc le conflit se poursuit.

– Votre père a régné sur la Sicile, si je ne m'abuse ?

– Certes, mais durant les neuf années qu'il a passées sur place il n'a cessé de guerroyer contre Alphonse. Qui a fini par le vaincre sur la péninsule. Ces campagnes à répétition se déroulaient alors que mon père était déjà fiancé à ma mère. Celle-ci nous racontait souvent, quand nous étions enfants, qu'elle lui écrivait très régulièrement, mais que ses réponses se faisaient attendre et étaient souvent succinctes et un peu trop militaires à son goût ! Ils se sont mariés à son retour. Ne pas être reine de Sicile a été une profonde déception pour elle. Leur mariage a été malgré tout célébré en Arles, dans le comté souverain de Provence. Mes parents sont tombés amoureux au premier regard. Un puissant amour les unissait. Nous autres enfants en étions enveloppés, comme une cape magique qui nous rendait invincibles. Malgré les épreuves et une nouvelle expédition infructueuse de mon père en Sicile, la force de leurs sentiments ne s'est jamais démentie. À son retour, mon pauvre père était bien affaibli. Il s'est éteint à Angers quand j'avais quatorze ans. Sur son lit de mort, il a fait promettre à ma mère de tout tenter pour récupérer notre héritage légitime.

Ce noble prince ne parviendra jamais à ses fins, songe Jacques. *J'ai beaucoup entendu parler de cet Alphonse V d'Aragon. Il a moins de scrupules que ce Louis, si tant est qu'il en ait tout court. Encore plus crucial, il dispose de moyens financiers autrement plus importants que la fortune laissée par le père de Louis.*

– Dites-moi, Monseigneur, est-il exact qu'Alphonse peut compter sur le soutien du pape de Rome ?

– Oui, c'est la triste vérité. Et quand bien même j'aurais le pape d'Avignon avec moi, cela pèserait peu, comparé à l'empereur du Saint-Empire, lui aussi dans le camp d'Alphonse. La chance et le Seigneur viendront compenser l'or qui me fait défaut ! Bon. Trêve de considérations politiques. Regardez-moi ce filet qui regorge de poissons ! C'est la pêche miraculeuse !

Fidèle à sa parole, Jacques Cœur rencontre Yolande et Louis à plusieurs reprises. Il leur fournit une aide discrète, pourvoit à tous leurs besoins. Un conflit d'envergure entre les deux prétendants à la succession de Jeanne II semble inéluctable. Naples, le sud de l'Italie et la Sicile, voilà un royaume qui justifie de se battre. Jacques sent que la reine de Sicile continuera de soutenir son fils par devoir, à lui procurer des troupes et des vivres prélevés sur ses propres territoires, même si elle juge cette quête désespérée.

Il n'y a qu'à voir l'amour maternel dans son regard pour deviner à quels sacrifices elle est prête. Comme son père et d'autres Anjou avant lui, Louis III a été élevé dans le mythe de leur royaume perdu d'Italie, une obsession qui risque de le perdre. Jacques veillera sur lui à distance, par l'entremise de son agent commercial. Ce beau jeune homme au regard bienveillant aura besoin de tous les soutiens pour se mesurer à l'impitoyable Alphonse V d'Aragon. Le marchand se promet de lui apporter l'aide qu'il pourra.

Chapitre 6

Jacques Cœur suit de près les efforts de Charles VII pour asseoir sa légitimité dans ses provinces. Une jeune femme originaire de Lorraine – le duché de René et d'Isabelle – commence à faire parler d'elle : Jeanne d'Arc. Comme bien des Français, Jacques n'en revient pas quand il apprend que la reine de Sicile a ordonné à l'armée qu'elle avait levée en Anjou, et qui se rendait à Marseille pour soutenir Louis, de faire demi-tour pour unir ses forces à celles de Jeanne à Bourges. La Pucelle croise bien des regards incrédules sur son chemin.

Au siège d'Orléans, la voilà qui parvient à redonner espoir aux troupes. Tandis que de sanglants combats font rage autour d'elle, elle se tient sur une colline hors de portée des flèches, montée sur un fier cheval blanc, reconnaissable à son armure étincelante et à son étendard de soie blanche à croix de Lorraine qui flotte au vent. Immobile et illuminée par le soleil, elle semble une apparition venue soutenir les soldats. Et, comme Yolande l'espérait, la magie opère. Pendant toute la durée du siège, Yolande, Marie et Isabelle passent leurs journées devant les portes de la ville à attendre les nouvelles que les courriers apportent quotidiennement.

Comme René vit là sa première bataille, sa mère a chargé Pierre de Brézé, son charmant écuyer, de veiller sur lui. D'autres informations sont transmises par Jean Dunois, un cousin présent dans la ville assiégée. Yolande est inquiète pour son fils, mais elle n'en laisse rien paraître. Elle et Marie maintiennent un air d'optimisme en présence d'Isabelle, ce qui l'aide à ne pas déprimer. De retour à Bourges, Jacques ne perd rien de ces événements.

– Ces trois dames ont le caractère trempé dans l'acier, confie-t-il à Macée. Elles sont parfaitement conscientes que l'avenir du royaume dépend de la levée du siège d'Orléans, et pourtant elles restent d'une parfaite courtoisie et d'une grande amabilité envers les habitants de notre bonne ville, comme si de rien n'était. Voilà la marque d'une femme d'exception, murmure-t-il, comme à lui-même.

Dès qu'une missive de René leur parvient, les trois femmes se précipitent dans la chambre de Marie pour la lire en compagnie de Juana, la gouvernante qui a suivi Yolande depuis l'Aragon au moment de son mariage et qui seconde désormais sa fille. Les nouvelles et les renseignements sont vite transmis aux courtisans et aux dames de compagnie, anxieux comme toute la ville, et l'on s'en répète chaque bribe jusqu'à l'arrivée du courrier suivant.

Quand il s'agit d'une lettre de Pierre de Brézé à l'attention de Yolande, la tonalité est davantage militaire et moins colorée que sous la plume enthousiaste de René. L'attente devient insoutenable. Puis vient la bonne nouvelle, inespérée ! Après neuf jours d'assauts impitoyables et de contre-attaques intrépides, le siège est levé et Orléans libérée. À bout de forces et affamés, les survivants hagards ont l'impression que leur aventure tient du miracle. Tout espoir semblait perdu quand a surgi, telle une apparition, la Pucelle de Domrémy.

Orléans est sauvée ! À l'ouverture des portes, quelques habitants squelettiques émergent et sont fêtés par les Angevins. René est fou de joie en retrouvant son cousin Jean Dunois. Il le serre dans ses bras, jubile et trinque avec lui. Pierre de Brézé ne tarde pas à les rejoindre, lui qui a su veiller sur René sans que celui-ci se doute de rien. À Bourges, c'est un grand soulagement.

Jacques entend Yolande confier à ses dames de compagnie qu'elle n'avait jamais douté de l'issue favorable, confiante dans la qualité de son armée. Pourtant, si ses soldats ne manquent pas de courage, ce sont des gens simples et peu éduqués. Il leur manquait quelqu'un pour les mener et c'est Yolande qui a su leur adjoindre un personnage quasi mystique, l'apparition qui leur a insufflé sa foi. La légende de Jeanne d'Arc prend naissance à Orléans.

Jacques et Macée sont présents dans la foule qui accueille l'armée d'Anjou et Jeanne à leur retour à Bourges. La ville est en liesse, partout ce ne sont que rires et cris de joie. Les soldats se pressent de descendre de leur monture pour étreindre leurs proches, un banquet s'improvise.

– Je ne sais pas pour vous, Macée, mais moi j'en ai les larmes aux yeux ! Qui aurait pu croire que le royaume devrait son salut à une étrange demoiselle capable de mener une bande de gaillards à la victoire !

Les Angevins sont rassemblés autour de Yolande, leur duchesse à qui ils vouent une reconnaissance éternelle de leur avoir adressé la Pucelle. Jacques voit Yolande, Jeanne et le capitaine en pleine discussion. Le temps presse, on doit se rendre à Loches pour faire le point avec Charles. L'objectif ultime est depuis longtemps fixé : faire couronner Charles et consolider sa position.

Il n'est pas question pour Yolande, Marie et Isabelle d'accompagner Charles à Reims, située en territoire ennemi. Jacques, toutefois, est du voyage. Sans être soldat, il est robuste et devrait pouvoir se rendre utile. De nombreux villageois et paysans sont venus grossir les rangs de ce que l'on baptise désormais « l'armée de Jeanne d'Arc ». La plupart n'ont même pas de monture, mais ils sont prêts à tous les sacrifices pour reconquérir le royaume. Les trois dames assistent avec émotion au départ de René. Lui rayonne de confiance après ses premiers succès au combat. Ses beaux cheveux roux dépassent à l'arrière et sur les côtés de son casque, encadrant son visage radieux. Il se penche sur son destrier pour baiser la main de sa mère.

– Prenez soin de vous, mon fils bien-aimé.

Isabelle s'autorise un court instant à plaquer sa joue contre sa cuisse, et Marie lance :

– Que Dieu vous protège, mon cher frère ! Ramenez-moi un époux couronné !

René les salue en inclinant le torse et adresse un geste de la main à Juana, à côté de qui se tient Macée. Jacques s'élance avec les autres recrues et se retourne une dernière fois pour regarder les siens, leurs visages tiraillés entre crainte et fierté.

D'autres succès militaires suivent. Une nation éprouvée redresse la tête tandis que son armée parvient à gagner Loches pour y retrouver le roi. Plus proche parent de Charles, René est convié à prendre part au conseil qui doit décider de la suite des événements. De l'avis général, il faut aller de l'avant et profiter de ce que les Anglais ont battu en retraite à Orléans. On raconte que leurs soldats ont été pris de panique en apercevant la figure scintillante au sommet de la colline et ont cru à une apparition surnaturelle. Plus tard, René apprend que Jacques a rejoint l'armée et vient le trouver.

– Quel plaisir de vous accueillir parmi nous comme soldat, mon cher Jacques ! Notre marchand de Bourges a donc choisi de se battre pour son roi !

Guerrier infatigable, René prête à tout un chacun la même ardeur que la sienne. Il demande qu'on leur apporte à boire, et voilà que Pierre de Brézé et Jean Dunois se joignent à eux.

– Mes amis, dit René, je souhaite vous raconter une scène à laquelle je viens d'assister. Je compte sur votre discrétion et je suis certain que vous saurez l'interpréter à sa juste valeur. Je me trouvais avec le roi il y a peu, en ses appartements privés, quand Jeanne a fait irruption, en larmes. Vous imaginez la surprise des valets et des conseillers ! Elle s'est jetée à ses pieds et l'a imploré de ne plus perdre son temps à d'interminables conseils de guerre sur la meilleure stratégie pour défaire les Anglais en fuite. Imaginez un peu : elle lui agrippait les chevilles et lui baisait les pieds, le suppliait de se rendre sans tarder à Reims pour y être sacré et couronné, « car vous êtes le souverain légitime ». Ce sont les mots qu'elle a prononcés. Extraordinaire, n'est-ce pas ?

– Et ensuite ? demande Dunois. Comment Charles a-t-il réagi ?

René le tance du regard. C'est son histoire, il entend la raconter à sa guise !

– Patience ! Charles n'en revenait pas. Il a relevé Jeanne, puis il s'est tourné vers moi : « Votre mère, que j'ai moi-même baptisée "ma Bonne Mère", est elle aussi favorable au sacre et au couronnement. Nous lui devons la victoire d'Orléans, grâce à son armée et à cette demoiselle en qui elle a su avoir confiance. Si tel est son souhait, les Anglais attendront. » Puis il s'est tourné vers nous et a déclaré, avec un ample geste : « À Reims ! »

René s'assoit, des étoiles plein les yeux. Pierre de Brézé et Dunois ne peuvent s'empêcher de sourire.

– Telle est donc notre prochaine destination ! dit René.

Pierre de Brézé et Jean Dunois sentent qu'il sollicite leur approbation. Dunois s'autorise une tape amicale dans le dos du prince, imité par Pierre de Brézé.

– Tu as bien raison de soutenir cette stratégie, cher cousin !

Jacques sait tenir son rang, il exécute une révérence devant René.

– Monseigneur, tout le monde m'a vanté votre courage au siège d'Orléans. Votre cousin Jean Dunois, en particulier, m'a raconté comment lui-même s'était effondré dans vos bras, de faim et d'épuisement.

– Plutôt comme une mauviette, vous voulez dire ! s'esclaffe René.

Tous savourent ces instants de convivialité paisible.

Quelques jours plus tard, Charles et son armée sont de retour à Bourges. Une courte escale le temps de saluer Marie, triste de ne pouvoir l'accompagner à Reims pour être couronnée à ses côtés. Sa grossesse est trop avancée et le risque d'une embûche trop grand. Yolande restera également à Bourges, auprès de Marie et d'Isabelle. Cette dernière échange un regard avec son mari, qui a fière allure sur son cheval. Jacques saute à terre dès qu'il aperçoit Macée.

– Je les accompagne à Reims, ma chère femme. Si le couronnement a lieu, les chevaliers auront besoin de tenues appropriées. Venez, vous allez m'aider à choisir de belles étoffes pour nos princes !

Ils se précipitent au magasin où c'est bientôt le branlebas de combat. Deux jours plus tard, Charles quitte Bourges avec Jeanne et son armée, ainsi qu'un long cortège de carrioles bien chargées.

– Ces luxueuses marchandises pourraient suffire à tenter les Anglais ! soupire Macée. Jacques emporte la moitié de notre stock ! Pourvu qu'il ne se le fasse pas dérober en chemin ! Voilà que mon Jacques a attrapé le virus de la guerre ! Et nos deux aînés qui viennent de nous annoncer qu'ils souhaitent entrer dans les ordres, à onze et dix ans ! Qui gérera les affaires si mon Jacques meurt au combat ?

– Ne soyez pas inquiète, la rassure Juana. Venez,

accompagnons-les jusqu'aux portes de la ville. Sachons garder confiance.

Il ne faut pas deux heures au convoi pour se retrouver en territoire ennemi, dans une forêt dense où survient une première escarmouche. Les attaques se multiplieront au cours des jours suivants. Jacques Cœur, qui ferme la marche avec ses précieux bagages, n'est pas le moins valeureux au combat, déterminé à voir celui que les Anglais ont par dérision surnommé « le roi de Bourges » couronné roi de tous les Français.

Avec ses qualités physiques, Jacques n'a rien à envier aux soldats aguerris. Sa hardiesse lui vaut des regards respectueux. L'affrontement le plus difficile a lieu à Patay. Les Anglais décident de jeter toutes leurs forces dans la bataille. Postés à l'abri derrière des épieux, leurs archers vont cribler de flèches l'avant-garde des Français, que Jacques a justement rejointe pour converser avec René, Pierre et Jean. Alors que les Français sont sur le point de tomber dans le guet-apens, les Anglais dévoilent leur présence en poussant des cris à l'apparition d'un cerf qui leur semble un parfait gibier. Sans même attendre les renforts, les deux généraux expérimentés Lahire et Xaintrailles parviennent à prendre l'ennemi à revers.

Pris au piège de leurs propres épieux, les archers anglais n'ont nulle part où fuir et sont massacrés par les chevaliers français. Comme René à Orléans, Jacques Cœur ressent à Patay ce mélange d'horreur et d'euphorie propre à la guerre. Des moments gravés à jamais dans sa mémoire. *Tuer ou mourir, pas d'autre choix*, se répète-t-il. Quand le carnage cesse enfin, il entend l'un des hommes de Dunois dire :

– Nous avons achevé près de la moitié des cinq mille Anglais, alors que dans nos rangs les pertes n'atteignent pas la centaine ! Une victoire écrasante !

Jacques retrouve René qui s'est assis au pied d'un arbre.

– Mon ami, vous aussi avez fait l'expérience d'une vraie bataille. L'un de mes coursiers s'apprête à partir pour Bourges. Si vous voulez, il peut transmettre une lettre à votre épouse.

Le fils n'est pas moins attentionné que la mère ! songe Jacques. Il se hâte de rédiger une courte missive à l'attention de Macée :

J'étais avec l'avant-garde quand les Anglais nous ont surpris. Puissent nos fils ne jamais subir pareille épreuve ! La jubilation des vainqueurs est à peu près aussi insupportable que la terreur des prisonniers, redoutant de connaître pareil sort que celui réservé aux Français à Azincourt. Les blessés et les chevaux mutilés poussent d'épouvantables cris, on voudrait pouvoir mettre un terme à leurs souffrances. Nous avons malgré tout vaincu et la route de Reims nous est, paraît-il, maintenant ouverte. Je n'ai pas vu Jeanne, mais elle doit être auprès du roi à l'arrière.

Priez pour moi,
Votre fidèle Jacques.

René et Jean Dunois proposent à Jacques de chevaucher en leur compagnie. Il règne un nouvel état d'esprit dans l'armée. La confiance est palpable après ce succès décisif et à l'approche du but. Par bonheur, le précieux chargement du marchand est intact. Le sacre, s'il a bien lieu, promet d'être magnifique.

– Voici Reims ! annoncent les sentinelles.

Mais l'avant-garde arrive devant une cité aux portes closes, entièrement barricadée. L'armée se déploie face aux murs d'enceinte. Charles et Jeanne d'Arc ont rejoint René, Jean Dunois et Pierre de Brézé au premier rang. Posté un peu en arrière, Jacques les entend discuter entre eux : doit-on dépêcher un émissaire pour parlementer avec le capitaine de la garde ? Soudain, un fier destrier blanc s'avance vers les murailles. La silhouette pâle qui le monte brandit un bel étendard blanc. C'est Jeanne d'Arc, suivie de près par un sonneur qui souffle à pleins poumons et frappe sans relâche les flancs de son poney. Personne n'ose bouger. Les cœurs se figent quand Jeanne atteint les remparts et les longe, proie facile pour les archers postés au sommet des tours. Mais aucune flèche n'est tirée et ce sont plutôt des cris qui atteignent bientôt Charles et son armée :

– C'est elle ! La Pucelle d'Orléans ! Ouvrez les portes ! Dieu est des nôtres !

Comme tous les autres, Jacques n'en croit pas ses yeux. Les portes s'ouvrent et les soldats pénètrent dans une ville silencieuse et déserte. Il n'y a pas âme qui vive dans les rues et partout les volets sont clos. Aucun bruit, même pas un chien qui aboie. L'armée se dirige immédiatement vers la cathédrale. Chacun sait que les Anglais seront là d'ici vingt-quatre heures. Le temps presse pour accomplir le glorieux objectif de cette expédition. Contre toute attente, la couronne demeure dans sa cachette. Les autres insignes royaux ont disparu, mais Jacques a songé à prendre du magnifique linge d'autel en velours brodé de fil d'or, des chasubles pour les prêtres et même un calice. Il interpelle Jean Dunois, paniqué :

– Où est la sainte huile du monastère de Saint-Remi ? Vous m'aviez promis qu'elle serait là !

Point d'onction sans l'huile sacrée de Clovis, et donc point de sacre.

– L'abbé est en route, le rassure René. Soyez tranquille, mon ami. Six de nos chevaliers sont partis le chercher hier soir.

À la nuit tombée, on allume des cierges. Tout le monde s'affaire pour apprêter la cathédrale. Certains balayent la poussière, d'autres mettent un peu d'ordre ou veillent à la décoration. Voilà sept ans que Charles VI est mort et que le royaume attend cette cérémonie. Épuisés, les soldats et courtisans finissent par s'octroyer quelques heures de sommeil là où ils dénichent un lit ou une couche, dans les maisons abandonnées de Reims.

Comme les autres, Jacques Cœur est debout dès l'aube. On brosse les chevaux jusqu'à ce que leur poil brille comme du satin. On a choisi les plus beaux articles du marchand pour la tenue du roi, et il reste largement de quoi habiller l'entourage. Les armures ont été briquées et, exceptionnellement, heaumes et casques sont délaissés. On oublie la guerre un court instant, c'est un jour unique. Comme ils émergent au grand jour, soldats et courtisans offrent un magnifique spectacle. Pour ajouter à l'émerveillement, la ville s'est métamorphosée. Reims témoigne de sa parfaite allégeance.

Volets et portes sont grands ouverts, les habitants ont revêtu leurs habits du dimanche, les enfants ont été pomponnés et nombre d'entre eux hissés sur les épaules de leur père. La procession s'élance dans les rues en direction de la cathédrale, cavaliers en tête et fantassins derrière. Charles a opté pour un magnifique palefroi gris, mieux adapté pour l'occasion que l'un de ses fougueux destriers. Il est flanqué de quatre chevaliers qui tiennent un dais de drap d'or au-dessus de lui. Il incline le buste et salue la foule massée des deux côtés.

Jacques Cœur se trouve juste derrière Pierre de Brézé, non loin de René d'Anjou et Jean Dunois qui escortent Jeanne d'Arc, toujours resplendissante dans son armure et sur son cheval blanc. Les sujets apprécient les fastes déployés devant eux, s'extasient sur tel courtisan ou chevalier qui les éblouit tout particulièrement. Jacques en éprouve une certaine fierté : grâce à lui, cette journée est déjà mémorable ! Il n'y a qu'à voir l'accueil joyeux fait au cortège pour comprendre qu'en l'espace d'une nuit les Rémois ont adopté Charles comme souverain légitime.

Le reste de la journée se déroule comme dans un rêve pour le marchand qui veille au moindre détail. Aucun accroc ne survient, l'abbé aux pieds nus arrive avec la sainte ampoule, escorté jusqu'à l'autel par quatre capitaines armés et à cheval. On procède au sacre et le nouveau monarque accomplit le rituel du toucher des écrouelles. Ce sont là des moments marquants mais fugaces, car les troupes ennemies sont proches et nombreuses, d'où la nécessité de repartir au plus vite.

Le retour vers Bourges se passe sans incident. Comme la plupart de ses compagnons de voyage, Jacques se sent porté par l'élan du sacre et des prodiges qui se succèdent depuis que la Pucelle est entrée dans leur vie. Le cortège royal met pied à terre dès les portes de la ville franchies. Charles VII est accueilli par son épouse, la reine Marie, sa mère et sa belle-sœur Isabelle. Les deux reines portent la tenue d'apparat et la couronne. Les trois femmes exécutent une profonde révérence devant celui qui est désormais leur souverain consacré. Il prie Jeanne d'Arc de le rejoindre et celle-ci déclenche les vivats de la foule quand elle met un genou à terre. Les gens se prosternent, lancent leurs chapeaux en l'air et manifestent leur bonheur. Macée est présente, bien entendu.

Elle est venue avec sa famille et ses garçons. Elle leur dit de ne rien perdre de ces instants uniques, qu'ils en entendront parler pendant de longues années. Il leur faut patienter un peu avant de revoir Jacques. N'étant pas soldat, il a voyagé avec les bagages, d'autant qu'il préférait veiller sur sa précieuse marchandise. Quand il arrive enfin, les retrouvailles sont joyeuses. On s'étreint avec soulagement, on rit, on a mille questions à se poser. Macée voit la fatigue dans les traits de son mari, mais aussi sa fierté d'avoir participé à ce moment historique. On aura le temps de se parler plus tard. Dans l'immédiat, il a surtout besoin d'un bon bain et de repos.

Peu de temps après son retour, Jacques est convié au palais par Yolande. Elle l'accueille avec un large sourire.

– Mon cher Jacquet, je tenais à vous féliciter pour le succès de votre mission.

Il se prosterne et attend la suite.

– La maison d'Anjou doit encore faire appel à vos services.

Il s'incline de nouveau, cette fois en signe d'assentiment.

– Vous vous rappelez peut-être que j'ai clairement signifié à Jeanne que mon armée devait, dès que le sacre serait acquis, gagner la Provence.

Jacques s'en souvient parfaitement. Il se demandait justement combien de répit serait offert aux soldats, soulagés de pouvoir se reposer à Bourges après le siège d'Orléans et l'expédition vers Reims.

– Il me faut partir au plus vite, poursuit Yolande. Je reçois presque quotidiennement des missives de mon fils qui attend des renforts en urgence. Savez-vous quels sont les projets de Jeanne d'Arc ? Je lui ai conseillé de retourner à Domrémy, ou bien de s'installer dans la demeure qui lui a été offerte à Orléans, mais elle garde le mystère.

– Majesté, je sais que Jeanne est entrée en ville avec le roi, et je constate qu'un nombre croissant de villageois rejoint chaque jour l'armée rassemblée sous son étendard, tels des moutons vers l'abattoir, mais je n'ai pas entendu dire qu'elle prévoyait de repartir.

– Oui, cela m'inquiète. Mon cher ami… je vous appelle ainsi car vous êtes cela pour moi et ma famille… vous et moi savons combien le roi est inconstant. Il est capable de renier celui qu'il disait être son ami, du jour au lendemain et sans raison apparente. J'ai tenté d'alerter la Pucelle, mais elle ne m'écoute pas. Pourriez-vous essayer de lui faire entendre raison ? Je serai bientôt partie et je me sens responsable d'elle. Cette enfant se trouve là où elle est en partie de mon fait.

Peu après, Jacques et René se croisent par hasard dans la rue. Le prince entraîne son ami dans une taverne et lui narre par le menu ses exploits militaires. Après quelques coupes de vin, il change brusquement de sujet :

– Elle refuse de partir. La Pucelle. Avez-vous vu ma mère ?

Jacques opine du chef.

– Notre armée doit se rendre à Marseille et embarquer pour Naples. Nous n'avons pas le choix. Mon frère a besoin de troupes et ma mère s'est engagée à lui en fournir après le sacre.

– Monseigneur, j'ai appris que le duc d'Orléans lui-même, pourtant emprisonné dans la Tour de Londres, a pris un décret pour offrir une belle demeure à Jeanne en sa ville. Pourquoi n'accepte-t-elle pas de s'y retirer, ou bien à Domrémy ? Lui en avez-vous parlé ?

– Elle dit qu'elle veut rester auprès du roi et « bouter l'Anglais hors de France ». Noble dessein, mais que peut-elle sans l'armée d'Anjou ? Il n'y a qu'à voir les gueux indisciplinés qui se rallient à elle. Il ne faut rien en attendre et je doute fort que le roi recrute des mercenaires pour elle.

– L'hiver approche, Monseigneur. Jeanne finira peut-être par comprendre qu'elle ne peut pas se battre sans une véritable armée.

Jacques lui-même n'y croit guère. La jeune fille a goûté à l'ivresse de la victoire et à l'euphorie des acclamations, ce qui l'incite à rester auprès de Charles VII malgré le départ des forces d'Anjou. Jacques a perçu l'étincelle dans le regard de Jeanne, la flamme de l'obstination, et celle-ci ne s'éteint jamais aisément.

La Pucelle passe l'hiver à Bourges. Jacques la croise souvent en compagnie de Marie, les deux jeunes femmes en pleine conversation sur le chemin de la cathédrale. Charles VII, qui a anobli la Pucelle et sa famille, commande au marchand de luxueuses tuniques pour que la jeune femme puisse se présenter à la cour en tenue d'apparat. Jacques s'acquitte de cette commande avec sa diligence habituelle. Les magnifiques vêtements en étoffes brodées de fils d'or et d'argent, doublé des plus belles fourrures, sont bientôt livrés chez la demoiselle.

Il y a aussi une cotte de mailles en or qu'elle devrait porter par-dessus son armure. Jeanne ne cache pas qu'elle se sent plus à l'aise dans des habits masculins, mais, si tel est le bon vouloir de son roi, elle se vêtira ainsi pour se rendre au palais. Certains courtisans jaloux murmurent que cet étalage de luxe est une preuve de sorcellerie. Mais comment lui reprocher de se conformer aux canons vestimentaires de l'univers qu'elle doit fréquenter ? leur objecte Jacques en son for intérieur. Aux yeux du marchand, le raffinement n'a rien de diabolique !

Comme tous ceux qui ont le privilège d'approcher la Pucelle, Macée et Jacques ne peuvent qu'être impressionnés par sa ferveur. Un jour, Macée la rencontre à la sortie de la messe, en compagnie de Marie. Elle les salue respectueusement et échange quelques propos avec elles. Le dévouement charitable de la Pucelle la marque profondément. De retour chez elle, elle s'en ouvre à Jacques :

– Mon cher mari, je viens de voir Jeanne qui s'apprêtait à se rendre chez les pauvres avec une carriole remplie de nourriture. Je vous en conjure, veillez à ce qu'elle ne manque de rien. Je la crois capable de se priver pour autrui.

Jacques promet à son épouse de pourvoir au confort de la jeune femme. À leurs yeux, les mérites de Jeanne d'Arc n'ont pas de prix.

Chapitre 7

À trente ans, marchand prospère et en pleine possession de ses moyens physiques, Jacques Cœur décide que le moment est venu de poursuivre son rêve de commercer avec le Levant. Il part pour Narbonne, l'esprit tranquille car ses affaires sont entre les mains de ses associés et Macée est bien entourée par sa famille. Il n'est pas mécontent de laisser derrière lui les horreurs de la guerre. Lui et ses compagnons de voyage prennent un itinéraire différent de celui qui l'avait mené à Marseille.

La traversée vers le sud est l'occasion pour Jacques de mesurer pleinement combien le pays a souffert du conflit qui dure depuis plusieurs décennies. Partout ce ne sont que châteaux en ruines, villes désertées, villages incendiés, routes défoncées et ponts démolis. Il faut aussi être constamment sur ses gardes à cause des voleurs de grand chemin et autres brigands susceptibles de vous couper la gorge pour un liard. La disette et la peste ont complété l'œuvre de la guerre, des bourgs autrefois très peuplés ne comptent plus qu'une poignée d'habitants. Le convoi croise quantité de mendiants, pauvres hères qui cherchent refuge dans le relatif sanctuaire des bois et des forêts.

Grâce aux courriers rencontrés ici et là, on apprend les dernières nouvelles, par exemple que Jeanne a passé la Noël 1430 à Bourges. Plusieurs lettres de Macée attendent Jacques à son arrivée à Narbonne. Elle le tient informé des progrès des enfants, mais aussi de la Pucelle. Celle-ci a fini par quitter Bourges au printemps, avec son armée de volontaires. Les Anglais leur ont infligé deux défaites. *Forcément*, songe Jacques. *Privée du soutien de l'armée angevine, comment pourrait-elle l'emporter ? Elle est une figure qui inspire, pas un stratège.* Il en veut à Charles de la laisser s'exposer ainsi.

Alors que Jacques est sur le point de voguer vers le Levant, des nouvelles encore plus inquiétantes lui parviennent en mai. Jeanne d'Arc a été capturée à Compiègne. Apparemment, un soldat aurait planté sa lance dans sa tunique de fil doré. Sans même se douter de qui elle était, désireux simplement de s'emparer du luxueux vêtement. Jacques regrette amèrement d'avoir tiré profit de l'ouvrage commandé par le roi. Mais il ne doute pas un instant que l'on versera la rançon, certainement fort élevée, qui sera exigée pour la libération de la Pucelle.

Il embarque enfin sur une galère, en compagnie d'autres marchands et de pèlerins. Ancien port romain, Narbonne demeure une place commerciale très active en Méditerranée. Il ne s'agit nullement d'un voyage d'agrément, mais Jacques espère en tirer de grandes satisfactions. Il va enfin pouvoir se renseigner sur les biens qu'il ambitionne depuis si longtemps d'acheminer en France, étudier les sources d'approvisionnement, le coût et la qualité. Il va pouvoir prospecter, repérer les meilleurs ports, les moyens de transport les mieux adaptés, et voir avec quels négociants il pourrait s'entendre. Surtout, il s'agit d'une sorte de mission de reconnaissance en quête de contrées bien disposées envers son roi et son pays.

Les passagers qui ont pris place à bord viennent des quatre coins de France, certains même d'Aragon et de Navarre. Il y a deux Gascons qui empestent l'ail et jurent que c'est très efficace contre le mal de mer.

– Tenez ! Mâchez cette gousse et vous verrez bien !

Jacques accepte volontiers ce présent, mais il attend la nuit pour tester la chose sans que sa mauvaise haleine importune les autres. Il passe le plus de temps possible sur le pont, car on est vraiment à l'étroit en cabine. Sans compter que la présence de chèvres à bord est une incitation supplémentaire à rester dehors : on est assuré de manger de la viande fraîche, mais quelle odeur !

En plus des rameurs, le navire dispose d'une puissante voilure, ainsi que des moyens pour se défendre contre les pirates et les bateaux ennemis. Les attaques sont fréquentes en Méditerranée.

Après avoir longé les côtes françaises et italiennes, la galère met le cap vers la Sicile et ensuite vers Alexandrie, que l'on atteint sans incident. Nullement éprouvé par la traversée, Jacques Cœur est néanmoins ravi de retrouver la terre ferme. Depuis le temps qu'il rêve du Levant, il déborde d'excitation et de curiosité, s'imprègne du spectacle avec la même avidité que le voyageur qui parvient à une oasis après avoir traversé le désert. C'est une véritable forêt de mâts qui se déploie dans le port, des embarcations de toutes les tailles et venues de partout : Catalogne, Venise, Florence, Gênes, Chypre et Syrie.

Cité de soixante-dix mille âmes, Alexandrie commerce avec tous les pays de Méditerranée. Jacques passe plusieurs jours à rencontrer des négociants et observer les marchandises, puis se rend seul à Boulaq sur le Nil, le port du Caire. Il y a là encore plus d'embarcations, dont beaucoup de felouques, petits bateaux à voile latine typique de la mer Rouge. Il semblerait même que l'on trouve en ces lieux des marchands venus des Indes avec d'étranges biens et denrées. Captivé par tout ce qu'il découvre, Jacques en oublie un temps les siens. Quand il songe enfin à donner de ses nouvelles à Macée, il est un peu honteux.

Ma chère épouse,

Je me porte bien et me voici remis après un voyage somme toute tranquille. Nous avons accosté à Alexandrie, où j'ai repéré de nouveaux produits et où je compte m'approvisionner à l'avenir. Je me trouve dorénavant au Caire où d'autres possibilités s'offrent à moi. Ici, les caravanes de chameaux arrivent quotidiennement après avoir franchi le désert de Syrie, avec les plus belles marchandises : tapis persans, soieries, parfums, ambre, perles grosses comme l'ongle de mon pouce, rubis d'un rouge éclatant. Ces richesses exotiques sont déchargées et aussitôt emportées ailleurs par bateau. Vous n'imaginez pas le brouhaha incessant, les cris et les chants des manœuvres, les coups de tambour et de cloches, le tintamarre des forgerons et des menuisiers !

Embrassez les enfants pour moi. Je vous écris dès que possible.

Jacques n'a jamais vu pareille effervescence commerciale. Les ruelles grouillent de marchands, en particulier aux abords du palais du sultan. Chaque échoppe est l'occasion de découvrir quelque chose de rare, de précieux ou d'ingénieux : perles d'une perfection incroyable, gemmes aux coloris surprenants, petites merveilles en or réalisées par les maîtres orfèvres de la cour ottomane, parfums subtils qui vous font tourner la tête comme un derviche, soieries et brocards aux mille reflets chamarrés, tapis d'une douceur exquise brodés de fils d'or ou d'argent. Les acheteurs, coiffés de turbans et vêtus de tuniques en laine d'une finesse remarquable, discutent les prix d'un ton bon enfant, avec force gestes et mimiques. Partout, des senteurs d'épices embaument l'atmosphère.

Jacques ne comprend aucune des nombreuses langues qui s'emploient autour de lui, mais il existe un langage universel du commerce, composé de froncements de sourcils, d'index pointés et de petits cafés brûlants versés avec adresse sans mettre une goutte à côté, la cafetière tenue à une hauteur ahurissante. Captivé, Jacques observe le rituel jusqu'à ce que le marché soit conclu. À la fin, le marchand prend la main du client entre les siennes, puis se caresse le lobe de l'oreille droite. Spectacle fascinant !

Ces Égyptiens sont vraiment attachants, avec leur sourire étincelant et leurs yeux noirs pétillants d'intelligence. À force de déambuler dans les souks et d'observer des négociations similaires, Jacques finit par comprendre la signification des hochements de tête, des claquements de mains et même, geste plus rare, d'une petite tape dans le dos. Lui n'est pas là pour acheter, mais il lui faut comprendre comment se fixent les prix et repérer avec quels marchands il fera affaire le moment venu. Parfois, il ne peut se retenir d'éclater de rire devant certains vendeurs particulièrement grimaciers, ce qui lui vaut quelques regards désapprobateurs.

Sur les berges du Nil, des plantations de cannes constituent des sortes d'écrans permettant de séparer différentes zones selon le type de marchandises : la soie et les autres produits délicats doivent être préservés des épices, des marmites bouillantes et des nombreux vendeurs de nourriture ambulants. Pour celui qui n'aurait jamais croisé une couleur de peau différente de la sienne, il y a de quoi écarquiller les yeux en permanence : ici se côtoient Grecs, Nubiens,

Éthiopiens, Arméniens, Géorgiens, Italiens… Il y a aussi des esclaves, surtout des Africains : quelques pièces d'or dans le creux d'une main et l'affaire est conclue, Untel doit suivre son nouveau maître, les pieds enchaînés et l'air résigné. Au caravansérail, les êtres humains se vendent comme des bêtes, au même titre que les plus beaux bijoux ou les pâtisseries les plus succulentes.

Le marchand de Bourges en conclut qu'ici tout est possible, à condition d'être à la fois ingénieux et téméraire. Jacques prend aussi le temps d'admirer les tenues des femmes : robes de soie délicate aux tons pastel, brodées de fils d'or ou d'argent, mules ornées de perles ou de pierres semi-précieuses. À son grand étonnement, nombreuses d'entre elles adoptent une mise à la mode de France ou d'Italie, plutôt que les vêtements pratiques et confortables de leurs contrées. *Voilà le genre de détail qui passionnerait Macée*, se murmure-t-il à lui-même. *Je lui écrirai ce soir, sans faute.*

Il s'aperçoit bientôt que les négociants étrangers ont tous mauvaise réputation auprès des Égyptiens. Les Florentins sont jugés cupides et malhonnêtes, les Génois arrogants, les Vénitiens fourbes et retors. Aucun Français ne s'est encore aventuré par ici. S'il espère commercer avec profit, il devra se montrer scrupuleusement honnête, circonspect et loyal. Les Arabes ne se laisseront pas abuser, ils sont autrement plus habiles pour le commerce que les Européens.

Il pressent aussi que la clé du succès est de leur proposer des biens qu'ils ne peuvent se procurer nulle part ailleurs. Le cuir espagnol ou italien est très prisé, mais Jacques découvre avant tout que les Égyptiens préfèrent l'argent à l'or. Le métal jaune est disponible en abondance, mais l'argent est beaucoup plus rare. Voilà qui ouvre de fabuleuses possibilités, de quoi en avoir le tournis !

La tête remplie d'idées et de projets, Jacques Cœur se rend ensuite à Damas, cité d'une splendeur peu commune. Quelques traces de l'occupation des croisés français demeurent visibles, comme des fleurs de lis gravées sur certains murs. D'ailleurs, toutes les grandes civilisations qui ont régné sur la ville y ont laissé leur marque – la Grèce, Rome et Byzance. Malgré les destructions infligées par Tamerlan, l'antique cité demeure un point de passage obligé entre les routes commerciales de l'Orient et celles de l'Occident. Ce n'est pas un hasard si la ville a donné son nom à la plus précieuse des étoffes, le damas. Ici aussi, on vend toutes les qualités de soie et dans tous les coloris imaginables.

C'est à Damas que Jacques apprend le funeste sort de Jeanne d'Arc. Abandonnée par le roi, la Pucelle a été brûlée sur le bûcher à Rouen. *Quel peuple ingrat nous faisons!* se lamente le marchand. *Sans son audace et son courage, nous étions perdus. Comment notre jeune roi a-t-il pu l'abandonner à son funeste sort? La reine de Sicile, qui l'avait découverte en Lorraine, n'a-t-elle rien pu faire pour la sauver? Était-elle en Provence, trop loin pour réagir? Ou bien elle voyageait ailleurs et n'aura pas reçu le courrier à temps... Les distances sont si grandes... Je ne puis croire que cette noble dame n'ait pas agi si elle savait que Jeanne était emprisonnée et jugée... Yolande avait prévenu Jeanne de l'inconstance de Charles VII...* En y réfléchissant, il arrive à la conclusion que la Pucelle, louée par tous au début, n'était plus utile au roi et à la cour. Une dernière pensée, horrible, le glace: *On ne daigne verser une rançon que pour les puissants.*

Le cœur lourd, il reprend la mer. Sa destination suivante est Chypre, dont le fameux port Famagouste constitue le dernier bastion chrétien au Levant, un avant-poste de l'Occident. Il y découvre un déploiement de richesses comme il n'en a vu nulle part ailleurs. Tous les navires qui se rendent au Levant ou en reviennent font escale dans l'île. C'est un défilé incessant de marchands et de pèlerins. Jacques en interroge quelques-uns sur le quai, mais personne n'est capable de lui fournir des renseignements supplémentaires sur Jeanne d'Arc.

En revanche, chacun lui raconte les déboires et avanies surmontés pour arriver jusque-là. Les habitants de Famagouste vivent dans un luxe à peine imaginable. Toutes les femmes sont parées de bijoux magnifiques et les plus beaux objets d'art sont en vente un peu partout, d'une qualité supérieure même aux collections du duc de Berry. Les présentoirs des nombreuses boutiques croulent sous les merveilles : étoffes splendides, vaisselle d'or et d'argent, statuettes ravissantes, ivoires sculptés, émeraudes taillées et jades de tous coloris. Quand il racontera ça à son retour, personne ne le croira.

Jacques continue aussi d'observer les mœurs du monde du négoce. Il note avec étonnement que, là où aucun noble français ne salirait son nom en se livrant au commerce, les Médicis n'ont pas les mêmes scrupules. Pareillement, les Vénitiens ne voient aucun mal à traiter avec les infidèles, alors que cela a été proscrit par le pape. Ils leur vendent même des armes, à profusion. Il peut constater de ses propres yeux que la réputation des navires vénitiens n'est pas usurpée : leurs constructions témoignent d'une avance sur toutes les autres nations. Et ce n'est pas là l'unique avantage de Venise.

La cité des Doges jouit également d'un monopole pour le commerce du sel au Levant, denrée capitale pour les caravaniers car il permet la conservation des viandes au cours des longues traversées dans le désert. En outre, la Sérénissime maîtrise comme nulle autre le tissage et la teinture de la soie et du velours, ou encore le soufflage du verre pour obtenir des objets d'une délicatesse sans pareille. Jacques repense au maître verrier chez qui il se rendait dans son enfance pour se former le goût et doit convenir que les productions de l'île de Verano sont bien, bien supérieures. Vraiment, ces Vénitiens mettent tous les moyens de leur côté : leurs navires marchands bénéficient d'une escorte armée. Ils disposent aussi de tours de guet disposées le long des rives, qui assurent la surveillance et imposent une taxe à tout navire étranger qui mouille dans un de leurs ports.

Toutefois, les Vénitiens acceptent de louer des vaisseaux vides à d'autres nations, à la seule condition que ce ne soit pas pour transporter l'un des biens dont eux-mêmes font le négoce. Gênes, république rivale de Venise, a, elle, installé ses comptoirs sur le Bosphore et en mer Noire, accès privilégié aux trésors de Perse et d'Asie. Comme vient à le comprendre Jacques, les Génois sont de meilleurs navigateurs que les Vénitiens ; ils n'ont pas leur pareil pour ouvrir de nouvelles routes maritimes et mettre au point leurs propres cartes qu'ils conservent jalousement. On trouve même des Génois à Montpellier et Narbonne. Fort de ses expériences et réflexions, Jacques est plus que jamais déterminé à tenter l'aventure.

Une lettre de Macée lui parvient enfin.

Très cher époux

Je sais que Famagouste sera votre dernière escale et j'espère que mon courrier vous y trouvera encore. Je tiens à vous rapporter le triste sort de notre chère Jeanne d'Arc, abandonnée par le roi. Juana m'a confié que la reine de Sicile avait tenté de convaincre son gendre d'envoyer une armée à Rouen pour libérer la Pucelle, et qu'elle-même avait envoyé l'argent nécessaire pour payer la rançon, mais il est arrivé trop tard. Apparemment, Yolande voyageait à ce moment-là en Bretagne et n'a donc pu être jointe à temps. Ici, il se dit que Jeanne avait pris trop d'importance au goût des grands personnages de la cour, en particulier de l'archevêque de Reims qui lui reprochait d'avoir l'outrecuidance de prétendre s'adresser directement aux saints, ce dont ni vous ni moi ne doutons un instant. L'archevêque, notre roi et les juges ont commis une épouvantable erreur. Sachez, mon cher mari, que je passe beaucoup de temps à la cathédrale à prier pour leur pardon.

Jacques ne peut retenir ses larmes tandis qu'il achève de lire la lettre de sa femme sur le quai à Famagouste. Il fait le serment, s'il doit connaître un jour la fortune, les titres et la gloire, de ne pas oublier la leçon que Jeanne d'Arc a apprise trop tard et à ses dépens, de ne jamais sous-estimer la menace de la chute, même après la plus fulgurante des ascensions. Sur le trajet du retour, le marchand regrette de ne pouvoir passer par Florence. Dans le port de Livourne, il entend beaucoup parler des Médicis et du patriarche de la famille, Cosme. Jacques est fasciné qu'un personnage de cette envergure, politique et diplomate avisé, connaisseur des arts, soit aussi un grand commerçant. Quel contraste avec l'aristocratie française qui, elle, refuse de gérer ses propres affaires, entraînant de mauvais choix qui la ruinent ! Au sortir de ce périple au Levant, Jacques comprend qu'il ne sera pas aisé de faire du négoce avec les infidèles. Les Génois et les Vénitiens n'y parviennent qu'au prix de lourdes taxes payées dans les ports musulmans. Les chrétiens y sont méprisés et traités en inférieurs. Ils sont cantonnés à certains quartiers précis. Faute de s'acquitter du lourd tarif, on leur confisque gouvernail et voiles. Maintenant qu'il dispose de contacts pour s'approvi-

rien de nouveau depuis l'an 630 !

sionner et écouler sa propre marchandise, Jacques s'interroge sur la meilleure solution pour acheminer les biens vers la France.

Il a appris que les Génois se sont installés à Montpellier depuis que le pape a accordé une dispense à ce port pour le commerce avec les infidèles. Durement touchée par les épidémies et les guerres, la municipalité a aussi pris des mesures fiscales pour attirer une nouvelle population : les habitants ne payeront aucun impôt sur leurs revenus mobiliers durant une période de six ans. Quand il a vent de ces avantages, Jacques Cœur décide de transférer la majeure partie de son activité de négoce à Montpellier, tout en conservant un bureau à Marseille. Il semble avisé de conserver un lien avec la Provence, province souveraine dirigée par la maison d'Anjou et dont Yolande assure la régence en l'absence de son fils Louis. En attendant de disposer de sa propre flotte, Jacques compte louer des vaisseaux aux Génois.

Après mûre réflexion, il décide que l'entreprise la plus rentable serait d'échanger du minerai d'argent français contre de l'or égyptien. Il existe aux environs de Lyon des mines d'argent, de cuivre et de plomb depuis longtemps inexploitées. Il est défendu d'exporter de l'argent sans l'autorisation du roi, mais, s'il pouvait obtenir un permis pour extraire du minerai et le vendre à l'étranger, Jacques est certain qu'il réaliserait des bénéfices considérables. Comme il s'apprête à remettre le pied sur le sol de France en novembre 1431, après plus d'un an et demi de voyage, le marchand de Bourges a la tête pleine de projets. Il reste affable avec ses compagnons de voyage, mais se montre peu disert. On respecte son quant-à-soi.

Prise dans une tempête au large de la Corse, alourdie par les marchandises que rapportent les autres négociants, la galère échoue sur des récifs. Tandis qu'autour de lui gens et objets valsent en tous sens, dans un déchaînement de panique et de cris, Jacques reste d'un calme olympien, immobile, observateur extérieur plus que participant. Sur la côte, des villageois se précipitent dans leurs barques pour venir à leur secours. À bord, l'ambiance vire soudain du tout au tout, la terreur remplacée par un soulagement quasi hystérique.

Mais l'euphorie est de courte durée. Quelle n'est pas la stupeur des naufragés quand ces hommes réclament que toutes les affaires leur soient livrées, y compris les chaussures et les chemises ! Leurs femmes attendent sur la grève, avec des paniers pour emporter le butin. Le capitaine et l'équipage sont faits prisonniers pour être rançonnés. Les autres voyageurs sont libres de partir, pieds nus et dépouillés. Sans le vouloir, Jacques Cœur prend en quelque sorte la tête du petit groupe. Par son calme, il parvient à préserver la bonne humeur et un relatif optimisme. La nouvelle de leur malheur ne tarde pas à se répandre.

Le lendemain, des secours arrivent, dépêchés par le consul de France, et tout le monde peut regagner le continent. Jacques Cœur est le seul à n'avoir presque rien perdu dans cette mésaventure, car ce qu'il rapporte de plus précieux, ce sont les renseignements bien à l'abri dans son cerveau. Qui plus est, grâce à cette épreuve et aux désagréments subis, il a noué de solides liens qui pourraient bien lui rendre service à l'avenir quand il se lancera à la conquête du Levant.

Chapitre 8

Avant le voyage de Jacques Cœur, les monarques français ont longtemps négligé le potentiel commercial du Levant, car la partie centrale et septentrionale du royaume était tournée vers d'autres horizons. Gênes et Venise dominent la Méditerranée, laissant quelques miettes à Pise et, dans une moindre mesure, aux ports provençaux, languedociens et catalans. Depuis sa base de Montpellier, Jacques Cœur compte bien inverser la tendance. Il multiplie les expéditions vers l'Égypte et la Turquie. Un jour, il croise à Damas un proche de Philippe VI de Bourgogne venu se procurer des épices pour les convoyer à Beyrouth.

– Monsieur, ne seriez-vous pas le marchand Jacques Cœur ? J'ai beaucoup entendu parler de vos expéditions au Levant et de l'exceptionnelle qualité des marchandises que vous vous y procurez.

Après les salutations d'usage, Jacques explique qu'il se trouve là principalement pour acquérir des lames.

– Vous connaissez leur réputation, j'imagine ? dit-il. Il n'en existe pas de meilleures en Syrie. Le polissage est proprement remarquable, on pourrait même s'en servir comme miroir pour ajuster son turban !

Tous deux rient de bon cœur et prennent un café ensemble. Ainsi se tissent les relations qui sont la vraie force d'un marchand. L'information que le jeune duc de Bourgogne prospecte au Proche-Orient ouvre de nouvelles perspectives à Jacques. Une autre fois, il découvre ce que les Byzantins appellent le feu grégeois, une invention dont il se presse de parler à Macée dès son retour :

– Ma chère épouse, vous n'allez pas en croire vos oreilles... Allons, ne me faites pas les gros yeux ! Je vous embête sans doute avec mes histoires, mais je suis si heureux de vous retrouver et de constater que vous élevez fort bien nos enfants. J'ai de précieuses informations à transmettre à votre cousin, grand maître de l'artillerie. Il s'agit d'une nouvelle arme, simple à confectionner et peu onéreuse.

Macée est une épouse modèle, très fière de son mari dont la stature et les affaires grandissent encore plus vite que leurs cinq enfants ! Leur demeure est remplie des objets rapportés de ses voyages, qu'elle adore montrer aux voisins. Jacques est un homme bon et il prend bien soin des siens, même s'il est souvent absent. Ils ont emménagé dans une nouvelle maison, spacieuse et fort imposante, au cœur du meilleur quartier de Bourges. De ses voyages, elle ignore presque tout. Pour autant qu'elle sache, Jacques est un mari fidèle.

En 1433, voilà quinze ans que Jacques s'est lancé dans le négoce et ses affaires se sont tant développées qu'il doit se faire seconder. Jean de Villages, natif de Bourges, est entré chez lui comme jeune apprenti. Travailleur et vif d'esprit, il a su gagner la confiance de son maître qui lui donne de plus en plus de responsabilités. Jacques nourrit de grands espoirs pour le jeune homme. Il s'en ouvre même à Macée :

– Ma chère épouse, je sais que vous êtes un fin juge du caractère humain. Que pensez-vous du jeune Jean ?

– N'avez-vous pas vu l'estime que je lui porte ? pouffe-t-elle. Et combien de fois je l'ai invité à manger ?

À la réflexion, il est vrai que le jeune homme est souvent convié à leur table et que Macée veille toujours à l'asseoir à côté de sa nièce Perette, fille de son frère. Un jour, elle le prend à part et lui glisse :

– Jean, il ne m'a pas échappé que Perette et toi échangez des regards tendres. Il n'y a pas lieu de rougir, mon garçon, l'amour est une chose merveilleuse. Je sais à quel point mon mari est content de toi. S'il te proposait une promotion, cela t'inciterait-il à demander la main de Perette ?

Jean ne sait pas quoi répondre, mais personne n'est surpris quand les fiançailles sont annoncées. Jacques et Macée sont ravis, le mariage est célébré chez eux. Plus qu'un simple neveu, Jean est le bras droit de Jacques.

– Mon cher Jean, lui confie-t-il un jour, j'ai toujours eu le projet de posséder ma propre flotte pour ne plus être tributaire des Génois à qui je loue des navires.

– Je comprends mieux pourquoi vous comptez m'envoyer à Aigues-Mortes, dit Jean en souriant.

Située à moins de trois kilomètres des entrepôts de Jacques à Montpellier, Aigues-Mortes est reliée au port de Latte par un étang et un réseau de canaux. Tous deux se rendent bientôt dans le Sud et ouvrent deux chantiers navals. Jacques a déjà commandé une galée, galère de type génois, qu'il fait livrer sur place pour que ses architectes puissent la copier. Les Génois finissent par l'apprendre et, furieux, montent une expédition à Aigues-Mortes pour reprendre le navire. Il faudra les talents de négociateur de Jacques, et l'intervention du représentant de Charles VII dans la région, pour que le navire soit finalement rendu.

À cette époque, Jacques se fait également construire un hôtel particulier à Marseille. La cité étant située en Provence, territoire souverain du duc d'Anjou, le droit français ne s'y applique pas. Ainsi, le marchand a parfaitement le droit d'exporter des métaux précieux à partir de la cité phocéenne.

Le rêve conçu après son premier voyage au Levant, échanger de l'argent contre de l'or, n'est plus loin de se réaliser. Moyennant une somme assez modique, Jacques et les frères Godart obtiennent la concession de quatre mines dans la région de Lyon. Connus des Romains, ces filons de plomb, de cuivre et d'argent n'étaient plus exploités depuis des décennies, faute de moyens. Un jour, lors d'une réunion avec ses associés, Jacques déclare :

– Maintenant que des spécialistes ont pu examiner nos mines, je comprends mieux pourquoi celles-ci étaient laissées à l'abandon…

Il marque une pause, voit à la mine intriguée des Godart qu'il a piqué leur curiosité et poursuit :

– D'abord, l'exploitation exigera une mise de fonds considérable. Je propose que nous cherchions de nouveaux partenaires établis à Lyon. Grâce au Rhône, il sera facile de s'y rendre depuis Montpellier.

Les Godart manifestent leur assentiment.

– Ensuite, il faut que nous rendions le travail de la mine plus attractif et moins dangereux.

Mine interloquée des deux frères.

– Travailler au fond d'une mine est une affaire périlleuse. Les mineurs mènent une existence pénible. Pour espérer recruter des gens compétents, nous devons les loger dignement et les nourrir. Nous bâtirons une chapelle près du dortoir, où un prêtre célébrera la messe chaque dimanche. Aucune femme ne sera tolérée dans le dortoir, l'alcool y sera interdit ainsi que toute paillardise.

Les frères Godart comprennent peu à peu le sens de ses réflexions.

– Notre gérant aura pour consigne de leur fournir des vêtements et de veiller à leur alimentation. Il leur sera servi du cochon, du mouton et du bœuf, du bacon, du poisson, tant frais que séché, des œufs, des fruits frais et secs, de l'oignon et des épices. Ils auront droit à du pain fait avec une farine de bonne qualité et à un pichet de rouge ou de rosé.

– C'est une vraie villégiature que vous nous organisez là ! s'esclaffe l'aîné des Godart, incrédule.

Jacques ne plaisante aucunement.

– Les armes seront interdites. Chaque homme aura droit à un matelas de coton, avec draps, couvertures et traversin. Nous recruterons du personnel pour la cuisine, le ménage et la lessive. En cas d'accident ou de maladie, on ira chercher un médecin à Lyon. Nos employés seront rémunérés à la journée et à un tarif supérieur à ce qui se pratique ailleurs.

Les frères Godart poussent un soupir de résignation. Ils ont appris à faire confiance aux intuitions de Jacques.

– J'ai dressé cette liste sur les conseils de mon épouse, à qui les femmes de mineurs ont confié leurs griefs.

Comme Jacques a pu le constater lors de ses nombreux voyages, les employés les mieux traités sont ceux qui travaillent le mieux. Cela se confirme car la productivité est excellente dès que démarre l'exploitation des mines.

Avec le développement de son négoce, Jacques Cœur se lance aussi dans la banque. Ses talents pour le calcul mental sont connus et il a toujours été disposé à faire crédit à un taux légèrement inférieur à ceux pratiqués par la concurrence, dès lors qu'il est sûr d'être remboursé. Dans ses nouveaux locaux, il ouvre même la Loge, une sorte de bourse destinée aux nombreux marchands qui profitent des franchises fiscales de Montpellier.

Maintenant qu'il revend des métaux, Jacques se lie avec des alchimistes et jouit d'une réputation grandissante pour sa maîtrise des alliages, en particulier celui de l'argent avec des métaux moins nobles. Fort des connaissances acquises dans sa jeunesse à la monnaie de Bourges, il se livre à des expériences dans ses mines. Il invite des alchimistes et s'instruit à leur contact. Avec sa vive intelligence, il acquiert vite un savoir qui le ferait passer pour un initié aux yeux d'un observateur extérieur. On peut comprendre que le fils du modeste pelletier apprécie cette aura de prestige.

À l'image de Montpellier et des affaires florissantes de Jacques Cœur, d'autres ports français connaissent un grand essor, au point de concurrencer Barcelone et les principales cités italiennes. L'influence de Jacques est telle qu'il prête son secours aux chevaliers de Rhodes et même à la grande Venise. Non par pure philanthropie : le marchand espère ainsi constituer les alliances de demain. Tout jeune déjà, il cultivait ses relations et jouait les intermédiaires.

– C'est le secret de la réussite d'un marchand, ne cesse-t-il de répéter à ses fils.

Les deux aînés semblent nourrir de plus hautes ambitions que le commerce. Peut-être le benjamin prendra-t-il sa succession.

Grâce aux courtisans qui sont ses meilleurs clients pour les biens luxueux acheminés vers le magasin de Bourges, il reste très au fait de la situation à la cour. Le roi aime s'entourer d'élégants jeunes gens qui ont démontré leur courage sur le champ de bataille, au nombre desquels figurent André de Villequier, un chevalier normand qui a l'oreille du monarque et qui est prompt à s'enrichir, ou Guillaume de Gouffier, bel écuyer tout aussi cupide. Le palais compte son lot d'intrigants et de personnages aux tenues opulentes qui ne vivent que pour les tournois et les bals.

Ce petit monde a vite fait de comprendre que Jacques Cœur est en mesure de répondre à ses moindres caprices.

Des trésors inimaginables s'entassent dans ses entrepôts de Bourges, Lyon et Montpellier. Des comptoirs secondaires répartis un peu partout en France permettent de couvrir l'ensemble du royaume. Grâce à sa flotte et à son réseau de correspondants à l'étranger, Jacques Cœur peut commercer sans passer par des intermédiaires. Et comment s'y prend-il pour communiquer avec ces nombreuses personnes ? Grâce au pigeon voyageur, une invention des Arabes. Connu de tous sous le sobriquet de « Jacquet », le marchand de Bourges est souvent perçu comme un ami. Même ceux qui lui doivent de l'argent n'hésitent pas à se confier à lui.

Au fil du temps, il faut dire que la liste des débiteurs ne cesse de s'allonger. Les dames achètent chez lui à crédit et leur mari en viennent à lui emprunter de l'argent pour acquitter les dépenses somptuaires. La reine Marie elle-même et sa bru, la dauphine Marguerite, lui achètent des bijoux et des fourrures en s'endettant. Comment leur refuser ces facilités ? Sur un tout autre plan, Charles VII finance ses succès militaires grâce à l'entremise de Jacques qui lui permet d'obtenir des prêts considérables auprès des banquiers italiens et même d'autres pays. Plus sa notoriété croît et plus le marchand est sollicité, même s'il y a parfois de la rancœur chez certains qui lui doivent de grosses sommes. Pareillement, être l'un des proches conseillers du roi de France a ses avantages mais aussi ses inconvénients. Jacques veille à compenser la jalousie en se montrant charitable.

En 1435 est signé le traité d'Arras qui met enfin un terme au conflit entre Charles VII et Philippe de Bourgogne, lequel cesse de soutenir les Anglais. L'année suivante, Paris est reconquise par le connétable de France, Arthur de Richemont, un protégé de Yolande d'Aragon. Peu après,

Jacques Cœur croise à nouveau le chemin de la reine de Sicile. *Quelle femme extraordinaire !* songe-t-il une fois encore. *Si c'était un homme, le royaume serait tiré d'affaire.* L'influence positive qu'elle exerce sur Charles VII est inestimable. Elle œuvre inlassablement pour écarter les hommes vénaux de son entourage. Elle confie aussi au marchand qu'elle a joué un rôle dans la paix conclue avec la Bourgogne.

– Mon cher Jacques, vous conviendrez qu'il était nécessaire de s'unir si l'on veut espérer chasser les Anglais hors de France.

– Je comprends pleinement votre analyse, Majesté, et je la partage. J'abordais le sujet il y a peu avec un envoyé du duc de Bourgogne à Damas, un homme fort perspicace au demeurant. L'union de nos forces est la seule solution.

Yolande s'est aussi attelée à contrecarrer les nombreux ducs qui ont renié leur allégeance au roi de France pour se rallier aux Anglais, notamment pour profiter des débouchés commerciaux que ceux-ci peuvent leur assurer en Flandre. Par les agents qu'il a dans toutes les cours ducales, Jacques sait que la reine de Sicile y place de jeunes demoiselles qui ont pour mission de ramener les transfuges dans le droit chemin. Issues de bonnes familles angevines, elles acceptent de payer de leur personne pour leur roi et leur pays.

Si l'argumentation n'y suffit pas, elles doivent se servir de leur corps nubile pour persuader les ducs de servir le monarque légitime. C'est un franc succès pour la reine de Sicile, ses jeunes protégées savent se montrer persuasives. René désapprouve ces méthodes peu catholiques, mais elles sont très efficaces. Chaque fois qu'il se retrouve face à Yolande, Jacques Cœur a le sentiment qu'elle parvient à lire dans ses pensées. Allez savoir…

– Mon cher ami, je sais que vos voyages et multiples entreprises vous ont beaucoup appris. J'ai confiance en votre jugement et en votre droiture. Me permettrez-vous de mettre à bon usage vos talents remarquables ?

La reine sait prendre le ton le plus cajoleur.

– Majesté, dit-il en exécutant une profonde révérence pour s'accorder un temps de réflexion, il est vrai que j'ai tiré bien des enseignements de mes expéditions, mais nul n'est omniscient. En quoi puis-je vous être utile ?

Elle affiche son habituel sourire ambigu et scrute le marchand. De taille moyenne et solidement bâti, il est dans la force de l'âge. Sur son visage aux traits réguliers transparaît la confiance en soi de celui qui a beaucoup travaillé, qui connaît sa valeur et sait où il va.

– Je suis certaine que vous seriez un soutien précieux pour le roi et pour votre pays. Nous partageons le même but, n'est-ce pas ? Que le royaume de France se redresse fièrement.

Il marmonne quelque chose et sans doute la reine s'en satisfait-elle car, un an plus tard, il est convié à une audience avec le roi à Paris, certainement à l'initiative de Yolande. Jacques ne s'est plus entretenu avec Charles VII depuis le sacre. Il l'a souvent aperçu à Bourges et n'a jamais manqué de le saluer respectueusement, mais sans pouvoir lui adresser la parole. Les achats et emprunts se font toujours par l'entremise de ses conseillers. À cause de sa disgrâce après le scandale à la monnaie, et bien qu'ayant bénéficié d'un pardon royal, Jacques a toujours estimé qu'il n'avait pas sa place dans le premier cercle des favoris. Pourtant, voici que le monarque le convie pour un entretien en tête à tête.

– Approchez, mon cher Jacques. Comme le temps passe ! Je vous ai fait venir car j'ai besoin que vous mettiez vos talents à mon service. Vous savez que je désire réorganiser le système monétaire du royaume ?

Jacques acquiesce par une courbette.

– J'ai décidé de vous nommer à la tête de la Monnaie de Paris.

Jacques n'en revient pas, mais il sait qu'il n'y a pas lieu de discuter. Quand Charles VII a une idée en tête, rien ne peut le faire changer d'avis. Il accepte donc cette charge très lourde et prenante. Son rôle est de préparer les ordonnances qui fixeront le poids des monnaies ayant cours en France, étape essentielle pour ramener la stabilité financière. Il est confiant de pouvoir s'en acquitter avec compétence et le commerce en profitera, ce dont lui-même ne pourra que se féliciter. Malgré tout, il doit souvent se rendre à Paris et la vie de famille s'en ressent. Il s'en veut d'imposer de longues absences à Macée et aux enfants.

– Ma bonne Macée, vous comprenez pourquoi j'ai accepté cette lourde charge ? lui demande-t-il un soir.

Elle affiche une moue pincée qui en dit long, mais il la serre tendrement dans ses bras. Comme ils le savent pertinemment l'un et l'autre, si sa famille est chère à son cœur, son négoce n'en demeure pas moins sa priorité.

Deux ans plus tard, une nouvelle position lui est proposée, sans doute à nouveau sur les recommandations de Yolande : celle d'argentier de Charles VII. L'une de ses nouvelles fonctions est de fournir des biens de luxe à la cour. La place ne présente pas que des avantages. Les princes et les aristocrates sont prompts à s'endetter auprès des fournisseurs royaux. On leur fait volontiers crédit, du fait de leur statut et des biens qu'ils possèdent, mais obtenir qu'ils s'acquittent de leurs dettes est une autre affaire. Le marchand doit faire preuve de discernement et de diplomatie pour ne traiter qu'avec ceux dont il est certain qu'un jour ils rembourseront.

Il se retrouve aussi à la tête des écuries royales, dont les nombreux chevaux doivent être nourris, ferrés, équipés et sortis pour leur exercice quotidien : de nouvelles sources de profit à saisir. Une étape supplémentaire sera bientôt franchie. Comme Yolande ne tarit pas d'éloges sur les activités de Jacques à Marseille, des négociations s'engagent avec des représentants du roi et des opérations commerciales conjointes sont entreprises, Charles VII et Jacques Cœur devenant associés. Jamais aucun marchand n'a connu pareil privilège, Jacques peine à y croire. Peut-être même que l'honneur qui lui est fait l'empêche de pleinement peser le danger qu'il représente, mais Macée et son esprit pratique ne s'en laissent pas conter.

– Quel benêt vous faites, Jacquet ! Ne voyez-vous pas qu'on se sert de vous ? Comment pourriez-vous être sur un pied d'égalité avec le roi de France ? Et, humble comme vous l'êtes, vous vous débrouillerez toujours pour être désavantagé !

– Vous me sous-estimez, très chère épouse. J'ai le négoce dans le sang, même si j'ai appris mon métier sur le tas. N'ayez crainte, en affaires je suis plus malin que le roi de France.

– Mais lui finira par vous imposer sa loi, croyez-moi !

Elle se détourne pour lui cacher ses larmes. Macée a perdu sa taille de jeune fille à cause des grossesses et elle est plus sévère qu'elle ne l'était autrefois, obligée d'éduquer les enfants le plus souvent seule, mais elle aime son mari plus que jamais, lui qui est si ingénieux et d'une fidélité aveugle.

À vrai dire, les relations entre Jacques et le roi sont au beau fixe. Le marchand arme des navires qui sillonnent la Méditerranée sous pavillon royal. Il commerce avec l'Empire ottoman, alors que Rome prohibe les échanges avec les infidèles. Il a pu obtenir une dispense papale, certes fort onéreuse. Ce qui lui permet d'établir des comptoirs dont il bénéficie autant que le roi de France.

Quand ils se voient, Charles VII le traite comme un conseiller estimé, sans familiarité ni froideur non plus. Jacques sent bien que le monarque est intrigué par son parcours, celui d'un homme d'origine modeste qui est devenu une sorte de génie de la finance. À l'époque, les croyances dans le surnaturel sont très répandues et quiconque connaît une ascension fulgurante est soupçonné de la devoir à quelque savoir ésotérique. Jacques a sa fierté. Il a arrêté l'école plus tôt que son frère Nicolas, entré dans les ordres, et que ses deux fils aînés qui emprunteront la même voie, mais cela le flatte qu'on lui prête un grand savoir. Jamais il ne mentirait sur son parcours, mais, si les gens veulent voir en lui un mage érudit, ce n'est pas lui qui les détrompera.

Vers 1445, Charles VII juge nécessaire de donner un nouvel essor aux ports du sud de la France, lesquels ont beaucoup souffert de la peste et de la concurrence des marchands italiens et aragonais, sans compter celle de Marseille qui draine une grosse part du fret en tant que zone franche. Pour inciter Jacques à baser le gros de sa flotte à Aigues-Mortes, il lui accorde le privilège d'importer des épices sans payer de taxes. C'est là un avantage considérable par rapport aux concurrents, le surcoût étant de dix pour cent dans tout autre port. Jacques décide alors de privilégier ce secteur d'activité. Qui plus est, le roi lui permet d'enrôler de force des rameurs pour ses galées.

De telles pratiques n'existent nulle part ailleurs en Méditerranée, mais tous les moyens sont bons pour faire fructifier leur entreprise commune. Aigues-Mortes connaît alors un fort développement et Jacques obtient même du roi que leur flotte de commerce soit la seule à pouvoir utiliser le port. Les rivaux de Jacques Cœur ne le voient pas d'un bon œil, mais ce sont là des risques à courir quand on est un marchand ambitieux. La première galée est mise en service grâce aux investissements du roi et le succès est tel que Jacques en commande sept autres. Les bois précieux nécessaires sont acheminés par le Rhône, qu'un canal relie à Aigues-Mortes.

Sur les conseils avisés de Macée, Jacques choisit pour les nouveaux navires des noms susceptibles de flatter le monarque : *Notre-Dame-Saint-Denis*, *Notre-Dame-Madeleine*. *Notre-Dame-Saint-Jacques*.

Depuis le scandale de la monnaie, Jacques s'évertue à toujours respecter la loi. Ainsi, il tient à ce que ses navires vers le Levant partent de Montpellier, port qui jouit d'une dispense papale. Depuis le XVe siècle, de nombreuses bulles papales ont interdit le négoce avec les infidèles. Si les Vénitiens et les Génois n'en tiennent pas compte, Jacques est décidé à les respecter.

Savoir bien s'entourer est une précieuse qualité. Jacques Cœur mesure sa chance de pouvoir s'appuyer sur Jean de Villages, son neveu par alliance. Le jeune homme, qui approche de la trentaine, est grand et svelte, taillé comme un marin, agile d'esprit et de corps. Il gère pour son oncle le négoce en Méditerranée, ainsi qu'en Égypte et au Levant. Guillaume de Varye, ami d'enfance, s'occupe de toute la partie financière et devient le représentant de Jacques à Genève. C'est aussi lui qui s'occupe du magasin de Bourges, où la cour vient admirer les dernières acquisitions.

Enfin, il est responsable des inventaires, du registre des importations et du règlement des taxes. Un autre fidèle est Guillaume Grimart, qui a épousé une cousine de la mère de Jacques et à qui le marchand a fait un cadeau de mariage généreux. Guillaume a le grand honneur d'être nommé capitaine du *Notre-Dame-Saint-Michel.* Antoine Noir est le quatrième personnage qui compte au sein de cet empire en pleine expansion. Basé à Montpellier avec ses deux frères, il a pour mission de collecter l'argent dû, en douceur si possible. Il lui arrive parfois de faire preuve d'un excès de zèle.

À son apogée, Jacques Cœur compte trois cents agents sous ses ordres. Son succès s'est bâti sur la capacité à jauger les gens : quel client a les moyens de payer, quel autre présente un risque. Comment faire payer ceux qui rechignent à régler leurs dettes. Si besoin, Jacques sait attendre. Il est patient. Pour autant, il ne se laisse pas marcher sur les pieds.

Chapitre 9

Jacques apprécie toujours d'avoir des nouvelles de René d'Anjou et de son épouse Isabelle, dont la première visite à Bourges lui a laissé un souvenir si plaisant. Le père d'Isabelle est décédé en 1431 et son testament stipulait que sa fille et son gendre régneraient conjointement sur le duché de Lorraine. Toutefois, un cousin s'y est opposé en arguant qu'une femme ne pouvait prendre les rênes du duché.

Sur les conseils de Yolande, René a relevé le défi et combattu leur rival. Malheureusement, après plusieurs victoires, une chute à cheval a entraîné sa capture. Au lieu d'être libéré contre rançon comme il s'y attendait, René a été livré à Philippe de Bourgogne, ce qui ne présage rien de bon. Le duc de Bourgogne tient là le moyen de laver enfin l'affront fait aux siens par la maison d'Anjou il y a des années. La sœur de Philippe avait été fiancée au futur Louis III d'Anjou, aîné de Yolande, et avait été accueillie dans sa future belle-famille pendant quatre années heureuses.

Mais quand il était apparu que son père était responsable du meurtre du frère de Charles VI, Louis d'Orléans, un ami proche de Yolande et de son mari, les Anjou avaient renoncé au projet de mariage, refusant d'unir leur famille à celle de ce monstre. Ils adoraient la jeune Catherine, c'était un vrai crève-cœur de la renvoyer chez elle, mais la décision s'imposait. Ce n'en était pas moins un affront infligé par une branche de la famille royale à une autre, que Philippe de Bourgogne n'était pas près d'oublier ou de pardonner. Et c'est

René, qui n'était qu'un jeune enfant à l'époque, qui payera pour l'humiliation de Catherine.

Au total, il passera près de trois années enfermé dans un donjon. Durant la captivité de René, Louis meurt en Sicile. Un coup terrible pour la famille d'Anjou, qui perd en Louis son jeune duc charismatique, alors que son successeur est prisonnier des Bourguignons. À la même époque, Alphonse V, ennemi juré de Louis, est contraint de quitter Naples, où il régnait depuis un an, pour regagner l'Aragon à la hâte. Des émissaires napolitains se rendent en France pour convaincre René de reprendre le trône de Sicile. Celui-ci étant emprisonné, son épouse prend le titre de régente dans l'attente de sa libération. Yolande a fait un très bon choix pour l'épouse de son cadet. Outre qu'elle est l'héritière du duché de Lorraine, Isabelle a autant de tempérament que sa belle-mère. À peine apprend-elle le départ d'Alphonse V qu'elle décide de gagner Naples pour y prendre possession de la couronne au nom de son mari. Avant d'entamer le trajet, elle se rend à Chinon, suivie de sa cour au grand complet, enfants, demoiselles d'honneur et animaux, pour y solliciter la bénédiction du roi et de sa belle-mère, dorénavant connue comme l'ancienne reine de Sicile. Isabelle a aussi prévu de confier sa petite dernière à Yolande ; âgée de cinq ans, Marguerite est trop jeune pour un tel périple. Son fils Jean, dix ans, n'est pas non plus du voyage, demeurant en Lorraine comme représentant de ses parents.

Présent à Chinon, Jacques Cœur assiste à cette scène touchante : la jeune reine de Sicile qui salue respectueusement Charles VII et sa belle-mère. Isabelle est accompagnée de la petite Marguerite et de sa suite qu'elle présente à la cour. Au moment où le roi se lève de son trône et passe en revue les demoiselles d'honneur, un frisson semble parcourir la vaste salle d'audience. Toujours aussi perspicace, le marchand en comprend la raison. Et il n'est pas le seul à noter l'attention discrète que le roi accorde à la dernière jeune fille, laquelle garde les yeux rivés au sol avec une modestie naturelle. Yolande le remarque elle aussi, ainsi que l'exceptionnelle beauté de cette demoiselle fort jeune et d'une parfaite innocence.

La mort de Louis III a peiné Jacques Cœur, qui a toujours pensé que sa trop grande bonté perdrait le jeune homme. Le marchand souhaite la réussite d'Isabelle. Il songe qu'elle aura certainement beaucoup à faire dans son palais de Naples où le raffinement laisse à désirer, après plusieurs années de règne masculin. Jacques décide que ses navires feront escale à Naples en route vers le Levant ou au retour, afin de mieux pourvoir aux besoins de la jeune reine. Dès la première année de la régence, Jacques recueille le témoignage de plusieurs de ses capitaines qui ont reçu à Naples un accueil fort chaleureux. Quand lui-même trouve le temps d'y passer, Isabelle est tout à fait charmante. Elle évoque le bon souvenir de l'après-midi passé avec René à l'entrepôt de Bourges. Elle ignore que c'est grâce à lui que les plus belles richesses de l'Orient lui ont été livrées ; les hommes de Jacques ont pour consigne de dire que les présents viennent de Yolande, pour ne pas mettre la jeune reine dans l'embarras.

La cour de Naples est un lieu enchanteur, à la sophistication raffinée. Il n'y manque que son roi. Isabelle fait promettre à Jacques de lui rendre visite chaque fois qu'il se trouvera dans les environs et il n'y manquera pas. De même qu'il s'arrête chez Yolande à Marseille dès qu'il doit embarquer sur une galée ou à son retour. Même quand elle est absente, il s'entretient avec son représentant. De cette façon, il peut jouer les courriers entre l'Italie et la Provence.

Jacques a toujours beaucoup de plaisir à s'arrêter à Naples, où Isabelle le reçoit aussi chaleureusement qu'un ami de longue date. Pour un peu, il multiplierait ses déplacements au Levant pour s'offrir le prétexte d'une petite halte. À chaque passage, il est ravi de retrouver Vitesse, le guépard femelle qu'il a offert à René. Apprivoisé et choyé, l'animal passerait presque pour un chat.

Le marchand est souvent prié de raconter ses voyages et ses aventures au Levant, devant la cour réunie et, notamment, les demoiselles d'honneur. Jacques est étonné d'apprendre par Isabelle que c'est justement Agnès Sorel, la jeune ingénue qui a retenu l'attention de Charles VII à Chinon, qui s'occupe du guépard, dont elle n'a jamais eu peur. Elle doit avoir peu d'amies à la cour, étant la plus jeune, et sans doute l'animal lui tient-il compagnie. Jacques sollicite l'autorisation de s'entretenir avec la demoiselle. Isabelle porte l'index à ses lèvres et les laisse seuls.

– Mademoiselle, puis-je vous parler de Vitesse ?

Agnès sourit timidement, mais son regard s'illumine.

– Savez-vous comment l'animal est arrivé ici ?

Le marchand sent qu'il pourrait se noyer dans ces beaux yeux et l'ovale parfait de ce visage.

– Mais oui ! répond-elle avec un large sourire. C'est vous qui en avez fait don à notre roi René, monsieur Cœur. Je m'en occupe en attendant son retour.

– Je vois que Vitesse vous est autant attachée que vous l'êtes à elle.

– Oui, nous sommes inséparables. Quand nous chevauchons dans la campagne, elle court à mes côtés. Le soir, elle dort sur un tapis au pied de mon lit. Je laisse la fenêtre ouverte pour qu'elle puisse sortir. Je n'ai pas peur car elle est là pour me protéger !

Elle a un rire d'une fraîcheur juvénile.

– Et que lui donnez-vous à manger, mon enfant ?

– Eh bien, lors de nos sorties elle chasse des lapins et de jeunes cerfs. Sinon, notre veneur lui réserve des pièces de gibier. Même si ça peut sembler cruel, je pense que c'est bien pour elle de chasser.

Agnès paraît gênée.

– Vous faites bien, la rassure Jacques. Elle a besoin de se dépenser. On voit que vous prenez parfaitement soin d'elle.

Jacques profite de ces instants pour mieux observer la jeune fille, qui est d'une beauté à couper le souffle. Il se dégage d'elle un charme tout particulier et indéfinissable, dans ses gestes, sa voix et son regard modeste. Elle ne peut pas ignorer à quel point elle est belle, et pourtant il n'en transparaît rien dans son comportement. Pas étonnant que Yolande lui porte un intérêt particulier. La vieille reine nourrit certainement quelque ambition particulière pour Agnès Sorel.

Deux ans plus tard, Philippe de Bourgogne relâche enfin René qui peut alors rejoindre son épouse à Naples. Jacques Cœur continue de passer à l'occasion et ne manque pas d'être impressionné par le gouvernement de René. Le pays est bien administré et la population témoigne d'un véritable attachement à son roi. Au fil de ses visites, Jacques consolide l'amitié qui le lie à René et à Isabelle, qu'il enchante par ses récits et les richesses qu'il rapporte des quatre coins de la Méditerranée. René comprend les liens privilégiés qui unissent sa mère et le marchand, malgré la différence d'âge. En plus d'être un homme affable, Jacques Cœur a tiré de ses nombreux voyages, qui lui ont permis de côtoyer tant de cultures variées, la capacité de comprendre les besoins et les désirs de tout un chacun. S'il a un vrai talent de conteur, il sait aussi écouter. Il ne se permet pas de juger, même quand son interlocuteur se trompe visiblement. L'air pensif, les lèvres pincées, il absorbe ce qui se dit et garde son avis pour lui, à moins qu'on ne le sollicite. Il ne se départit de sa réserve que pour relater ses voyages à un auditoire captivé.

– Un jour, au marché des esclaves du Caire… entame-t-il d'une voix douce.

Les jeunes femmes de l'assistance laissent échapper de petits cris étouffés.

– … j'ai vu deux jumelles blondes, qui avaient à peu près votre âge…

Il pointe l'une des demoiselles d'honneur qui porte la main à sa bouche, les yeux écarquillés d'effroi, tandis que lui poursuit sa terrible histoire.

Il n'est jamais à court d'anecdotes.

– Un jour, nous avons fait naufrage au large d'une petite île sur la côte des Barbaresques. Nous voilà nus, à faire sécher nos habits devant un feu que nous avons pu allumer sur la plage. Au bout d'un moment, nous nous sentons épiés, mais rien ne bouge parmi la végétation. Soudain, à la nuit tombée…

Quand il parle, on entendrait une mouche voler. On peine à croire que toutes ces anecdotes puissent être véridiques. Un jour, il avoue à René et à Isabelle que nombre des aventures lui ont été rapportées par d'autres et qu'il les récolte pour les partager avec eux. Ainsi, il ne rapporte pas du Levant que des marchandises fascinantes. Il invite souvent les membres de la cour à monter sur sa galée. Tous sont sidérés que l'équipage parvienne à passer des semaines entières dans un espace si confiné, sans compter la place nécessaire pour la cargaison et les animaux vivants destinés à être mangés. Le marchand et son univers sont une source de fascination inépuisable pour les courtisans. Certains matelots finissent par être connus de ces dames et ces messieurs, on échange un salut amical quand on se croise. Jacques se permet parfois d'amener son capitaine à la cour, habitué à traiter ses officiers en égaux. Ils ont sa confiance et lui leur loyauté. À l'aise avec les rois comme avec les plus humbles, Jacques est le genre de patron pour qui tout le monde a envie de travailler. Son enthousiasme est contagieux et c'est un travailleur acharné. Comme René le confie à Isabelle :

– Voilà le secret des princes du négoce.

René est lui aussi un personnage de grande envergure. Yolande n'est pas la seule à vanter ses qualités. Tout le monde s'accorde à voir en lui un mécène remarquable. Son père Louis II d'Anjou lui a transmis son goût pour l'histoire et pour l'art. Passionné d'architecture, il a hérité d'une belle bibliothèque. Auprès de son beau-père Charles II de Lorraine, il s'est ouvert à la musique et à la peinture flamande. Durant sa captivité en Bourgogne, il s'est exercé à la peinture en profitant des conseils d'un maître hollandais en résidence à la cour. René écrit des romans et des poèmes, il conçoit les jardins de ses châteaux en vrai paysagiste et il organise des tournois spectaculaires auxquels sont conviés le roi et de nombreux invités. Le cadet de Yolande fait l'unanimité : tous saluent son intelligence, son charme, sa finesse et sa tolérance. Jacques se félicite d'être établi en Provence, territoire souverain gouverné par ce prince éclairé.

De passage à Marseille, Jacques rend visite à Yolande. Tous deux se promènent le long des quais, observant les navires que l'on décharge et les pêcheurs qui plient leurs filets. Elle l'interroge sur René, lui demande en quoi elle pourrait lui rendre service, prend des nouvelles de ses petits-enfants. Isabelle vient de faire une nouvelle fausse couche, mais Jacques lui a rapporté un remède de Syrie qui semble efficace. Enfin, Yolande l'interroge sur les demoiselles d'honneur de sa bru :

– Mon cher ami, pourriez-vous me dire comment la plus jeune d'entre elles s'est adaptée à la vie en Italie ? Il s'agit d'une certaine Agnès Sorel. Je m'intéresse tout particulièrement à elle.

Yolande affiche un sourire mystérieux. Jacques n'est jamais pris au dépourvu par ses questions. Chez elle, il y a toujours un dessein caché.

– Majesté, je n'ai jamais vu plus pure beauté.

– Certes. Je vous écoute.

– Ce qui la rend si unique, c'est qu'elle-même semble tout à fait inconsciente de sa propre perfection, et cela s'accompagne d'une nature bienveillante qu'elle porte sur son visage.

– Oui…

Yolande fait mine de s'intéresser à la belle pêche que l'on vient de débarquer d'un canot, mais elle est visiblement curieuse d'en savoir plus.

– Majesté, la beauté d'Agnès a quelque chose d'impalpable, de rare et de fragile, malgré l'effet fulgurant qu'elle produit. Des traits parfaits, un teint délicat, des cheveux blonds comme le blé. Elle rougit légèrement dès qu'elle se sent observée, et cela ne fait qu'ajouter à son charme. D'un naturel modeste, elle garde toujours les yeux baissés, avec un petit sourire à la fois nerveux et amusé. On dirait presque qu'elle manque de confiance, alors que les compliments doivent pleuvoir.

– Merci, cher ami. Dites-moi, la trouvez-vous intelligente ? Et que pensent d'elle les autres demoiselles ? La jalouse-t-on pour sa beauté ? Est-elle vaniteuse ?

– Nullement, Majesté. C'est tout le contraire, tous l'apprécient. Les messieurs et les dames de la cour, les serviteurs. Même le guépard que j'ai offert à votre fils ne la quitte plus ! Oui, elle est à la fois intelligente et intuitive. Elle réfléchit toujours avant de s'exprimer.

La vieille reine sourit, satisfaite.

– Bien. Passons à d'autres sujets.

Jacques aborde alors diverses questions touchant à ses affaires et au port de Marseille, mais sans cesser de se demander quels projets sa protectrice peut bien nourrir pour la jeune Agnès Sorel.

René connaît plusieurs années gratifiantes en son royaume de Naples. Lui et Isabelle voyagent beaucoup, à la rencontre des propriétaires terriens. Ils s'intéressent à la vie rurale et à l'agriculture, en particulier. René, qui n'a jamais été impliqué dans la gestion au quotidien de la Provence ou de l'Anjou, se découvre une passion pour le jardinage. Comme on peut faire pousser pratiquement n'importe quoi sur la péninsule, il ne manque jamais de nouvelles plantations pour les parterres autour des terrasses du palais. Les fleurs sont cueillies par les demoiselles d'honneur, qui en font des bouquets pour les vases ou se les piquent dans les cheveux. Tous mènent une existence paisible.

Puis Alphonse V rentre d'Aragon, décidé à récupérer son trône, et les escarmouches reprennent. Victoires et défaites se succèdent durant une année. Yolande suit les événements à distance. Elle est persuadée que le rêve de son fils se terminera mal, mais continue néanmoins à le soutenir matériellement autant qu'elle peut. Inévitablement, René prend un jour conscience que l'avenir est sombre : les forces d'Alphonse sont beaucoup plus nombreuses, l'issue est inévitable. Les combats se rapprochent de plus en plus, le moment est venu d'évacuer le palais. Jacques Cœur, sentant le vent tourner, tient deux navires à sa disposition dans le port de Naples, pour ramener les femmes et les non-combattants à Marseille. C'était là trop beau paradis pour durer.

Chapitre 10

Au printemps 1440, Jacques Cœur est prié par Yolande de réunir une garde-robe pour Marguerite et de la livrer au château de Saumur. Déjà ravissante à douze ans, la benjamine de René et Isabelle doit être présentée au jeune Frédéric, nouvel empereur du Saint-Empire romain germanique. Jacques trouve l'ancienne reine en bonne forme et la jeune princesse parfaitement charmante, mais il sent bien, au-delà de l'accueil et des conversations badines, que Yolande a l'esprit accaparé par le futur retour de René sur le sol de France. Elle a fait ses calculs et en est arrivée à la même conclusion que lui six ans auparavant : les caisses sont vides, il n'y a plus d'argent à envoyer à Naples, le rêve du royaume de Sicile touche à sa fin.

En effet, Isabelle et son entourage arrivent à Saumur quelques mois plus tard. De nouveau convié, Jacques constate avec satisfaction que la jeune reine partage les goûts raffinés de sa belle-mère. Yolande n'a pas fait venir le marchand par hasard, Isabelle aura bien des commandes à lui passer pour ses palais de Lorraine et d'Anjou. Depuis deux ans que les combats acharnés ont repris sur la péninsule italienne, Jacques n'est pas retourné à la cour de Naples. Il écoute avec un vif intérêt le récit qu'Isabelle leur livre, d'une voix éprouvée, sur le crépuscule de cette période enchantée.

Au cours de cette visite, Jacques a le souffle coupé devant Agnès Sorel qui n'a fait qu'embellir en deux ans. Comme les autres demoiselles de compagnie d'Isabelle, elle a le front très dégagé et les sourcils épilés en une fine ligne qui fait ressortir encore plus ses grands yeux bleus candides. Les lignes du visage sont élégantes, le nez fin et délicat. Sa petite bouche aux lèvres parfaitement dessinées laisse entrevoir des dents luisantes comme un rang de perles dès qu'elle sourit. Le marchand, qui se tient un peu à l'écart, écoute les demoiselles rassemblées autour de la vieille reine pour lui conter leurs plus beaux souvenirs de Naples. On lui narre les chevauchées à travers la campagne et l'excursion au sommet du Vésuve dont le cratère laisse échapper un filet de fumée. On s'extasie sur les fruits et les légumes inconnus que l'on a découverts sur place, les fleurs colorées qui poussent à profusion, les chansons que l'on a apprises. Agnès, qui caresse le guépard lové contre elle, contemple avec fascination le pendentif bleu que Yolande porte au cou à une chaîne en or.

– Agnès, dit la vieille reine en souriant, je vois que ce bijou suscite votre curiosité.

Elle attrape la pierre du pouce et de l'index et la tend pour que les autres demoiselles puissent l'admirer.

– Vous connaissez toutes notre ami Jacques Cœur, le marchand de Bourges, je crois…

Les jeunes femmes acquiescent d'un hochement de tête, sans se douter qu'il est présent.

– Il s'est procuré ce joyau à Alexandrie, un port d'Égypte. Le vendeur lui a raconté qu'il aurait appartenu à un pharaon égyptien qui se l'était vu offrir par un chef nubien contre la libération de son fils.

Yolande marque une pause. Autour d'elle, ce ne sont que visages captivés.

– Apparemment, le garçon avait été capturé par des marchands arabes, alors qu'il chevauchait dans le désert. Pris dans un filet, il s'est malgré tout débattu et il a fallu pas moins de dix hommes pour le neutraliser. Il a été vendu comme esclave, mais, comme il était grand et musclé, avec un visage d'une rare beauté, on en a fait cadeau au pharaon.

La voix douce de la reine est comme une caresse, les jeunes femmes pourraient passer la nuit à l'écouter.

– Cette pierre a été le prix de sa liberté, elle est arrivée entre les mains de Jacques Cœur plusieurs siècles après celles du pharaon, et maintenant elle m'appartient.

Avec un sourire ambigu, elle congédie les demoiselles qui ont à s'occuper d'Isabelle. L'impression faite par Agnès sur le marchand n'a pas échappé à la vieille reine. Discrètement, à l'insu des autres jeunes femmes, elle lui commande des étoffes de qualité, de quoi confectionner deux robes et une pelisse pour Agnès qui n'a aucun vêtement chaud pour l'hiver. Jacques s'étonne de ce traitement de faveur envers une jeune femme qui occupe manifestement le dernier rang dans l'entourage d'Isabelle. Il apprend bientôt que la vieille reine compte la garder auprès d'elle quand sa belle-fille rentrera à Nancy avec Marguerite. La compagnie juvénile et joyeuse d'Agnès compensera le départ de sa petite-fille. Le marchand se pose néanmoins des questions. Yolande charge Jacques de présenter à Agnès les étoffes qu'il a choisies pour elle, et d'en profiter pour tenter de jauger son caractère. Mis à part leur conversation sur le guépard autrefois à Naples, il n'a jamais eu l'occasion de s'entretenir en tête à tête avec elle. Après, Jacques avoue à sa protectrice qu'il s'est laissé envoûter par le charme placide et honnête de la jeune femme, et en son for intérieur il doute de pouvoir jamais s'en libérer.

Chapitre 11

Chaque fois que Jacques Cœur croise Yolande, que ce soit à la cour de Bourges ou à Angers, à Marseille comme à Tours ou en son château de Saumur, il ressent un puissant envoûtement. Captivé par cette grande dame, il ne laisse passer aucune occasion de s'entretenir avec elle. Dans ses nombreux voyages en France et à l'étranger, jamais il n'a croisé personnage semblable. Si elle est d'une moralité irréprochable et reste attachée à de nobles idéaux, elle n'en est pas moins prête à tout pour surmonter les défis auxquels doit faire face le royaume.

D'un tempérament de fer, elle est déterminée, coûte que coûte, à rétablir la paix et la stabilité politique dans le pays qu'elle a adopté par son mariage. Alors que le jeune Charles VII, fraîchement couronné et marqué au front de la sainte huile, avait tous les atouts pour asseoir son règne, voilà qu'il retombe par faiblesse dans ses penchants destructeurs pour la débauche. Yolande ne cesse de le tirer des mauvais pas où il se fourvoie, mais c'est toujours la même histoire : quand le succès semble à portée de main, à force de patience et d'efforts, la dissipation reprend le dessus et toute raison est balayée. En attendant, les Anglais continuent d'occuper une partie du territoire.

À force de l'observer depuis des années, Jacques Cœur comprend mieux les ressorts psychologiques de la vieille reine. Elle tient à demeurer en coulisse, le plus discrète possible, mais c'est elle qui tient les rênes. Elle fait en sorte que tout le mérite revienne à son gendre, comme dauphin les premiers temps, puis comme roi. D'ailleurs, Jacques a mis du temps à percevoir le rôle primordial qui était le sien dans la réussite de Charles VII et d'autres membres de sa famille, et il est l'un des rares à lui reconnaître son dû. Mais Yolande n'a jamais aspiré à la lumière. Pour elle, seul importe le résultat. Elle n'a pas ménagé ses efforts pour faire de Charles, garçon indolent, un bon roi. Désormais, avant que ses dernières forces et la vie elle-même ne l'abandonnent, elle est décidée à jouer son dernier atout, en la personne d'Agnès Sorel.

En novembre 1442, Jacques Cœur apprend la triste nouvelle du décès de Yolande. Celle que l'on surnommait la reine des quatre royaumes n'avait en fait jamais régné ni à Naples, ni en Sicile, ni à Jérusalem, ni à Chypre, et n'avait même pas voyagé dans ces contrées. Pourtant, la fille aînée du roi d'Aragon, arrière-petite-fille du roi de France Jean le Bon, n'aurait pas démérité à porter ces quatre couronnes. René a pu quitter l'Italie sur un navire du marchand, mais il regagne la France trop tard pour dire adieu à sa mère. Les funérailles sont célébrées à Angers et René étreint Jacques avec émotion, geste rarissime de la part d'un roi envers un roturier, mais cet homme leur a sauvé la vie à lui et aux siens.

– Jacques, mon bon ami, je tiens à vous remercier du fond du cœur pour tout ce que vous avez fait pour nous. N'avoir pu être là à temps pour dire adieu à ma chère mère, voilà qui m'afflige encore plus que la perte de mon trône.

– Monseigneur, elle a su que vous étiez arrivé à bon port à Marseille, un grand soulagement pour son cœur de mère. Soyez-en consolé, je vous en conjure.

La cathédrale est pleine à craquer, il y a là les proches, les amis, les domestiques des nombreux palais et les nobles qui ne sont pas retenus ailleurs pour combattre les Anglais. Tous sont témoins du profond chagrin de René. Jacques a pris place parmi les courtisans, qui lui sont familiers pour la plupart, et constate que leur affliction n'a rien d'hypocrite. Isabelle de Lorraine est venue de Nancy, soulagée de retrouver son mari vivant, malgré la tristesse de l'occasion. Elle est accompagnée d'une seule demoiselle, Agnès Sorel. Un choix judicieux, songe Jacques, étant donné que la jeune fille a tenu compagnie à Yolande durant la dernière année de sa vie à Saumur. Une fois encore, le marchand s'interroge quant aux visées que la vieille reine nourrissait pour Agnès. Si elle l'avait fait venir à ses côtés, c'était certainement pour la former en vue de quelque mission capitale. Yolande ne faisait jamais rien sans dessein précis.

Retenu auprès de son armée, Charles VII ne peut assister aux obsèques, mais son profond attachement à sa « Bonne Mère » ne fait aucun doute. *Si seulement il avait suivi ses conseils et avait su garder autour de lui les hommes qu'elle lui recommandait*, songe Jacques, *il se serait simplifié la vie.* L'humeur fluctuante du monarque a toujours intrigué le marchand. Très perspicace, la reine Yolande avait vite compris que Charles alternait les périodes d'enthousiasme et d'énergie avec des phases de profonde léthargie dont il avait toutes les peines du monde à s'extirper. Y aurait-il un lien avec la folie de son père ? Le caractère changeant du roi serait-il une infirmité reçue en héritage ?

Malgré tout, au fil du temps, les hommes placés par Yolande parviennent à exercer leur influence et à peser sur les décisions. Les Angevins jouissent d'un pouvoir grandissant à la cour. Pierre de Brézé est nommé sénéchal d'Anjou, le duché de Yolande. On peut supposer qu'elle y a été pour quelque chose. Depuis son entrée comme page à la cour de Louis II d'Anjou, Pierre s'est montré d'une loyauté indéfectible. Une ascension fulgurante qui n'a pas échappé à Jacques Cœur, toujours attentif au sort des protégés de Yolande. Le marchand peine à se faire un avis sur la valeur du jeune Pierre. Certains voient en lui un parangon de bravoure. Un jour, le poète Jacques Milet a déclaré à René, à propos de la bataille de Patay :

– Ce Pierre de Brézé que vous avez toujours à vos côtés est tout à fait remarquable ! Courageux comme Hector, lucide comme Nestor et meilleur stratège que César !

Ce bon mot avait enchanté René, mais, quand il l'avait répété à Jean Dunois, celui-ci s'était contenté de hocher la tête avec un vague sourire, réserve dont le prince s'était étonné. Jacques lui-même a pu observer Pierre durant le voyage à Reims. C'est un meneur d'hommes, à n'en pas douter, un soldat accompli qui n'hésite pas à montrer l'exemple au péril de sa vie. Jacques repense au jugement porté par Georges Chastellain, un courtisan de Philippe de Bourgogne avec lequel il a sympathisé :

– Pierre est un fin orateur. Là où son épée ne saurait vaincre, son verbe emportera la conviction.

Bel hommage, de la part d'un adversaire politique. Jacques partage son avis. Il connaît peu de chevaliers aussi éloquents que Pierre de Brézé. Brillant conteur, il n'a pas son pareil pour tenir son auditoire en haleine. On devine qu'il a de hautes ambitions, mais difficile de savoir lesquelles au juste.

Jean Dunois, un neveu illégitime que Yolande avait recueilli et élevé comme son propre fils en Provence et à Angers, est un autre jeune homme pour qui Jacques a beaucoup d'estime. Il est toujours resté loyal au roi, ne s'est jamais laissé aller au moindre excès et s'est opposé à ceux qui voulaient manipuler Charles VII. Un jour, René confie au marchand :

– Jean est un garçon intelligent et courageux. Il a l'étoffe d'un grand militaire, avec un sens inné du commandement. Il était déjà comme ça quand nous étions enfants. Le digne fils de Louis d'Orléans.

La vie de Jean Dunois, Jacques la connaît par Juana, l'ancienne gouvernante de Yolande qui s'est liée d'amitié avec Macée depuis son installation à Bourges auprès de la reine Marie. La vieille Catalane, qui se sent un peu seule, vient chez les Cœur dès que l'occasion se présente et leur raconte les bêtises auxquelles se livraient Louis, René et Jean. Juana était toujours là pour guérir leurs bobos et leur prêter une oreille maternelle, alors que Yolande était souvent absente. Bel homme, Dunois ne manque ni de charme ni de tact, et tout son être respire la noblesse. On sent la patte de Yolande, qui ne laissait rien au hasard dans la nursery au château d'Angers. On sent que ce jeune homme serait prêt à sacrifier sa vie pour son roi et pour la maison d'Anjou à qui il sait tout devoir. Oui, son père serait très fier de lui.

Chapitre 12

En 1441, Jacques Cœur, marchand de Bourges, fils de pelletier, est anobli par le roi. Il a beau tenir le document en main, il peine encore à y croire. Et Macée est sans doute encore plus émerveillée que lui. Elle organise une réception en leur demeure de Bourges pour fêter l'événement, à laquelle sont conviés la famille, les voisins et les principaux collaborateurs de Jacques, tous des amis d'enfance : Jean de Villages, Guillaume Grimart, les trois frères Noir et, bien entendu, le fidèle Guillaume de Varye.

Il tient à partager ce bonheur avec ces hommes qui sont la colonne vertébrale de son empire commercial. Tout de même, il doit se pincer pour y croire – lui, anobli par le roi ? *Si mon père était là pour voir ça, il se taperait sur la cuisse et trouverait la blague bien bonne !* Jacques est bien conscient qu'il ne doit cet honneur ni à ses prouesses ni à sa réussite. L'explication est autrement plus simple : le roi lui doit de l'argent et c'est là une manière de le rembourser. Jacques est moins perdant qu'il n'y paraît : il peut désormais se présenter à la cour à sa guise, y nouer des relations et approcher de futurs clients. Pour le choix du blason, il consulte sa famille :

– Macée, quel emblème me conseillez-vous d'adopter ? Un navire, comme symbole du négociant ?

– Vos premiers bénéfices sont venus du commerce des épices.

– Et vous, Jean, mon aîné, qu'en pensez-vous ?

– Nous n'avons pas vraiment d'animal fétiche. Pourquoi pas un cœur, pour rappeler notre patronyme ?

Les discussions se poursuivent, sans grand succès.

– Et que diriez-vous d'une coquille ? propose soudain Jacques.

Tous le dévisagent, interdits.

– Voyons, comme la coquille Saint-Jacques !

Macée et les enfants piquent un fou rire.

– Et pourquoi pas ?

– Vous ne possédez pas un seul bateau de pêche ! objecte l'un de ses fils.

– Peut-être, mais je propose que ce soit en partie un cœur, pour le nom de famille, et en partie une coquille, pour mon prénom. Ce n'est point trop prétentieux, et plutôt bien trouvé.

Personne n'a envie de gâcher la fête par des chamailleries, on finit par tomber d'accord.

– Maintenant, la devise. Là, mon choix est fait car j'y crois profondément : « À cœur vaillant, rien d'impossible. »

Sa proposition est accueillie par un tonnerre de « Hourra ! » et de « Bravo ! ». La chose est donc entendue, en tout cas pour la famille.

Outre les avantages qu'il espère en tirer pour ses affaires, Jacques ne peut que se réjouir de ce titre qui comble tant Macée. C'est une bonne épouse, une mère affectueuse mais ferme, une femme solide, honnête et travailleuse. Qui lui bouderait son plaisir ? Un homme ne pourrait rêver meilleure moitié.

Peu après, Pierre de Brézé prend Jacques à part :

– L'ancienne reine de Sicile, notre protectrice, vous avait signalé à mon attention. Elle estimait que le Conseil du roi gagnerait à s'ouvrir à des hommes de votre étoffe.

Jacques est flatté du compliment. Mieux encore, Pierre tient parole et soumet sa candidature qui est acceptée. Comme membre du Conseil, Jacques a désormais directement accès au roi. Il n'échappe à personne que la nomination de Jacques intervient alors que Pierre n'a même pas proposé le nom du dauphin.

Au cours des six années suivantes, Charles VII dépêche Jacques Cœur dans diverses parties du royaume où il déploie ses talents de négociateur. Au Conseil, le marchand anobli livre des comptes rendus sur les impôts et taxes prélevés en Berry. Rompu aux subtilités des clauses de contrat et compétent en droit commercial, Jacques exerce aussi des fonctions de magistrat et d'avocat, et le roi fait appel à lui pour régler un certain nombre de litiges en France et à l'étranger. À force d'étudier les précédents et d'éplucher les lois, il parvient même à régler le différend qui les opposait, lui et Charles VII, aux Génois, et leurs affaires ne s'en portent que mieux. Contrairement à son frère aîné Pierre entré dans les ordres, Jacques n'a pas fait d'études poussées et ne connaît pas le latin. Mais son intelligence et son intuition lui ont permis d'engranger un prodigieux savoir au cours de ses voyages à travers une grande partie du monde connu.

Les galées de Jacques Cœur, avec leurs soixante rameurs et plus, naviguent sous pavillon français et transportent des cargaisons tant pour le marchand que pour le roi de France. Il est parfois difficile de démêler les intérêts de l'un de ceux de l'autre, mais, tant que chacun en tire profit, il n'y a pas lieu de se quereller.

À certaines périodes, le sentiment antichrétien prend une telle ampleur chez les musulmans que le commerce avec le Proche-Orient en devient quasi impossible. Jacques convainc Charles VII d'envoyer une ambassade au sultan d'Égypte. La délégation est menée par Jean de Villages qui commande depuis peu la *Madeleine.* Jacques l'a choisi parce qu'il présente bien. Calme et raisonnable, le garçon est vif d'esprit. Il sait aussi faire preuve d'un charme persuasif pour convaincre ses interlocuteurs, à la manière de son oncle. Il exerce des responsabilités à la hauteur de ses talents : gérer l'ensemble de la flotte du marchand et tout le négoce avec le Levant. Jacques lui fait entièrement confiance et revoit en lui le jeune homme qu'il était autrefois.

Muni d'une lettre du roi de France et de cadeaux soigneusement choisis, Jean de Villages s'acquitte parfaitement de sa mission. Suite à sa rencontre avec le sultan, un privilège est accordé aux navires français qui auront désormais accès à tous les ports égyptiens. C'est un franc succès : les marins et bateaux français ne subiront plus de brimades, ils n'auront plus à craindre les pirates dans les eaux égyptiennes. Surtout, les marchands français disposent désormais d'un accès privilégié à l'Égypte où le sultan conseille que des consuls soient présents dans les principales villes. Rassuré par ces garanties, Jacques Cœur commence à y écouler des marchandises. À son grand étonnement, il existe là-bas une demande pour des tuniques et des vêtements de style occidental, ainsi que des bijoux et des perruques de fabrication française. Trouver les artisans et les fabricants n'est pas un problème. Jacques choisit les plus belles laines du Poitou, du Berry, de Normandie, de Bourgogne, de Picardie et de Flandre, dans de magnifiques coloris. Lille et Bourges sont spécialisées dans la teinture noire. Selon son épaisseur, l'étoffe sert pour des couvertures ou pour des capes. Les plus fines sont très prisées des cheiks car elles les protègent du soleil le jour et leur tiennent chaud dans la fraîcheur du crépuscule.

Le camelot, mélange de cachemire et de mohair, est l'un des produits les plus coûteux que Jacques exporte. Les tissus mêlant coton et laine, ou coton et lin, dans un large éventail de nuances, se vendent aussi très bien. On exporte également toutes sortes de fourrures : mouton, astrakan, agneau, daim, chèvre, lapin – le blanc est le plus prisé – et écureuil. Il est vrai que les nuits sont très fraîches dans le désert ! On lui commande aussi des peaux tannées, les cuirs habituels, ainsi que des choses plus exotiques pour des clients raffinés du Caire, comme du dauphin, de la baleine ou du thon. Il n'est pas surprenant que le sel soit le bien le plus recherché, étant donné son importance vitale dans les pays chauds.

On redouble de travail dans les entrepôts, pour répartir les produits selon leur qualité, préparer les colis et vérifier l'étiquetage. Le marchand aime superviser les opérations, son esprit organisé maîtrise le moindre détail. Macée le taquine parfois sur son côté pointilleux, mais on ne se refait pas ! Elle lui apporte un rafraîchissement et l'incite à faire une pause, mais leurs deux fils ne viennent jamais. Depuis le passage de Jeanne d'Arc à Bourges, ils sont décidés à entrer dans les ordres. Le frère de Jacques, qui était chanoine à la Sainte-Chapelle de Bourges, a été nommé évêque de Luçon. Toute famille s'honore que l'un de ses membres fasse le choix de la vie religieuse. Jacques aurait beaucoup apprécié que l'un de ses fils le seconde dans ses affaires, en particulier lors des expéditions en Méditerranée, mais il se réjouit de voir sa femme fière du choix de leurs fils.

Après le succès de la mission de Jean de Villages, Jacques décide de mener lui-même l'expédition suivante en Orient, à la tête d'une flottille qu'il espère ramener chargée de nouveaux trésors pour le roi et pour ses nombreux clients. Au Caire, il reçoit un accueil des plus chaleureux de la part du sultan. On s'arrache ses marchandises françaises. Pour remplir les soutes, il n'a que l'embarras du choix. Les somptueux présents offerts par le sultan sont chargés sur les galées amarrées à Alexandrie et à Boulaq. Jacques doit ainsi rapporter des porcelaines chinoises destinées à Charles VII, ainsi qu'un jeune léopard.

Apparemment, le sultan a su quel franc succès le guépard de Jacques avait obtenu à la cour de Naples. Peut-être s'imagine-t-il que les monarques français préfèrent la compagnie des fauves tachetés à celle des chiens de chasse. Jacques se passerait volontiers de ce passager peu commode, mais comment pourrait-il refuser de transmettre ce présent, dont on lui signifie même qu'il a été élevé spécialement pour le roi de France ? L'animal n'a rien d'un bébé docile, il s'agit d'un beau mâle, dressé, paraît-il, par des mains douces et habiles. Et combien d'entre elles a-t-il dévorées ? ne peut s'empêcher de penser le marchand. Et puis, comment va-t-on nourrir le fauve ? Cela dit, la présence du léopard enchaîné sur le pont incite les marins à ramer avec une énergie redoublée. Les quatre chèvres et trois moutons initialement destinés à l'équipage suffiront à calmer son appétit, en attendant la première escale pour de l'eau et des vivres.

Si le présent doit plaire à Charles VII, encore faut-il qu'il arrive en bon état ! La cargaison et les soixante rameurs occupant toute la place, Jacques décide que le léopard dormira dans sa cabine, bien attaché dans un coin. Inutile de courir le moindre risque, même si le sultan a certifié qu'il était doux comme un agneau. Chaque matin, l'équipage est épaté de voir leur patron émerger avec le fauve en chaîne. De bonne composition, l'animal attire la sympathie. Comme les marins pêchent tous à la ligne, cela ne les dérange pas de lui abandonner leur ration de viande.

Quant aux marchandises que l'on rapporte en France, chaque vaisseau abrite quantité de trésors. Il y a là les plus belles fourrures venues de la Baltique : hermine, vison, martre, lynx, renard roux et argenté, et, la plus prisée de toutes, zibeline. On rapporte les plus belles étoffes d'Orient : damas figurant des animaux fort exotiques, taffetas chamarrés qui crissent sous les doigts, soieries d'une finesse quasi translucide de Boukhara et de Bagdad, crêpes de Syrie brodés de fils d'or et d'argent, de tous les bleus et tous les rouges imaginables, et toutes les nuances de jaune et d'orange entre le levant et le couchant. Il y a aussi des soies venues des Indes, aux coloris plus surprenants : rose vif, violet, bleu turquoise, vert jade ou émeraude.

Jacques s'est aussi procuré les graines qui servent à la teinture, en particulier l'indigo de Bagdad. Sa malle personnelle recèle du velours de soie, un tissu doux comme la fourrure de lapereau. On a fait le plein de défenses d'éléphant et d'objets en ivoire sculpté : peignes, encadrements de miroirs, manches de couteau, figurines, petites boîtes, dés, bibelots en tout genre, et même des dents pour remplacer celles qui feraient défaut à un joli minois. L'assortiment de plumes n'est pas moins époustouflant, de toutes tailles et provenances : paon, autruche, faisan – doré et argenté –, émeu et bien d'autres espèces inconnues en France. Voilà qui ornera à merveille le heaume des chevaliers et le chanfrein de leurs montures.

N'oublions pas les épices et aromates dont le parfum agréable se propage partout à bord. Il y a des plantes médicinales et d'autres utilisées pour les teintures. La cannelle, le poivre et le girofle sont très prisés en France. Les épices servent souvent à conserver les aliments, leur emploi est devenu une forme de marqueur social du fait de leur cherté. Jacques rapporte aussi de l'ambre gris, porté dans une pochette en cuir autour du cou pour lutter contre les douleurs de poitrine, du sucre en poudre de Chypre et du musc de Chine. Et que dire des parfums ? Les multiples flacons contiennent les essences les plus rares et les plus capiteuses, de quoi faire perdre la tête au plus froid des hommes. Pour les pierres précieuses, l'Orient en propose d'une taille et d'une qualité inouïes, et en quantité illimitée ! Jacques a un faible pour les rubis d'un rouge intense et profond. Les perles sont également d'une qualité remarquable. Avec de l'or moulé, frappé ou tressé, Jacques a fait fabriquer des bijoux comme on n'en a jamais vu ni imaginé en Europe, sertis de joyaux sublimes : bracelets, bagues pour les doigts ou les orteils, boucles d'oreilles, colliers et torques, broches de toutes les tailles.

Il n'est pas surprenant que ses importations excèdent toujours en valeur pure ses exportations. Il compense le solde négatif en payant ses interlocuteurs en lingots d'argent. Cette pratique est théoriquement interdite, mais, le roi étant son associé, il ne risque pas grand-chose. Comme les Égyptiens lui en donnent le poids équivalent en or, Jacques réalise un beau bénéfice pour Charles VII et lui-même. Il n'ignore pas que le commerce des épices connaît un fort développement en Atlantique et que l'or africain est aussi attractif, mais il fait le choix stratégique de s'en tenir au Levant et à la Méditerranée.

Chapitre 13

Comme ses intérêts se confondent de plus en plus avec ceux du roi de France, Jacques Cœur ne peut être indifférent au sort de Charles VII. De manière générale, il veille de près sur tous les protégés de Yolande et, en particulier, sur Agnès Sorel. Dès qu'il l'a revue à Saumur, en compagnie d'Isabelle, il a senti qu'elle était promise à un grand destin. À Naples, il avait simplement vu une demoiselle d'honneur qui se distinguait par sa beauté remarquable.

– Suivez bien le parcours de cette demoiselle, lui a confié la duchesse de Lorraine. Elle aura besoin de votre soutien.

Observer cette jeune personne n'a rien d'une punition. Elle a des gestes gracieux, un rire innocent comme le clapotis d'une source, une finesse et un charme irrésistibles. Elle n'est pas prétentieuse et sait rester à sa place, mais on sent qu'elle se sait promise à de grandes choses. Fin juge du caractère des femmes, Jacques sait que c'est là une demoiselle au cœur pur, sans fourberie ni malice. La vieille reine la destinait-elle à René ? Non, ça paraît peu probable. À Pierre de Brézé, alors ? Peut-être bien. Un beau jeune homme, sérieux et intelligent, doté d'une voix de velours qui envoûte aussi bien les oiseaux dans les parcs que les demoiselles de la cour qui boivent ses paroles comme un délicieux nectar. Pierre est un merveilleux conteur. Et chaque fois qu'il croise le marchand, il le taquine avec bonne humeur :

– Mon cher Jacquet ! Quelles nouvelles tentations nous apportez-vous ce jour, pour ferrer le roi et ses courtisans ?

Vous êtes redoutable pour nos bourses ! Le jour où je me marierai, je veillerai à enfermer ma femme à double tour, qu'elle ne me ruine en se jetant sur les trésors auxquels nous autres ne savons résister !

Pierre a toujours un propos aimable et courtois à la bouche, avec ses aînés comme avec les jeunes gens. Cela dit, malgré son affabilité, Jacques n'a jamais été entièrement convaincu par le personnage. Le charme de Pierre est un peu trop lisse, un peu trop étudié. Jacques ne doute pas un instant que certaines de ses qualités sont parfaitement authentiques, son courage par exemple, mais il y a chez lui quelque chose qui perturbe le marchand. Peut-être la sensation que Pierre joue avec habileté de son personnage. Il sait quand se maîtriser alors que la plupart des charmeurs profitent sans retenue de leur don.

Pierre sait patienter, même si la tentation est forte. Il se maîtrise parfaitement. Jacques lui propose un jour un étalon à peine arrivé des côtes de Barbarie, à un prix abordable, mais Pierre le refuse. Jacques n'en revient pas. Pierre est un passionné de chevaux et en voici un qui n'a pas son pareil dans les écuries royales. Mais bon, Jacques n'arrive pas vraiment à mettre le doigt sur ce qui le gêne chez Pierre. Une simple intuition. Charles du Maine est un autre de ces beaux jeunes hommes sans fortune, ambitieux et séduisants. Jacques espère un jour découvrir ce qui les anime vraiment. Fils de Yolande, Charles a l'avantage d'être bien né, mais sans doute est-il un peu moins courageux et moins intelligent que Pierre. Oui, le marchand est curieux de savoir ce que l'avenir leur réserve.

En tant qu'argentier du roi, Jacques Cœur est notamment chargé de verser des subsides aux membres de la famille royale. Il a aussi pour fonction de pourvoir aux désirs matériels de la cour, voire de les susciter. Quoique anobli, Jacques constate avec ironie qu'il demeure un marchand, fournisseur de l'élite à laquelle il est censé appartenir. N'importe ! En commerçant avisé, il sait profiter de l'occasion. Comme il propose une marchandise plus attirante et à des conditions plus avantageuses, il ne tarde pas à éliminer ses concurrents et à se tailler un monopole à la cour. Cela ne se passe pas sans créer de remous. Dans les auberges et les tavernes, beaucoup se plaignent de ce qu'ils sont ruinés par sa faute et doivent quitter Bourges pour aller vendre leurs biens ailleurs, incapables de rivaliser avec ce parvenu. Loin de se contenter de proposer à ses clients les produits les plus luxueux et les plus rares du Proche-Orient, ce Jacques Cœur monte des opérations conjointes avec des banquiers de Bruges et de Genève. Dans l'espoir d'engranger encore plus de profits, le roi consent à la construction de vaisseaux supplémentaires dans les chantiers du marchand. Plus Jacques s'enrichit et plus la Couronne y trouve son intérêt.

Le marchand sait qu'il fait des jaloux et des mécontents, mais cela ne peut être évité. Un commerçant prospère est forcément un créancier impitoyable. Jacques a beau déléguer les sales besognes à d'autres, il a la réputation d'être implacable. Certains clients dépensent plus que de raison et ce n'est pas à lui de les en empêcher. Certains ont même tout perdu à force de convoiter les richesses de son magasin. Les mauvaises langues l'accusent de surfacturer le roi. La sempiternelle rengaine : ceux qui n'ont pas les moyens de s'offrir quelque chose accusent ceux qui les ont de payer trop cher. Jacques fait fi de ces calomnies. Néanmoins, un mécontentement grandissant est perceptible à Bourges. Macée le ressent à la sortie de la messe, où les femmes des marchands faillis se retrouvent pour se lamenter de leur sort et lui tournent le dos. Quand elle en parle à Jacques, il balaye cela d'un revers de main et l'étreint affectueusement.

– Au lieu de se plaindre, ils feraient mieux de me concurrencer, de voyager comme moi pour rechercher les marchandises les plus prisées. Est-ce que je les en empêche ? Je leur mets des bâtons dans les roues, peut-être ? Non point ! Ils n'ont qu'à travailler plus !

Il a beau dire, Macée a l'oreille de la rue et elle s'inquiète du nombre grandissant d'anciennes relations amicales qui ne lui adressent plus la parole.

Chapitre 14

En 1443, la cour du roi de France et celle de Lorraine, dont les ducs et duchesses continuent d'être désignés roi et reine de Sicile, se rencontrent à Toulouse. Charles VII, âgé de quarante ans, est subjugué par une demoiselle de la suite d'Isabelle : Agnès Sorel. Le roi a toujours apprécié les belles femmes et ne se cache pas de l'attirance qu'il éprouve pour cette beauté de vingt ans. Les rumeurs ne tardent pas à circuler. Jacques, toujours par monts et par vaux, est tenu informé par ses agents. Quand la vieille reine l'avait convié à Saumur pour y procurer des vêtements chauds à Agnès, jamais il n'aurait imaginé que cette jeune fille était destinée au roi et par sa propre belle-mère !

Le marchand comprend enfin quel était le dessein de Yolande et cela ne fait qu'ajouter à l'envergure de sa protectrice. Pour cette femme au tempérament d'acier, seuls importent le contentement du roi et les intérêts du royaume. Après tout, toute princesse espagnole qu'elle était, Yolande d'Aragon était petite-fille de Valois. Elle avait la France dans le cœur et dans le sang. Aucun prix n'était trop élevé à ses yeux pour assurer le bonheur et la quiétude du monarque, et faire ainsi qu'il se consacre au bien du pays. Jacques ne s'attendait pas à ce qu'elle disparaisse si jeune. Une femme dotée d'une telle force de caractère vous donne l'illusion d'être éternelle. D'après les témoignages, elle ne se portait pas si mal. Maintenant que le plan de la vieille reine lui apparaît clairement, il espère qu'elle a eu le temps de former Agnès pour la lourde tâche qui l'attend.

Quand Charles lui commande de charmants bijoux, Jacques devine à qui ils sont destinés. Puis le monarque réclame un pur-sang arabe, de précieuses étoffes pour des tenues de cour, une selle d'amazone… Le marchand se garde de tout commentaire, il fait montre de sa diligence habituelle. Ses informateurs lui rapportent les moindres faits et gestes des intéressés. Le séjour des deux cours à Toulouse se prolonge au-delà de la coutume. La duchesse Isabelle organise des dîners intimes, autour du roi et de quelques amis, et la jeune Agnès en est toujours, invitée à chanter ou à jouer de la harpe. La jeune fille se voit attribuer un appartement personnel, à l'écart de celui des autres demoiselles d'honneur. « Pour que je puisse m'occuper de notre duchesse quand une migraine la prend, sans vous déranger », leur explique-t-elle. Enfin, Agnès quitte la suite d'Isabelle pour rejoindre celle de la reine Marie, et l'on se met à jaser pour de bon.

Chaque fois qu'il se rend à Toulouse pour s'entretenir de leurs affaires avec le roi, Jacques pense toujours à apporter quelque bague ou breloque, qu'il présente à Charles l'air de rien. Le marchand croise souvent la jeune beauté. Des simples amabilités, on passe vite à de vraies conversations. Il apprend à connaître les goûts d'Agnès – utile pour conseiller Charles VII dans le choix de ses cadeaux – et, surtout, il sonde son cœur, d'une pureté qui n'est pas monnaie courante chez les courtisans. Une vraie complicité s'instaure entre le marchand et la demoiselle, elle se confie à lui comme à un grand frère ou à un oncle bienveillant.

– Vous permettez que je vous appelle Jacquet ? Dites-moi, que puis-je offrir au roi qui lui ferait plaisir ? Je pourrais lui écrire un lai…

– Pourquoi ne lui composez-vous pas un air de harpe ? Il m'a confié combien cela l'apaise de vous écouter jouer.

D'autres fois, elle l'interroge sur le coloris d'une robe de soie ou sur le choix d'une coiffe. Ou encore sur son guépard qui est bien âgé et n'a quasiment plus besoin d'être tenu en laisse. Ne devrait-elle l'envoyer en Lorraine où il finirait paisiblement ses jours, plutôt que de le garder dans l'agitation de la cour ?

– Il est vrai qu'il serait mieux là-bas et qu'il fait toujours peur aux servantes, mais il se languirait trop loin de vous. Je vous conseille de le garder enfermé dans votre chambre. Vous pourriez aussi lui réserver un petit enclos dans le parc, il n'a plus besoin de grands espaces où courir.

Par ces échanges anodins, une vraie amitié naît entre eux. La jeune femme est vive et intelligente, mais Jacques comprend vite qu'elle ne nourrit aucune ambition personnelle. Elle ne se soucie que du bonheur du roi et de faire partager sa bonne fortune en toute discrétion. Le marchand n'a qu'une crainte : que des personnes moins bien intentionnées ne se servent de la bonté de la jeune femme. Au-delà de la cliente potentielle, il se sent le devoir de la protéger.

– Mon cher Jacquet, je souhaite faire un cadeau à la dauphine. Auriez-vous une idée ?

Ses conseils sont toujours judicieux. Vraiment, Agnès est ravie de l'avoir comme confident. Elle a aussi Marie de Belleville, une autre demoiselle d'honneur d'Isabelle qui a rejoint l'entourage de la reine. Jacques a tout de suite compris qu'on l'avait choisie pour atténuer l'isolement d'Agnès, car ce ne sont pas les autres demoiselles de Marie qui vont sympathiser avec la favorite. Quant au ressenti de l'épouse de Charles, le marchand préfère ne pas s'appesantir sur le sujet. Il ne lui a pas échappé qu'elle fait moins appel à ses services depuis qu'il est devenu proche d'Agnès. Néanmoins, Marie reste d'une parfaite courtoisie avec lui.

Ses visites régulières à Toulouse permettent à Jacques de mieux cerner le caractère d'Agnès. Devenu un peu cynique devant la flatterie déployée par les courtisans, il s'émerveille du dévouement sincère et entier qu'elle témoigne à la personne de Charles VII autant qu'au porteur de la couronne. Toujours aussi perspicace, le marchand la sent très soucieuse de ne pas susciter l'envie, alors que sa beauté et les attentions assidues du roi y suffisent. Dans ce monde d'intrigues et de vénalité, l'innocente pureté d'Agnès est vraiment rafraîchissante.

– Jacquet, dès que je vous vois paraître en mes appartements, je me méfie ! Gardez pour vous vos trésors cachés dans quelque poche secrète, surtout ne me les montrez pas !

Fin connaisseur de la psychologie féminine, il lui répond d'un ton enjoué :

– Vos désirs sont des ordres, mademoiselle ! Me permettez-vous de rester un moment, le temps de vous conter une histoire ?

Il s'installe et on leur sert un sorbet à la rose, ou de délicieux jus de fruits, et, comme à la cour de Naples, il entame son récit :

– Il y a peu, comme je déambulais dans le souk de Damas… je vous ai déjà parlé de cet endroit extraordinaire ? Non ? C'est le plus grand marché couvert du monde, on a l'impression qu'on ne parviendra jamais au bout. Le jour y pénètre à peine par les interstices entre les poutres. Au détour d'une allée, un Arabe des plus élégants m'aborde, vêtu d'une tunique de fine laine beige, et d'une cape noire encore plus délicate, dans une laine légère comme de la mousseline, et bordée d'un élégant galon doré. Pour ajouter à ma surprise, il s'adresse à moi en français : « Aimable monsieur, puis-je avoir votre avis sur cette pierre ? » Il écarte les doigts et dans le creux de sa main se trouve une émeraude de la forme d'un œuf, de la taille de votre menu poing, incrustée de fleur de lis en or, mais sans la moindre aspérité au toucher. Souhaitez-vous la tenir ?

Avant qu'elle puisse refuser, il sort le bijou et le pose dans sa main. Puis il passe une chaîne en or dans l'anneau situé à une extrémité et l'accroche au cou d'Agnès. Elle l'y laisse, bien entendu, se précipite vers son miroir et murmure :

– Oh, Jacquet ! Je me dis souvent que vous êtes un ange, mais aujourd'hui vous êtes plutôt le démon venu me soumettre à la tentation !

Plus d'une fois, elle a défendu à Jacques de répéter au roi que tel ou tel objet de son magasin lui plaisait. Pauvre Agnès, tiraillée entre ses désirs et sa culpabilité, par la faute de Charles VII et de Jacques ! Elle passe des heures auprès de son directeur de conscience, le P. Denis, à tenter d'apaiser ses scrupules. Jacques ne doute pas un instant de la pureté de son amour – le premier, tant pour elle que pour le roi –, et pourtant elle est sans cesse dans le doute quant à sa propre conduite. Outre qu'il adore sa compagnie, Jacques voudrait trouver le moyen de la protéger. Alors qu'elle n'en est pas consciente, lui perçoit la jalousie qui ne cesse de croître autour d'elle. Si le dépit continue d'enfler, il pourrait bien finir par l'engloutir. Agnès n'est pas moins sincère dans l'estime qu'elle témoigne à la reine. Elle est profondément désolée du chagrin qu'elle cause à Marie. Toujours sceptique, Jacques pense qu'elle surestime les sentiments de la reine. Marie a été élevée à la dure, par une mère qui lui a forgé le caractère, à son image. Ce n'est pas la première fois que le roi s'entiche d'une jeune femme ou d'un courtisan. Résignée, Marie en prend son parti. Elle sait quelle est sa place et le roi veille à ce qu'elle reçoive tout le respect qui lui est dû. Agnès se montre toujours d'une parfaite humilité à la cour en présence de Marie. Jacques n'y voit aucune duplicité de sa part.

Qui plus est, chaque fois que Charles souhaite lui offrir un précieux cadeau, elle insiste auprès de Jacques pour qu'il le persuade d'en donner un d'une valeur équivalente à son épouse. Cela atténue un peu son sentiment de culpabilité et le marchand croit remarquer que ces prévenances amusent le roi. En Agnès Sorel, le monarque s'est trouvé une compagne gaie et dynamique, belle à couper le souffle et qui lui est entièrement dévouée. Amoureuse, elle éprouve une joie de vivre qu'elle voudrait faire partager à tous. Sa générosité et sa vivacité sont contagieuses. En sa présence, les courtisans deviennent joyeux, on danse et on s'amuse. Comment en vouloir à quelqu'un qui respire autant la bonne humeur ?

Agnès a beaucoup appris durant les années passées à Naples. Isabelle l'a formée et lui a fourni un exemple à suivre. Elle y a acquis un goût pour les arts, la littérature et la poésie. Surtout, le roi René lui a transmis sa passion pour la musique. Nul ne prétend qu'elle est aussi cultivée que Charles, mais elle est capable de le divertir et de le stimuler. Elle aime jouer aux échecs et aux cartes avec lui et ses compagnons, ou inventer des jeux de mots et d'esprit pour les distraire. Pour ne rien gâcher, elle est toujours souriante et discrète.

Jacques comprend fort bien le dilemme qui est le sien en tant que demoiselle de compagnie de la reine, sans compter qu'elle a été choisie par la propre mère de celle-ci. Femme admirable et sagace, Yolande savait faire abstraction de ses sentiments pour le bien du trône et du royaume, et elle n'en attendait pas moins de sa fille, toute reine qu'elle fut. Sensible et attentive aux autres, Agnès veille à ne pas froisser Marie. En revanche, nul ne sait ce que la reine pense de sa jeune rivale.

Quoi qu'il en soit, Jacques Cœur ne pouvait rêver plus belle femme pour mettre en valeur ses luxueuses marchandises. Les courtisans ont besoin de se changer les idées, d'oublier la misère ambiante et les ravages de la guerre. Jacques tente de convaincre Agnès que ses trésors et richesses exotiques constituent une diversion agréable pour les nobles de la cour. Peu convaincue par son raisonnement, elle lui suggère plutôt de livrer une carriole de provisions à tel ou tel village, à sa charge mais au nom du roi. Elle agit comme elle a vu Yolande le faire : avoir des idées et des initiatives bénéfiques pour les sujets en veillant à ce que le mérite en revienne à Charles. Bien entendu, le marchand se plie à ses souhaits. Certains courtisans reprochent au roi de se ruiner pour sa maîtresse, mais ils ignorent qu'elle fait profiter les autres de ses largesses.

Et puis, libre au roi de dépenser l'argent comme bon lui semble. La reine Marie n'est pas non plus la dernière pour engager des dépenses somptuaires. Elle s'offre de superbes robes de soie brodées d'or, de laine et de camelot. Elle raffole des fourrures et des bijoux. Pourtant, on dénonce le train de vie de la favorite mais non celui de la reine. *Telle est la nature humaine*, songe Jacques. Il lui arrive de soutenir que les marchandises de luxe fournissent du travail aux artisans qualifiés et sont un bienfait pour l'économie. Agnès exprime timidement son désaccord, c'est un point de vue qui se discute.

La connivence entre le marchand et la maîtresse débouche parfois sur des actions charitables. Il leur arrive de comploter à deux pour souffler au monarque une idée ou une initiative qui améliorera concrètement la vie de ses sujets. Dans ces moments, Jacques a vraiment le sentiment d'être fidèle à la volonté de Yolande. À force de sillonner la France en long et en large, il a pu constater combien le royaume souffrait des interminables années de guerre. Il en fait part à Agnès et tous deux cherchent des moyens de soulager la misère des gens, villageois comme campagnards. Puis, au moment opportun, la favorite suggère au roi le projet qu'ils ont conçu ensemble. Plus d'une fois, Charles le met en œuvre.

– Mon cher Jacquet, quel plaisir de vous voir à la cour aujourd'hui ! lui dit Agnès. Vous souvenez-vous de notre conversation après votre dernier voyage, sur les nombreux villages désertés que vous avez traversés en route vers Marseille ? À cause de la peste et de la famine, les rares survivants se réfugient en forêt. Vous m'avez décrit les chaumières incendiées, les puits empoisonnés et le bétail décimé. J'ai noté le nom de ces villages et, l'autre soir, alors que Charles et moi nous prélassions auprès du feu, je lui en ai parlé. Ce témoignage l'a touché et il m'a promis de s'en occuper. Ce matin, je l'ai entendu donner des ordres à un capitaine, qu'il se rende sur place avec des hommes, du matériel et des bêtes, qu'on remette les lieux en état pour que la vie reprenne.

En guise de conclusion, la jeune femme gratifie le marchand d'un sourire radieux. Oui, bien souvent leurs complots innocents débouchent sur un résultat positif.

Au fil des mois, depuis qu'Agnès est aux côtés de Charles et a conquis son cœur, Jacques constate que le roi gagne en confiance et en vertu. Il se soucie désormais du sort de ses sujets, alors qu'auparavant cela entrait moins en considération. Le pays se relève peu à peu et Charles VII devient meilleur roi. Jacques estime même qu'il pourrait devenir un grand monarque.

Le marchand est souvent présent à la cour de Bourges. Comme membre du Conseil, il est fréquemment consulté par le roi.

– Jacques, mon cher ami, dites-moi ce que vous pensez du tableau dressé par le représentant d'Orléans. Sa démonstration ne m'a guère convaincu.

Le roi l'entraîne à l'écart pour écouter ses arguments.

– Mais pourquoi n'avez-vous formulé aucune objection ce matin ?

– Majesté, si je me suis abstenu de toute critique, c'est que l'émissaire d'Orléans n'était pas prêt à les recevoir, surtout pas de la part d'un personnage insignifiant comme moi.

– J'entends votre raisonnement, Jacques, mais votre appartenance au Conseil est bien la preuve que vous n'êtes pas insignifiant. Vous y siégez pour me donner votre avis et, si vous jugez inopportun de le formuler devant des tiers, alors je vous invite, et même je vous commande, de m'en faire part en privé, comme maintenant. Si l'on ne m'informe pas de la situation réelle du pays, je ne pourrai pas prendre les bonnes décisions. J'en attends autant de tous mes conseillers, mais peu d'entre eux ont un esprit aiguisé comme le vôtre.

Charles affiche un demi-sourire, donne une tape amicale sur l'épaule du marchand et s'éclipse. *Ce roi pourrait accomplir de grandes choses*, songe Jacques. *Pourvu qu'il ne se fourvoie pas dans de vains plaisirs !* De retour chez lui, il s'ouvre à Macée des initiatives qu'Agnès et lui ont encouragées : la rénovation des villages, le rétablissement de l'approvisionnement en eau potable et la réparation des routes, et les nombreux autres projets qu'ils ont. Elle le dévisage, étonnée et un rien amusée.

– Époux de mon cœur, voilà que vous vous comportez comme un jeune amoureux, alors que vous n'êtes qu'un vieux naïf ! Agnès vous considère comme un père, et pourtant vous avez à peu près le même âge que notre roi. Elle apprend certainement beaucoup de vous, mais cette relation n'est pour vous qu'un piège.

– Croyez-moi, Macée, c'est là une amitié tout à fait innocente. Cette jeune femme est isolée, elle n'a personne à qui se confier, si ce n'est une autre demoiselle de compagnie de la reine, et aussi la dauphine.

– J'ai entièrement confiance en vous, mon cher ami, mais comprenez que ceux qui vous jalousent n'hésiteront pas à insinuer le contraire. Soyez prudent, voilà tout.

À force de côtoyer le monarque, Jacques Cœur mesure combien cet homme est changeant. Par moments, il affiche une parfaite détermination, prêt à accomplir son devoir coûte que coûte pour libérer le pays de l'occupation anglaise. Puis il change du tout au tout, devient un autre homme. Un jour il est bon, le lendemain rancunier. Tantôt paresseux, tantôt travailleur et studieux. Énergie et enthousiasme virent sans crier gare à une léthargie apathique. Alors qu'il apprécie la compagnie d'êtres intelligents et cultivés, il peut tout aussi bien s'amuser avec les personnes les plus vulgaires. Il alterne entre générosité grandiose et avarice. Sa piété ne fait aucun doute, et pourtant il est aussi libertin. D'un tempérament paisible, il peut se montrer féroce au combat.

– Pensez-vous que les traumatismes de son enfance puissent expliquer les contradictions de son caractère ? demande un jour Jacques à Macée.

Elle connaît parfaitement son Jacques, sait qu'il a besoin de réfléchir à voix haute et n'attend pas de réponse. Elle poursuit son ouvrage, le cœur serein, la mine insondable.

Depuis le décès de sa « Bonne Mère », il est certain que Charles VII n'a plus personne à qui se confier. Femme à l'intelligence aiguisée, Yolande d'Anjou savait parfaitement qui était son gendre. Elle connaissait ses défauts depuis l'enfance et avait cherché à l'entourer de conseillers responsables pour les contenir. Néanmoins, après le décès de son mari, elle s'était beaucoup consacrée à son fils Louis et aux campagnes qu'il avait menées pour récupérer son trône de Naples, et n'avait donc pu être aussi présente qu'elle le souhaitait auprès de Charles. Jacques Cœur n'est pas le seul à penser que la jeune Agnès Sorel a été l'ultime tentative de cette grande dame pour aider le roi. Plus que quiconque, Yolande avait compris qu'il fallait à Charles une jeune femme belle, intelligente et honorable, avec qui il connaîtrait enfin le véritable amour.

Flanqué d'un tel parangon, le monarque serait en mesure d'être à la hauteur de la situation. Elle saurait le conseiller et le stimuler, faire ressortir ses qualités et, surtout, le rendre heureux. *Si seulement Marie, une épouse sérieuse, honnête et fiable, était aussi belle que sa mère!* songe Jacques. *Notre roi serait un autre homme.* Tandis qu'elle formait la future maîtresse de son gendre, Yolande n'a pas pu ne pas penser à la peine qu'elle allait infliger à sa fille. La vieille reine a inculqué à ses enfants la leçon qu'elle-même avait apprise de son mari : le roi et le royaume passent avant même la chair de notre chair.

Jacques constate que le roi gagne peu à peu en maturité, accepte le fardeau de la couronne et entend diriger. Cela lui aura pris un peu plus de temps qu'à ses prédécesseurs. On raconte qu'il s'isole souvent le soir dans ses appartements. Quelles pensées peuvent bien lui traverser l'esprit ? Est-ce la timidité qui reprend le dessus ? Redevient-il le petit garçon qui manquait de confiance en lui et redoutait l'inconnu ? On dit qu'il consulte des alchimistes. Dans quel but ? Il ne croit quand même pas que n'importe quel métal peut se transformer en or ? Les souverains ne sont vraiment pas de simples mortels, leur position particulière est une source de grande solitude, car il leur faut toujours être sur leurs gardes contre les ennemis déclarés et les autres, ceux qui se font passer pour des alliés. Ils subissent une pression extrême, celle de devoir prendre la bonne décision et d'éviter des conséquences dramatiques.

Le roi a quarante ans. Depuis qu'Agnès Sorel est entrée dans sa vie, il n'est plus sujet aux errements du passé. *Yolande en soit remerciée !* se félicite Jacques Cœur.

Chapitre 15

Des mécontents, il y en a partout. Des êtres qui, sans tomber dans la violence et l'agressivité, cultivent la rancœur et l'amertume. Comme d'autres, Jacques pense que le dauphin Louis est de cette mauvaise graine.

– Et pourtant il ne manque pas de qualités, confie-t-il à Macée. Si seulement il leur laissait libre cours ! C'est un garçon intelligent, mais sans doute un peu moins que son père. D'ailleurs, il lui voue une haine terrible, il suinte pour ainsi dire la bile !

La sage Macée se contente de hocher la tête.

Né à Bourges, Louis a toujours eu de mauvaises dispositions, et ce ne sont pas les efforts conjugués de sa mère et de sa grand-mère qui ont pu y changer quoi que ce soit. Petit, il était déjà secret et renfermé. Jacques se souvient d'avoir pensé : *C'est le genre d'enfant qui doit torturer des animaux, arracher leurs ailes aux mouches et leur queue aux lézards. Avant d'essayer encore pire le jour où la sensation n'est plus assez forte.* La plupart de ses frères et sœurs sont décédés à la naissance ou en bas âge, de sorte qu'il cultive une fascination morbide pour la mort. Il est toujours vêtu de noir, comme sa pauvre mère qui porte constamment le deuil.

Le dauphin souffre aussi d'un physique ingrat : il a hérité des jambes courtes de son père et de sa démarche inélégante. Affublé d'un léger défaut de prononciation, il a parfois du mal à se faire comprendre et s'emporte dès que le moindre de ses ordres n'est pas exécuté à la seconde. On l'entend souvent qui s'en prend à ses domestiques en pleine rue : « Vous êtes sourd ? Peut-être faut-il que je me répète ? » Les passants savent à quoi s'en tenir. Peu raffiné, Louis adore la fréquentation des tavernes. Les gens rustres et vulgaires l'amusent. Il se tient aussi mal qu'eux à table, oublie les bonnes manières et boit plus que de raison. Plusieurs tenanciers d'auberge s'en sont ouverts à Jacques : « Dès que Monseigneur Louis se présente, je préfère envoyer ma femme et mes filles en cuisine ! C'est un violent… » Louis parle à tort et à travers, il trouve drôle de lâcher des propos blessants, surtout à ceux qui ne sont pas en position de lui répondre. Son épouse, la charmante Marguerite d'Écosse, est l'un de ses souffre-douleur préférés. Il la méprise pour la seule raison que ce mariage lui a été imposé par son père, à juste titre, pour des motifs politiques. Même quand il est sobre, le dauphin ne cache pas la haine qu'il voue au roi, alors imaginez quand il a bu… Jacques voudrait demander à Agnès comment elle se l'explique, mais il se pourrait qu'elle-même soit l'une des raisons, aussi préfère-t-il s'abstenir. La rancœur de Louis tient certainement en partie au fait qu'il se sait moins fin et moins subtil que son père. Il a aussi l'impression qu'on le mésestime.

Non seulement on l'a obligé à se marier, mais on lui refuse les moyens financiers qui devraient aller de pair. Ultime affront : son père a refusé de lui confier le Dauphiné, la province qui revient habituellement au dauphin à sa majorité. Les courtisans les plus en vue, dont Jean Dunois, donnent raison à Louis. À la cour, nul ne comprend cette animosité à fleur de peau entre le père et le fils. On dirait deux mastiffs enfermés dans une cour, qui grognent et se montrent les crocs, comme si la seule odeur de l'autre suffisait à les mettre dans cet état. Quand ils se rencontrent en public, le roi affiche une parfaite cordialité, mais à peine pose-t-il la main sur l'épaule de Louis que celui-ci se renfrogne et l'écarte d'un mouvement hargneux.

Sa réaction n'échappe à personne, mais Charles fait comme si de rien n'était. Contrairement au roi, Louis ne se soucie aucunement de sa mise et de ses vêtements. À l'extérieur, il arrive souvent qu'on le prenne pour un serviteur, et gare au malheureux qui s'est mépris ! L'un de ses pires défauts, partagé avec son père, est la cruauté. Il n'en est plus à torturer les animaux, mais inflige des brutalités gratuites aux ennemis vaincus ou capturés.

La présence du dauphin pèse immanquablement sur l'atmosphère à la cour. Jacques se souvient de l'avoir vu décocher des regards mauvais à Agnès Sorel lors des obsèques de Yolande. Par la suite, la jeune fille était venue trouver le marchand, en larmes, pour lui rapporter les insultes que le goujat avait proférées à son encontre. Pourtant, certains courtisans soupçonnent Louis d'être amoureux d'elle. Dorénavant, elle veillera à ne plus croiser son chemin.

– Vous savez, dit un jour Jacques à Macée, Louis ne manque pas d'intelligence, mais il est quelque peu imbu de sa personne pour se plaindre ainsi ouvertement que son père le néglige et le sous-estime.

– Et vous, qu'en pensez-vous ? s'enquiert-elle sans détacher les yeux de sa tapisserie.

– Eh bien, pour être tout à fait franc, je crois qu'il n'a pas entièrement tort.

– Quand il a atteint sa majorité à quatorze ans, tout le monde à la cour s'attendait à ce qu'on lui confie des responsabilités dignes de son rang, conformément à la coutume.

– Ça n'a pas été le cas ?

– Non, et sans raison apparente. Prenez son père, par exemple, qui était faible et influençable dans sa jeunesse. Cela ne l'a pas empêché de s'affirmer comme roi.

– Peut-être estime-t-il tout bonnement que Louis a besoin de mûrir, comme lui en son temps.

Macée a entendu parler de Louis par Juana, l'ancienne gouvernante de Yolande. Apparemment, c'était un mauvais garnement, exactement comme son père quand la duchesse d'Anjou l'avait accueilli chez elle. Le père ayant bien tourné, Juana priait pour que le fils suive le même chemin.

Chaque fois qu'il croise le dauphin à Bourges, Jacques est frappé de ce qu'il ne cherche nullement à plaire. Il se contente d'un « bonjour » sec et d'un « Jacques Cœur, si je ne m'abuse ? » alors qu'il connaît le marchand de longue date. Manière de lui signifier le peu de cas qu'il fait de sa personne. Jacques ne prend pas la mouche, conscient que cet homme sera un jour son monarque. Il répond toujours d'un ton parfaitement cordial :

– Bonjour, Monseigneur. Vous me faites trop d'honneur à vous souvenir de mon nom. Souhaiteriez-vous passer à mon entrepôt ? J'ai reçu des épées de Damas, des lames d'une qualité exceptionnelle.

– Nous y réfléchirons, répond invariablement le dauphin d'un air bougon.

Toutefois, il dépêche souvent un domestique qui lui rapporte tel ou tel trésor au palais pour faire son choix. Le dauphin ne daigne jamais se rendre au magasin tant apprécié du roi et de la reine, et de Yolande avant eux.

En 1440, une nouvelle étape est franchie dans la brouille entre le roi et son fils. Louis commet l'erreur de se liguer avec quelques courtisans mécontents, dont Charles du Maine, propre frère de la reine, et le vaillant guerrier Jean Dunois.

Les motifs de leur insatisfaction ne sont pas déraisonnables, mais le dauphin se sert d'eux pour tenter de renverser son père. Pierre de Brézé découvre la conspiration et parvient à la déjouer à temps. Cet épisode, connu sous le nom de « complot de la Praguerie », marque une nouvelle étape dans l'ascension de Pierre, tandis que le dauphin tombe en disgrâce.

Néanmoins, Charles VII reconnaît ses propres torts et pardonne aux conjurés. Toutefois, il ne fera jamais plus confiance à son fils. Louis est autorisé à quitter la cour, mais choisit d'y rester. Un respect filial de pure apparence, car, pour marquer son mécontentement, il fait couper la queue à son cheval, lequel est ainsi empêché de chasser les mouches comme lui-même est privé des moyens de tenir son rang. Plus d'une fois, Jacques consulte sa tendre moitié sur le sujet des tensions entre le roi et son héritier :

– Ma chère épouse, j'ai besoin de vos conseils avisés. Il est grand temps pour notre roi de commencer à former le dauphin à l'art de gouverner. Notre roi se porte certes bien, mais il a atteint la quarantaine et se doit de veiller à sa succession. Il y a beaucoup à apprendre pour devenir un bon monarque. Comment puis-je m'y prendre pour les réconcilier, même si je n'en ferai jamais les meilleurs amis du monde ?

– Je vais y réfléchir, Jacques.

Au cours des mois suivants, le dauphin mène plusieurs campagnes victorieuses au nom de son père. À son retour, il s'attend, et avec raison, à être invité à siéger au Conseil du roi. Ses espoirs sont une nouvelle fois déçus, alors qu'Agnès Sorel et Pierre de Brézé ont, eux, été nommés au Conseil. Les succès remportés pour le roi semblent n'avoir rien changé, Charles VII continue de se méfier du dauphin, et de le tenir en piètre estime. Louis ne peut que remâcher son amertume.

Un jour, alors que René et Isabelle se reposent dans leur magnifique palais de Nancy, il lui dit :

– Avez-vous remarqué combien ce brave Jacques Cœur se démène pour notre roi ? Il ne cesse de jouer les ambassadeurs et résout des conflits régionaux qui requièrent force subtilité et intelligence.

– Oui, répond Isabelle distraitement, occupée à disposer des fleurs dans un vase.

– Le marchand n'a de cesse d'œuvrer pour la gloire de Charles, sur qui il ne tarit jamais d'éloges.

– Hum, se contente d'acquiescer Isabelle.

– N'oublions pas que, grâce à lui, qui a su se faire ouvrir les portes du Caire et d'Alexandrie, la fleur de lis est de nouveau présente sur tous les marchés du Levant.

Isabelle continue de s'affairer tandis que son mari réfléchit à voix haute :

– Jacquet est réputé comme négociateur car il est à la fois astucieux et honnête, ferme mais juste. Je n'ai pas oublié le conseil de ma regrettée mère avant mon départ pour Naples, souvent répété dans ses lettres : « N'hésitez pas à confier vos affaires à ce Jacques Cœur. » J'ai souvent fait appel à lui et je continuerai à l'avenir.

Qu'est-ce qui peut bien justifier cette déclaration de la part de René ? Isabelle, qui sait lire dans les pensées de son mari, sent que quelque chose le tracasse.

– J'estime que Charles agit dans le bon sens, poursuit René. Il a créé une nouvelle aristocratie du mérite, pour des hommes comme Jacques Cœur, qui s'ajoute à celle du sang et de l'hérédité. Les marchands gagnent en légitimité et en respectabilité, même si une partie de la noblesse continue à les mépriser.

René laisse échapper un profond soupir. *C'est donc ça*, songe Isabelle. *Il a eu vent des rumeurs qui circulent sur Jacques.*

Les envieux ne manquent pas, d'autant que Jacques Cœur a acculé bon nombre des marchands de Bourges à la faillite. On l'accuse de procédés déloyaux et ces calomnies se sont répandues jusqu'à Nancy. En tout cas, Jacques est loin d'être le seul à avoir été anobli. Nombreux sont les bourgeois des villes qui connaissent cette consécration sociale en récompense de leur travail et de leur réussite. Fine observatrice des mœurs de la cour, Isabelle dit à son mari :

– Je suis certaine que c'est la nomination de Jacques au Conseil du roi qui a suscité le plus vif émoi, et non son anoblissement. C'est cela qui fait que certains pairs de France jugent son ascension excessive. Songez que Jacquet et Agnès Sorel sont au Conseil alors que Louis n'y siège toujours pas, malgré ses succès militaires.

René ne peut qu'abonder dans le sens de son épouse. Les courtisans ont parfaitement conscience de la colère du dauphin d'être ainsi méprisé, et nombre d'entre eux lui donnent entièrement raison.

René est très apprécié du roi et toujours le bienvenu à la cour, en raison de l'attachement de Charles à sa « Bonne Mère » et des souvenirs d'enfance qu'ils partagent. Mais il n'est jamais consulté sur les affaires politiques et, d'ailleurs, ne convoite nullement un tel rôle. Soucieux de veiller aux intérêts du fils de sa protectrice, Jacques charge ses hommes de confiance de le tenir informé des agissements du dauphin, d'autant que René se tient le plus souvent loin du pouvoir, à Angers ou en Lorraine.

Chapitre 16

L'appui d'Agnès Sorel est très bénéfique pour les affaires du marchand de Bourges. Forcément, toutes les demoiselles de la cour et toutes les jeunes filles du royaume souhaitent ressembler à la maîtresse du roi. Les délicates étoffes de Jacques Cœur semblent avoir été conçues pour épouser les formes de son corps sublime. Elle affectionne les coiffes aux voiles tissés de fils d'or, qui caressent l'ovale parfait de son visage comme une brise légère. Comme d'autres dames avant elle, Agnès prise les fourrures et les bijoux. Avant même le père de Jacques qui approvisionnait la cour du duc de Berry, on importait du vison, de la martre et de la zibeline de Scandinavie, d'Allemagne et de Russie.

Les vêtements de l'époque sont souvent ornés de fourrure à l'encolure et aux poignets, tant pour tenir chaud que dans un but esthétique, et aussi bien pour les hommes que pour les femmes. Jacques se souvient encore des dix mille peaux de martre commandées par Jean de Berry à son père, la fourrure brun clair qu'il préférait pour sa prodigieuse garde-robe. Les nobles dames portent toutes le hennin, haut chapeau à la pointe duquel pend un long voile de soie. C'est la reine Isabeau de Bavière qui l'a rendu populaire. Une autre coiffe curieuse est l'escoffion, qui forme comme deux cornes de part et d'autre de la tête. Les prélats les réprouvent car ils sont souvent bourrés des cheveux de morts qui croupissent peut-être bien en enfer !

Pour Jacques, ce n'est qu'une marchandise comme une autre. Agnès n'est à l'origine d'aucune mode en particulier, mais tous les styles qu'elle adopte lui vont à merveille et sont aussitôt imités. On lui a reproché de s'épiler entièrement les sourcils, mais c'est faux : elle conserve un fin trait blond. Autre coutume étonnante : celle de porter un coussin sous sa robe pour créer l'illusion d'un ventre arrondi sous une taille de guêpe. Les femmes enceintes y trouvent leur compte car elles peuvent continuer de se montrer en public, sans artifice. Agnès est une adepte du bourrelet de plumes d'oie.

Traditionnellement, le costume est un marqueur social. Mais la guerre civile bouscule les habitudes et beaucoup de gens se mettent à se vêtir à leur guise. On l'a même reproché à Jeanne d'Arc, qui aimait s'habiller en homme, et même en chevalier, elle qui avait, certes, été anoblie après le siège d'Orléans, mais n'en demeurait pas moins une simple paysanne. Son choix se justifiait parfaitement sur le champ de bataille, mais l'Église ne tolère aucune exception à la règle.

Pourtant, Jeanne n'avait pas vraiment le choix : si elle s'était affichée en femme parmi les soldats, ni les Bourguignons ni les Anglais ne l'auraient respectée, alors que, déguisée en homme, elle pouvait espérer parvenir à ses fins. Il existe aussi les lois de bienséance pour retarder l'évolution des mœurs, mais Charles VII soutient que la classe moyenne et quiconque en a les moyens peut se permettre d'adopter une tenue singulière et originale. Après tout, le commerce ne s'en portera que mieux, et, en particulier, les affaires du roi et de son associé Jacques Cœur.

Agnès est aussi le symbole d'une cour qui, après plusieurs décennies de guerre et de troubles, veut renouer avec les excès et les extravagances de l'aristocratie d'antan. Les prêtres haranguent les fidèles depuis leur chaire : au lieu de se livrer à des dépenses frivoles, les riches feraient mieux d'œuvrer pour le bien commun, en finançant, par exemple, la reconstruction du pays. Agnès est vilipendée comme l'illustration honteuse de ces excès. Charles VII lui-même est très attaché à son train de vie luxueux. Il est marqué par le souvenir de sa jeunesse démunie, quand il dépendait entièrement de la générosité de la famille d'Anjou, surtout après le traité de Troyes qui le privait de son titre de dauphin et donc des revenus du Dauphiné.

D'un naturel peu raisonnable, maintenant qu'il n'est plus obligé de compter, il ne voit pas pourquoi il se priverait et en fait profiter sa maîtresse. Il apprécie les femmes élégantes, celles qui cherchent à plaire par leur toilette, et ne cache pas son mépris des autres. Le magasin de Jacques Cœur semble avoir été conçu à cette fin unique.

Agnès n'est pas la seule à profiter de la générosité du roi. La reine se voit offrir une superbe robe à chaque naissance. Un jour, Charles décide sur un coup de tête de faire un cadeau à sa fille Jeanne, lui commande quatre somptueux vêtements bordés de fourrure. La dauphine Marguerite a, elle, droit à une coquette somme pour des draps de soie et à des peaux de martre pour une cape. Il gâte pareillement sa sœur. La prodigalité du monarque profite à Jacques Cœur, mais aussi au pays et à la paix. Les gens ont à nouveau du travail et de l'argent à dépenser, l'optimisme revient.

Dans quelle mesure Jacques Cœur est-il à l'origine des fastes à la cour de Charles VII ? Son rôle est loin d'être négligeable, à l'évidence. Marchand aventurier, il aime rapporter en France les trésors dénichés dans des parties du monde que ses concurrents ne se sont pas donné la peine d'explorer. Cela ne serait pas tenable sans une clientèle fortunée, constituée pour l'essentiel des courtisans de Charles VII et de la noblesse de Bourgogne. Fin connaisseur de l'âme humaine, Jacques sait repérer les faiblesses chez son prochain. Là réside la clé de son succès : autant que des objets, il vend du plaisir, la satisfaction de posséder ce que l'on a convoité. Si le marchand y trouve son compte, le client aussi.

Chapitre 17

À genoux après plusieurs décennies de guerre, le royaume aspire à la paix. Le but ultime de Yolande, chasser les Anglais hors de France, n'est toujours pas atteint, mais en attendant la trêve permet à tout un chacun de réparer son logis, remettre les champs en état, rouvrir la boutique et reprendre une vie normale. Traditionnellement, un mariage est le plus fort symbole pour marquer la réconciliation de deux maisons royales. Henri VI, roi d'Angleterre, fils du vainqueur d'Azincourt et d'une sœur de Charles VII, n'est pas moins désireux que les Français de mettre un terme au conflit.

Encore une fois, l'idée d'un mariage avec une princesse de France est avancée dans l'espoir de conclure enfin un traité de paix. Les négociations s'annoncent toutefois délicates, étant donné qu'Henri n'a pas renoncé à réclamer la couronne de France. La fiancée pressentie pour Henri VI est Marguerite d'Anjou, benjamine de René et d'Isabelle de Lorraine. Pierre de Brézé est choisi pour mener les tractations. Sa finesse d'esprit, son sens du verbe et son charme en font l'homme de la situation. Nul n'est surpris quand il s'acquitte de la mission avec son talent habituel.

À la Noël 1444, René organise des tournois en préambule festif au mariage qui doit être célébré l'année suivante. Pour que la cour de Lorraine soit dignement parée, il fait appel à Jacques Cœur.

La même année, le marchand apporte un soutien précieux à Agnès Sorel qui accouche de sa première fille. Il pourvoit aux aspects matériels avec son sens coutumier de la prévoyance, si bien que l'absence de la favorite se remarque à peine à la cour. Charles, qui est en campagne avec son armée, lui fait livrer de somptueux présents et lui écrit de magnifiques lettres d'amour portées par ses messagers. Après la naissance, Agnès se rend à Nancy avec sa cousine Antoinette de Maignelay pour lui tenir compagnie. La petite Marie a été confiée à la mère d'Antoinette et à une nourrice, comme c'est la coutume à l'époque. En cas de besoin, on a reçu pour consigne de s'adresser au marchand.

Le mariage par procuration de Marguerite d'Anjou est célébré en mai 1444 à Nancy. Jacques Cœur est chargé de veiller aux préparatifs et de tout mettre en œuvre pour que les festivités soient mémorables. La ville se pare de marguerites découpées dans toutes les matières imaginables : brocarts, soieries, cuirs damasquinés. La fleur se retrouve en motif sur les draps qui ornent les balcons et même peinte sur les joues des enfants ! L'épouse, surnommée la « colombe de la paix » par ceux qui espèrent tant de cette union pour réconcilier les deux nations, est vêtue d'une robe de satin blanc et porte un collier de superbes rubis qui appartenait à sa grand-mère. Les pierres avaient été rapportées d'Orient par Jacques et René avait offert le bijou à Isabelle.

À présent, il étincelle au cou de leur fille. Le marchand a organisé le banquet destiné aux nobles et aux invités, mais il a aussi prévu des victuailles pour le bon peuple. Ces largesses sont un premier geste pour démontrer la générosité de la jeune reine. Cependant, René ne peut s'empêcher de penser au coût global en se demandant quelle part la couronne de France prendra à sa charge. Sa mine inquiète n'échappe pas à Jacques qui le rassure d'un sourire et d'un léger signe de tête. Le rôle du marchand dans l'organisation est bien la preuve qu'il s'agit d'une affaire intéressant le gouvernement, Charles VII sera bien obligé d'en assumer le financement et ne pourra se défausser sur les caisses bien vides de l'ancien roi de Sicile.

Sans cesse en déplacement entre Nancy, Angers et la Provence, René dispose de son propre réseau de coursiers pour correspondre avec ses amis, dont Jacques Cœur, qui a toujours des navires à Marseille. À l'écart de la cour, René parvient mieux à faire la part des choses. La réussite de Jacques Cœur dans les affaires le préoccupe car elle suscite la jalousie d'un certain nombre de courtisans. Il se promet de le mettre en garde. René est toujours ravi d'accueillir le marchand dans son palais d'Angers ou dans une bastide en Provence, où ce dernier les régale des multiples anecdotes rapportées de ses voyages. Par-delà les vicissitudes, les liens entre la maison d'Anjou et le marchand ne cessent de se raffermir. Jacques n'a pas à se faire prier pour décrire par le détail tel projet ou telle propriété nouvellement acquise, mais son enthousiasme ne saurait faire taire toutes les inquiétudes de René :

– Jacques, mon ami, vous savez combien j'ai de l'amitié pour vous, et je vous demande d'écouter ce que j'ai à vous dire. Gardez-vous d'adopter un train de vie trop grandiose, car on vous en tiendra rigueur. On aura beau vous féliciter, croyez-moi, vous serez jalousé et haï.

En présence de ce grand négociant et voyageur qu'il connaît depuis si longtemps et qui a seulement huit ans de plus que lui, René aurait envie d'oublier les manigances des courtisans, mais il prend sur lui et enjoint encore une fois à son ami de ne pas afficher une richesse trop ostentatoire. Malheureusement, il n'a pas l'impression d'être entendu.

Jacques Cœur et Pierre de Brézé sont conscients d'occuper une position privilégiée grâce à leur amitié avec Agnès Sorel. Il leur arrive de se réunir tous les trois, de manière tout à fait informelle, pour voir comment ils pourraient se rendre utiles à Charles VII. Jacques et Pierre sont très semblables, animés de la même ambition discrète : faire fortune et occuper un rang élevé. Agnès, si elle est attachée aux belles choses, n'a pas les mêmes motivations. N'ayant pas eu à se battre pour atteindre sa position, elle a moins conscience que certains sont déterminés à les déloger.

Ce trio d'amis à qui tout sourit s'attire bien des inimitiés à la cour. Par sa réussite, chacun d'eux s'est fait des ennemis. Agnès a obtenu des avantages pour les membres de sa famille, ce qui est bien naturel. Des frères et des oncles ont été nommés par le roi à des postes religieux convoités, d'autres ont obtenu des terres. Les protégés de Jacques et de Pierre ne sont pas moins bien lotis. Les trois amis comprennent que cela attise les jalousies, mais c'est là le prix à payer.

Après la mort de la reine de Sicile, Charles du Maine, benjamin de Yolande, jouit d'un prestige croissant auprès de Charles VII. Jacques et Pierre de Brézé jugent l'un et l'autre que le jeune homme n'exerce pas la meilleure des influences sur le monarque. Qui plus est, Pierre affiche de plus en plus ses propres ambitions et la rivalité s'exacerbe entre les deux hommes. Charles du Maine lui fait de l'ombre. Avec les qualités qui sont les siennes, Pierre n'a rien d'un simple arriviste. S'il vise à devenir le principal ministre de Charles VII, c'est afin d'instaurer des réformes d'envergure, concernant en particulier le Conseil du roi. Jacques Cœur juge ces changements nécessaires et judicieux.

Fin stratège politique, sans doute le meilleur dans l'entourage du roi, Pierre comprend que l'influence de la maison d'Anjou doit être tempérée, ce dont Jacques convient également. Souvent présent à la cour, le marchand observe le jeu de Pierre qui s'est choisi Agnès comme alliée. Il consolide leur amitié et cherche à la convaincre qu'il est le mieux placé pour servir Charles, comme elle-même est la meilleure des confidentes. À trente-trois ans, Pierre fait chavirer tous les cœurs à la cour, mais jamais il ne commettrait l'imprudence de flirter avec Agnès. Son ambition est on ne peut plus transparente : aider Agnès à mieux servir le roi. Après tout, n'est-ce pas dans ce même esprit que tous deux ont été façonnés par Yolande d'Anjou ?

Fort de ce projet, Pierre prend la tête du parti des réformateurs. Il perçoit clairement que les partisans de la maison d'Anjou doivent être écartés de l'entourage du roi, n'étant plus si compétents que par le passé. Conscient de ses qualités, il ne demande qu'à les mettre au service du royaume, si seulement Charles lui accordait la même confiance qu'à sa « Bonne Mère ». Charles VI, avant de sombrer dans la folie, avait écarté ses oncles du pouvoir pour s'entourer de sages comme conseillers, ceux que l'on surnommait les « marmousets ». Mais, quand il avait perdu la raison, les oncles ambitieux s'étaient empressés d'écarter ces hommes du Conseil et le royaume en avait grandement pâti. Tant Charles VII que Pierre de Brézé n'ont pas oublié cette leçon. Partout en France, les universités forment de nombreux talents, les fils de bourgeois acquièrent un savoir juridique, financier et commercial. Certains de ces hommes expérimentés ont été anoblis comme Jacques Cœur. Ce sont eux que Pierre voudrait associer au gouvernement du royaume. Comme grand sénéchal d'Anjou et du Poitou, comte d'Évreux et chambellan du roi depuis 1442, Pierre de Brézé parvient enfin à devenir le principal conseiller du roi, au détriment du camp angevin.

S'affranchissant de la tradition, il nomme au Conseil des hommes qui ne doivent rien à leur naissance mais ont fait leurs preuves dans leur métier : juristes, banquiers et techniciens reconnus pour leurs compétences. Le seul aristocrate qu'il choisit est Jean Dunois, fils illégitime de Louis d'Orléans et protégé de Yolande. Quelques nobles de second rang continuent aussi d'y siéger, mais, pour l'essentiel, le Conseil veille désormais aux intérêts du royaume et non plus à ceux de ses membres.

Comme le sait pertinemment Pierre, le dauphin est le plus farouche adversaire des Angevins. Aux yeux de Louis, le royaume est sous l'emprise de René d'Anjou et de son frère Charles du Maine. De fait, il a tort. Charles du Maine demeure certes très proche du roi, mais René a renoncé une bonne fois pour toutes à son trône de Sicile et se partage entre l'Anjou et la Provence. Son fils aîné, Jean de Calabre, gouverne la Lorraine pour son compte, aux côtés d'Isabelle. René est heureux de se consacrer à la rédaction d'un ouvrage sur la chevalerie et à l'organisation d'époustouflants tournois dès que l'occasion se présente. Il fait alors appel à Jacques Cœur pour les décors, l'équipement, les costumes et tous les agréments qui s'ensuivent. Quiconque connaît un tant soit peu René sait qu'il ne nourrit aucune ambition politique.

Chapitre 18

À l'été 1444, le roi estime nécessaire de conférer un titre et un revenu indépendant à Agnès Sorel. Elle est la première favorite royale à ne pas avoir été mariée à un époux complaisant qui accepte de donner son nom aux bâtards du monarque. Charles VII ne souhaite la partager avec personne et s'engage à pourvoir à l'avenir de leurs enfants, un grand soulagement pour elle. Afin de lui garantir une certaine indépendance financière, il fait un présent inouï à l'élue de son cœur : le château de Beauté et son domaine.

Outre la demeure et les fermages, Agnès reçoit un titre : dorénavant, elle sera connue comme la dame de Beauté, nom des plus mérités ! Situé sur la Marne non loin de Vincennes, le château est idéal pour la chasse, entouré de vastes forêts agrémentées de ruisseaux. L'air campagnard y est salutaire en ces temps où la peste menace toujours. Charles V, grand-père du roi, l'avait fait construire et s'y plaisait comme nulle part ailleurs. Sa magnifique bibliothèque s'y trouve encore. L'intérieur est très luxueux, mais on fait malgré tout appel à Jacques Cœur pour exaucer les désirs d'Agnès.

– Le roi veut gâter sa favorite, confie-t-il à Macée, et il faut donc meubler ce château du mobilier le plus exquis.

La nouvelle maîtresse des lieux ne peut qu'admirer les belles trouvailles du marchand, sans cupidité aucune. Elle a le coup d'œil sûr, sait reconnaître la vraie qualité et n'aime pas ce qui est trop compliqué ou surchargé.

Les jaloux sont toujours aussi nombreux, surtout quand la favorite donne une deuxième fille au monarque. Jacques Cœur, qui acquiert des maisons et des propriétés aux quatre coins du royaume, suscite lui aussi beaucoup d'envie. Avec la prospérité revenue, les riches lui achètent ses marchandises. Les imprudents qui s'endettent trop et sont incapables de le rembourser lui abandonnent leurs biens. Agnès et Jacques savent ce qu'ils doivent à la faveur du roi et espèrent que cela durera. Jacques a vu bien des hommes chuter après une ascension fulgurante et il ne souhaite ni à elle ni à lui-même de connaître pareil sort.

Outre la discorde entre le roi et son fils, Jacques Cœur est aussi attentif aux relations entre le dauphin et la favorite. En 1445, Louis effectue un retour victorieux à la cour après avoir repris le port de Dieppe aux Anglais. Il a pris soin de rapporter des cadeaux pour les personnages les plus en vue, comme Pierre de Brézé ou Agnès Sorel. Pierre accepte l'excellent vin qui lui est offert avec sa bonne grâce habituelle. Quant à Agnès, elle reçoit six tapisseries à thème biblique, illustrant l'épisode de la chaste Suzanne. Agnès garde depuis toujours ses distances avec le dauphin, sous l'influence de Charles, évidemment, mais aussi parce qu'elle lui en veut d'avoir été odieux avec son amie la dauphine Marguerite d'Écosse.

La pauvre a fini par succomber d'une pneumonie l'été précédent, après bien des ennuis de santé. Sa mort a beaucoup peiné la cour, notamment Agnès. Deux des tapisseries sont disposées dans une maison où la favorite se rend rarement, les autres offertes à l'abbé de Loches. Devant pareil affront, Louis devient l'ennemi juré de la dame de Beauté. Néanmoins, un nombre croissant de courtisans soupçonne le dauphin d'être tombé amoureux de la maîtresse de son père. L'idée n'a rien de farfelu, peu d'hommes à la cour demeurent insensibles aux charmes de la belle Agnès, mais, comme Pierre le confie à Jacques, jamais Louis n'imaginerait qu'il puisse enlever sa maîtresse à son père.

Charles VII est un homme dans la force de l'âge, qui a beaucoup accompli et se connaît bien. D'un naturel secret et complexe, il est sujet à des revirements. Est-il bon ? Jacques Cœur en doute, sans estimer pour autant qu'il est foncièrement mauvais. Quand Pierre sollicite son avis sur le roi, il répond :

– Qui suis-je pour le juger ? Je vois un homme amoureux, épris d'amour. Riche et puissant. Il peut tout offrir à son aimée et ne s'en prive pas. Il n'imagine pas que son fils puisse être un rival. Il fait trop confiance à Agnès, et à juste titre.

– Moi, dit Pierre, je pense qu'il se voit comme le chevalier servant au service de sa belle. Quand il était jeune et habitait chez les Anjou, notre roi était pénétré de l'idéal chevaleresque. Je pense que c'est toujours le cas, du moins c'est une de ses facettes.

C'est vrai, songe Jacques. *Et Yolande avait identifié ce besoin et y a pourvu avant de mourir.*

Charles VII ne baisse jamais la garde. Depuis le décès de sa « Bonne Mère », il ne fait confiance à personne d'autre qu'à lui-même, et comment lui en vouloir après la jeunesse difficile qu'il a connue ? Jacques repense à une conversation qu'il a eue avec René sur un quai à Marseille :

– Mon cher Jacquet, vous n'imaginez pas à quel point Charles était paniqué quand il a dû quitter notre famille, où il se sentait tant en sécurité. N'oubliez pas qu'il a été contraint de se rendre au Conseil du roi parce que ses deux frères aînés avaient été assassinés. Le roi était alors en butte à bien des humiliations et ses sujets ne lui épargnaient pas leur mépris.

Notre Charles a été le témoin de nombre de trahisons et cela continue de le hanter. S'il redoute tant la foule et les visages inconnus, c'est assez compréhensible.

Toutefois, les courtisans d'aujourd'hui voient en lui un conquérant et celui qui a su séduire la plus belle femme de tous les temps. Cet homme a l'étoffe d'un prince et l'amour le transfigure. Tant Pierre que Jacques souhaitent que cela dure le plus longtemps possible, pour le bien du royaume.

Depuis qu'il est monté sur le trône, Charles a appris à convaincre. Grâce à sa position et à son intelligence, il est capable de séduire qui il veut. Louis, par contre, est dépourvu de tout charme et semble s'en accommoder parfaitement. Si Agnès l'a blessé en refusant pour ainsi dire le magnifique présent des tapisseries, il n'en laisse rien paraître. Il assure que son mépris pour la favorite n'est dû qu'à l'amour filial qu'il porte à sa mère, celle à qui Agnès a volé l'affection du roi. Explication peu convaincante, car Louis n'a guère vu ses parents durant son enfance. Qui plus est, Marie de Belleville, seule amie d'Agnès parmi les suivantes de la reine, confie à Pierre et à Jacques que la dame de Beauté fait tout son possible pour ménager l'épouse légitime. Dès que la reine est présente, elle veille à se tenir loin du roi, à n'échanger aucun regard complice avec lui, à s'en tenir au plus profond respect. Un visiteur à la cour n'y verrait que du feu.

Le parti angevin redresse la tête et marque un atout quand Arthur de Richemont, connétable de France, épouse Catherine de Luxembourg, belle-sœur de Charles du Maine. Connétable depuis 1425, Richemont exerce une influence certaine et positive sur le roi. Lui aussi doit sa carrière à Yolande, et Charles a pu juger au fil des ans qu'elle avait encore une fois vu juste. Malgré tout, un problème délicat finit par resurgir. Maintenant que Yolande n'est plus présente pour rappeler au roi les qualités remarquables de son connétable, Charles se laisse obnubiler par sa détestation des difformités physiques de toute nature. Arthur est défiguré par l'horrible cicatrice que lui a laissé une blessure subie à la bataille d'Azincourt en 1415 et voit bien que sa seule présence suffit à indisposer le monarque. Certains visages mériteraient tout à fait d'être bannis de la cour, mais vraiment pas celui de ce connétable de grand talent.

Le nouvel ascendant pris par les Angevins pousse Pierre de Brézé à réagir de façon encore plus radicale. Il n'hésite pas à s'allier au dauphin pour répandre des rumeurs sur leur compte. Jacques n'en revient pas. Louis en a toujours voulu à Pierre d'avoir dénoncé son rôle dans le complot de la Praguerie. Se peut-il vraiment que ces deux-là soient désormais alliés ? Leur manœuvre semble fonctionner, nombre de courtisans sont persuadés que les Angevins trament une nouvelle conspiration. La pression devient telle que le roi, excédé, choisit de se séparer des nombreux partisans de la maison d'Anjou.

René et Charles du Maine sont priés de quitter la cour avec leurs entourages et de ne plus y paraître jusqu'à nouvel ordre. L'édit est un vrai coup de tonnerre, mais Jacques sait que René n'a pas grand-chose à y perdre. Il a remboursé toutes ses dettes et a marié sa fille au roi d'Angleterre. Son fils aîné, duc de Calabre, s'occupe de la Lorraine. René est très heureux dans son château d'Angers où il continue de travailler à la rédaction de son ouvrage sur la chevalerie. Quant à Charles du Maine, il ne doute pas que le roi changera d'avis et le rappellera tôt ou tard à la cour. Charles VII ne devrait pas se priver longtemps d'un des hommes les plus doués pour le distraire et l'amuser.

Jean Dunois est le seul membre du clan angevin à toujours siéger au Conseil. Par ses informateurs, Jacques sait que Pierre et Jean ont des contacts secrets avec le dauphin depuis un certain temps. Toujours prudent et circonspect, le marchand se demande ce que donnera cette alliance cachée. Louis n'hésite pas à offrir du vin au sénéchal à Chinon au moment des fêtes de Noël. Pourtant, les liens entre Pierre et Agnès semblent interdire tout rapprochement durable. Ou bien Pierre, fin politique, se contente de ménager l'avenir, celui qui sera le prochain monarque…

Chapitre 19

En 1446 se produit un petit miracle : la reine Marie accouche d'un cinquième fils à Tours, mais, contrairement aux trois précédents, celui-ci est un bébé bien portant qui survit. Le roi s'en réjouit, alors que le dauphin en conçoit un profond dépit. Il n'est plus le seul héritier au trône, voici un rival qu'il hait dès le premier jour. Faute de pouvoir exprimer sa colère au nourrisson ou à son père, Louis déverse sa bile sur Agnès. Une scène épouvantable a lieu à la cour, devant quantité de témoins, dont le grand argentier du roi. Jacques Cœur la raconte ensuite à Macée :

– Ma chère épouse, vous n'imaginez pas l'esclandre qui s'est produit à Tours ! Tous les courtisans étaient présents, réunis dans trois ou quatre pièces de réception. D'élégants personnages paradaient dans de magnifiques tenues et causaient plaisamment, des musiciens jouaient des airs fort agréables. Une soudaine agitation s'est produite et la foule s'est fendue en deux pour laisser passer Agnès Sorel. Le visage pâle comme sa robe, une mèche blonde échappée de sa coiffe, elle s'est précipitée vers le roi, les yeux écarquillés. J'ai alors aperçu le dauphin derrière elle, qui criait : « Dehors, catin ! Comment osez-vous prendre la place de ma mère ? » Il brandissait son épée et il a fait irruption dans la salle du trône, le visage déformé par une expression horrible, on aurait dit le Malin ! Il grognait et bavait comme un chien enragé. Il s'est arrêté et a rengainé son épée. Avant que le roi puisse intervenir, il a giflé Agnès, si fort qu'elle est tombée en arrière. Nous étions tous figés de stupeur. Tandis que ses suivantes s'occupaient de la favorite et que Louis était rejoint par son entourage, le roi s'est approché de son fils : « Écoutez-moi bien, Louis. Je vous renvoie dans votre apanage du Dauphiné et vous ordonne de ne point le quitter sous peine de mort ! » Puis il s'en est allé avec Agnès et ses demoiselles de compagnie. Un silence sidéré s'était emparé de l'assistance. Livide de colère, Louis est parti à son tour, entouré de ses partisans. Croyez-moi, Macée, je pouvais entendre les battements de mon cœur ! Louis s'est enfin vu accorder le fief qui lui revient légitimement, dans ces circonstances ahurissantes.

Beaucoup de gens qui ont assisté à la scène sont tout de même surpris de l'issue. Louis s'en est certes pris à la favorite, mais on estime que Charles l'a puni trop sévèrement. Jamais aucun dauphin n'a cautionné la présence d'une maîtresse royale ! On considère comme normal et naturel qu'un fils soutienne sa mère. Faute d'être parvenu à neutraliser la dame de Beauté, Louis va s'employer à brouiller Pierre de Brézé, l'un des principaux soutiens d'Agnès, et le roi.

Le lendemain, tout le monde en ville ne parle que du scandale et du départ précipité du dauphin. *Cette fois-ci*, songe Jacques, *le roi ne lui pardonnera pas. Maintenant qu'il a un second fils, il n'a plus à nourrir ce serpent en son sein.*

Contraint par la décision du roi, Louis s'exile en Dauphiné et gère son territoire en seigneur féodal. Au bout de quelques mois, ses informateurs rapportent à Jacques que la province grouille de comploteurs, d'espions et de mécontents. Certaines rumeurs rendent le marchand perplexe. Malgré le mépris affiché de Louis pour Pierre de Brézé, le roi semble persuadé que les deux hommes sont engagés dans des pourparlers. Cela confirme ce que Jacques soupçonne au vu d'autres informations glanées ici et là. Il se demande même si Pierre n'est pas à la solde du dauphin. Si tel est le cas, à quelles fins ? Une chose est certaine : chez les courtisans, la loyauté se monnaie souvent.

Il en va tout autrement dans les autres classes de la société, où les liens de famille sont essentiels pour s'en sortir. La confiance est l'élément capital pour assurer le succès d'une entreprise commerciale. Le marchand ou l'artisan qui inspire la méfiance n'aura jamais de clientèle fidèle. Dans l'aristocratie, au contraire, femmes et soldats s'achètent volontiers, alors pourquoi pas la loyauté ? Plongé dans ces réflexions, Jacques approche Jean de Villages à l'entrepôt de Bourges où il trie des balles d'étoffes récemment livrées.

– Mon cher Jean, je dois t'avouer que je suis de plus en plus désabusé à mesure que je vieillis. Penses-tu que tout le monde a son prix, que la loyauté peut s'acheter ? L'authentique loyauté, s'entend.

Jean pose un lourd ballot, se redresse et se masse le dos.

– Mon cher oncle, c'est la fréquentation de la cour qui vous rend cynique ! Vendez-leur toutes les marchandises possibles, mais laissez-leur de tels principes et sentiments ! Et, surtout, ne faites jamais confiance à aucun d'entre eux.

Le garçon n'a sans doute pas tort. Jacques a pu constater encore et encore combien la faveur du roi est capricieuse.

– Tu me connais, Jean. Je ne m'aveugle pas sur la noblesse. Je sais que le soutien du roi se perd facilement. J'ai vu Yolande mettre en garde Jeanne d'Arc, lui répéter qu'elle devait se prémunir contre l'humeur changeante du roi.

– Alors, ne commettez pas la même erreur que la Pucelle, mon oncle !

Au cours des années 1440, Jacques Cœur ne cesse d'accroître son patrimoine. De nombreuses propriétés lui reviennent suite à des saisies, des clients qui se sont trop endettés chez lui, que la guerre a ruinés ou qui ont dû verser une rançon pour la libération de leur fils. Un jour, comme les Cœur se détendent chez eux après un bon repas, Jacques dit à Macée :

– Regardez-nous, réunis dans ce beau salon. Nous ne manquons certes pas de place, mais les enfants ont plaisir à inviter ici leurs nombreux amis, alors j'envisage de faire construire quelque chose de plus spacieux. Qu'en pensez-vous, ma chère épouse ?

Tous se taisent pour dévisager Macée, elle qui règne *de facto* sur le foyer. Jean de Villages et Perette, la nièce de Jacques, sont présents ce jour-là pour l'entendre répondre à son mari :

– Mon cher Jacques, vous êtes trop bon de solliciter notre avis alors que vous êtes toujours seul à décider de tout !

Tous rient de bon cœur de cette aimable repartie, qui n'est pas sans fondement, il faut bien le reconnaître ! Jacques a beau la consulter, il obtient toujours gain de cause.

– Vous projetez donc de nous bâtir une maison, très cher ? Et à quoi ressemblera-t-elle ?

Sourire aux lèvres, Jacques attrape un maroquin posé sur un buffet, lequel contient des documents.

– Depuis des années, je conserve des croquis des façades et des intérieurs qui m'ont frappé au cours de mes voyages en France et à l'étranger. Le moment est venu d'incorporer toutes ces idées dans un projet, un vaste édifice dans lequel chacun aura son espace, pour que nous puissions vivre ensemble sans être les uns sur les autres. Qu'en dites-vous ?

Autour de lui, ce ne sont que mines réjouies. Dans cette famille très unie, on aime bien rester entre soi.

– Mais où comptez-vous trouver l'espace nécessaire ? demande Macée. Comme vous le savez tous, je ne pourrais pas envisager de vivre ailleurs qu'à Bourges, or il n'y a plus de terrains à bâtir.

– Qu'à cela ne tienne, à moi de libérer la place nécessaire ! J'achèterai un certain nombre de maisons et je les ferai raser !

Des soupirs amusés accueillent cet engagement. Comme pour tout ce qu'il entreprend, Jacques Cœur ne laissera rien au hasard pour garantir le succès de ce nouveau projet. À son habitude, tout est prévu dans sa tête : poignées de portes, encadrement des fenêtres, mobilier et salles d'eau, escaliers, toiture, grenier… Chaque détail portera sa marque personnelle. Jusque-là, il a consacré toute son énergie à développer son empire commercial et celui du roi. Le moment est venu, juge-t-il, de créer un lieu dont lui et les siens puissent profiter, une sorte de monument à sa réussite.

À force de patience et d'habiles négociations, le marchand finit par réunir les terrains nécessaires au centre de Bourges. Les travaux sont prévus pour durer quatre ans et Jacques les supervise de près. Tant à l'extérieur qu'à l'intérieur, le motif du cœur et de la coquille Saint-Jacques est abondamment repris. Le style mélange le gothique flamboyant de la cathédrale de Bourges et le néo-classique gréco-romain, avec colonnettes, frontons et arcades. Jacques, qui a toujours été passionné par l'architecture, demande à être représenté sur l'une des façades, une truelle de maçon à la main. Avec un goût de collectionneur, il sélectionne, cette fois pour les garder et non pour les vendre, les tapisseries les plus colorées, les tapis les plus épais et les meubles les plus admirables pour son palais.

– Macée, il faut que vous passiez au magasin cet après-midi. Je viens de recevoir une nouvelle livraison pour notre future demeure.

La scène se répète semaine après semaine, chacun dans la famille est réquisitionné à tour de rôle pour venir déballer les nouvelles acquisitions.

– Vous êtes comme un enfant avec son nouveau jouet ! constate Jean, son fils aîné. Il y a bien longtemps qu'on ne vous avait pas vu pareil éclat dans le regard !

C'est la vérité. Jacques Cœur s'adonne avec passion à l'édification de son hôtel particulier. Ce sera le chef-d'œuvre qui couronnera sa vie, le parachèvement des années de dur labeur, des voyages incessants à la recherche de la perle rare qui séduira les esthètes les plus exigeants.

Succès et échecs l'ont mené là. Car il y a eu aussi des déconvenues, même s'il ne s'attarde pas dessus. Il y a eu l'épisode malheureux du jeune esclave musulman qui s'était caché à bord d'une de ses galées. Découvert, il avait prétendu être chrétien pour demander l'asile et ne pas être rendu à son maître. Le pauvre gamin avait des marques sur le corps, laissées par les nombreux coups de fouet reçus, et nul doute qu'il serait châtié pour s'être enfui.

Mais Jacques connaissait parfaitement les règles et coutumes en vigueur au Levant, l'interdiction absolue faite à tout navire chrétien d'accueillir un esclave musulman à son bord, pour quelque motif que ce soit. Ses marins et bon nombre d'habitants de Montpellier ont jugé qu'il avait agi cruellement en rendant le garçon à son maître, mais pourquoi prendre le risque de se brouiller avec le sultan et de remettre en cause les avantages commerciaux obtenus pour lui et tous les négociants français ? La liberté, et même la vie, d'un seul esclave ne sauraient le justifier.

Chapitre 20

Charles VII confie les tâches les plus diverses à son grand argentier. En 1447, il le convoque pour une mission de haute confiance.

– Mon cher ami, je dois faire appel à vos talents de négociateur.

Jacques s'incline respectueusement.

– Comme vous le savez, la chrétienté compte deux papes depuis un certain temps, ce qui la place dans une position affaiblie. Traditionnellement, la France soutient le pape d'Avignon, tandis que le Saint-Empire défend celui de Rome. Pour ajouter à la confusion, alors que le siège d'Avignon est vacant depuis plusieurs années, nous avons Félix V, un antipape élu par le concile de Bâle en 1439, et Nicolas IV, qui a succédé à Rome à Eugène IV. Cette division entre deux camps, chacun ayant des arguments à faire valoir, est profitable aux infidèles qui s'apprêtent à monter une nouvelle offensive contre Constantinople. De même qu'une France divisée ne peut défaire l'ennemi anglais, une chrétienté divisée est impuissante contre les Ottomans. Je souhaite apporter mon soutien au pape Nicolas.

Jacques esquisse une nouvelle courbette déférente et pince les lèvres, une mimique empruntée à Macée. Le message est clair : le pape élu par le concile de Bâle doit se retirer. Charles VII choisit de soutenir Nicolas IV, car celui-ci jouit d'un soutien plus large, ce dont la France pourrait profiter.

Détail incongru : avant de devenir pape, Félix a été marié et a eu onze enfants. À la mort de son épouse, il s'est retiré du monde. Louis III d'Anjou, fils et successeur de Yolande, avait épousé secrètement sa fille Marguerite. L'union avait été célébrée par le père de la mariée, devenu pape, qui avait également couronné Louis roi de Naples et de Sicile. Jacques Cœur avait joué les entremetteurs en faveur de cette union, conscient de l'atout qu'une telle alliance constituerait pour Louis.

Jacques comprend ce qu'on attend de lui, entreprise des plus délicates. Il semblerait préférable de rencontrer Félix V. Le veuf quinquagénaire, dont quatre enfants sont encore vivants, réside dans son propre château de Ripaille, dans le comté de Genève. Il y menait une vie monacale jusqu'à son élection en 1439. Il a renoncé à son titre d'Amédée VIII, duc de Savoie, et son fils aîné a pris la régence de son vaste territoire. Jacques tient à rencontrer Félix V pour se faire une idée du personnage, voir si l'on a affaire à un ambitieux ou s'il serait susceptible d'accepter l'idée d'une retraite forcée. Curieusement, Amédée VIII n'a jamais été ordonné. Cela n'a pas fait obstacle à son élection, sa piété fervente étant jugée suffisante. Jacques en déduit qu'il aura face à lui davantage un noble vertueux qu'un prélat.

Le trajet de Bourges à Genève dure huit jours, mais le marchand a l'habitude des longs voyages à cheval. Il se présente chez le pape à la tombée de la nuit. L'accueil est courtois, un coursier avait prévenu de son arrivée la veille. Après s'être reposé et débarbouillé, il est présenté au pape et se met à genoux pour baiser l'anneau pontifical.

– Soyez le bienvenu ici, Jacques Cœur, envoyé du roi Charles VII. Je n'ai entendu qu'éloges à votre sujet. Je vous propose que nous passions dans mon salon privé où vous pourrez vous réchauffer devant le feu. Ce sera plus intime, nos voix ne résonneront pas et nos regards ne seront pas distraits par les fresques.

Félix mène le marchand dans une pièce chaleureuse, aux tentures d'un grenat délicat. L'œil exercé de Jacques note le beau tapis d'orient et les épais coussins des sièges. Félix prend place sur son trône de velours rouge dont les bras et les pieds sont sculptés et dorés. Un guéridon est placé à côté, ainsi qu'une table basse devant le siège de Jacques. On leur apporte une collation : des sorbets, du thé de Chine et des pâtisseries, délices réservées au visiteur, le pape se contentant de siroter une infusion tout en observant le marchand de ses yeux sagaces enchâssés dans un visage aux traits aristocratiques.

– Monsieur Cœur, je suppose que votre visite a un but précis et je suis tout ouïe. Vous avez devant vous un vieillard au fait des affaires du monde, même si je vis reclus depuis le décès de mon épouse. Dites-moi pourquoi vous vous êtes donné le mal de venir jusqu'à moi.

Jacques se régale à goûter les sorbets. Il apprécie particulièrement celui à la rose, subtilement épicé, et celui à la cerise. D'autres saveurs, plus mystérieuses, sont une découverte.

– Très Saint-Père, je me trouve devant vous en partie par curiosité personnelle, mais aussi comme l'un des membres de la délégation que le roi de France dépêche à Rome. Comme vous le savez certainement, sa mission est de trouver une solution pour mettre fin au grand schisme qui divise la chrétienté depuis si longtemps.

Le pape inspire longuement et lui fait signe de continuer.

– Il m'a paru, afin de pouvoir contribuer intelligemment aux discussions qui vont s'ouvrir à Rome, que je devais connaître les intéressés. Permettez-moi de faire un parallèle avec la situation de la France. Votre Sainteté sait combien les divisions politiques de mon pays ont été dommageables face à l'ennemi anglais. Moi et d'autres estimons pareillement qu'une chrétienté divisée aurait peine à résister à une invasion de la puissante armée ottomane.

– Tel est donc le but de votre visite ? Et vous dites que vous n'êtes pas ici comme l'envoyé de Charles VII ?

– C'est exact. Je sais que mon roi soutient Nicolas, mais que les Anglais appuient un autre candidat en vue d'une nouvelle élection à laquelle vous participeriez également. J'ai pris moi-même l'initiative de venir vous voir, sans consulter mon roi, dans l'espoir de parvenir à un compromis acceptable avant le conclave de Rome. Je tiens à ce que vous conserviez vos revenus et les droits qui vous ont été accordés sur le comté de Genève. Mais il me semble impératif de nous réconcilier, sans quoi nous ne résisterons pas aux infidèles qui sont à nos frontières et menacent Constantinople. Comme ma démarche est effectué à titre purement privé, je n'encours ni honte ni représailles si elle devait échouer.

– Oui, je comprends. Et quel compromis avez-vous à me proposer en vue d'atteindre ce noble objectif ?

Le pape s'exprime d'une voix posée, sans jamais quitter le marchand des yeux.

– Votre Sainteté n'a certainement pas oublié le modeste rôle que j'ai pu jouer pour favoriser le mariage de votre fille Marguerite de Savoie avec feu Louis III d'Anjou, que vous avez couronné roi de Sicile.

– Certes, je connais les liens qui vous unissent à la famille d'Anjou et, en particulier, à la défunte Yolande dont vous étiez le protégé. Vous avez été un intermédiaire juste et honnête, l'une des raisons qui m'ont poussé à vous accorder une audience. Yolande ne se trompait jamais dans son jugement.

Félix s'autorise un léger sourire.

– Très Saint-Père, pardonnez mon outrecuidance, mais je

suis convaincu qu'en votre âme et conscience vous savez que la chrétienté a besoin d'être unie, conduite par un seul pape, depuis le siège de saint Pierre à Rome.

Jacques redoutait le moment où il lui faudrait dire les choses clairement, mais il parvient à s'exprimer sans balbutier. Après un long silence, Félix s'empare d'une clochette qu'il fait tinter. Jacques Cœur s'attend à être congédié, mais le serviteur se contente de remplir leurs gobelets. Plusieurs minutes s'écoulent, le pape n'a toujours pas réagi. *C'est le moment*, songe Jacques. *Je dois lui soumettre ma proposition.*

– Je suis moi aussi père de famille et je sais combien l'avenir de ses enfants est un sujet de préoccupation. Comme pape, je comprends bien que vous êtes dans une position privilégiée pour les aider. Vous pouvez faciliter leur entrée dans les ordres, leur procurer de beaux partis. Mais tout cela coûte de l'argent, n'est-ce pas ? Je sais que mon roi peine à financer une armée pour repousser les Anglais, sans parler de participer à une coalition face à la menace ottomane.

– En effet, nous en sommes tous réduits à faire des choix, convient le pape en sirotant sa tisane.

– À toutes fins utiles, sachez que je serais disposé à aider vos enfants si Votre Sainteté n'était plus en mesure de le faire.

– Mon bon monsieur, seriez-vous en train de me conseiller d'abdiquer et de renoncer à mes revenus ?

Le ton crispé du pape laisse penser à Jacques qu'il est allé trop loin. Félix se lève et dit :

– Vous êtes mon hôte ce soir, nous reprendrons la discussion après laudes.

Le marchand s'incline et le pape s'éclipse. Le lendemain matin, après un office ponctué de magnifiques chants grégoriens, le marchand et le pape se retrouvent autour d'un repas léger.

– Votre Sainteté, permettez-moi de vous féliciter pour la qualité de votre chœur qui m'a transporté au paradis.

– Oui, la musique est l'un des plus beaux cadeaux de Dieu.

Ils mangent en silence, puis Jacques dit :

– Votre Sainteté, je dois partir ce matin car j'ai affaire ailleurs pour le roi de France. Je pourrais vous envoyer un coursier dans une semaine, seriez-vous disposé à lui remettre vos souhaits concernant vous-même et vos proches ? Est-ce un délai suffisant pour vous permettre d'évaluer vos besoins ?

Le pape y réfléchit un moment.

– Et où puiserez-vous ces richesses, monsieur Cœur ? Pas des caisses du roi de France, j'imagine…

Jacques affiche une moue énigmatique et fixe le pain dans son assiette.

– Ah, je crois comprendre, dit le pape. Vous prendrez tout à votre charge, d'où le secret de cette mission. C'est bien ça ?

– Votre Sainteté, sachez que j'ai toujours nourri deux grandes ambitions : d'abord, que la France et l'Angleterre parviennent à une paix stable ; ensuite, que la chrétienté soit réconciliée. Convenez que ce sont là de belles et nobles causes.

– En effet, cher ami. Je vois qu'il ne me faut pas participer au conclave, que je n'ai aucun espoir d'être élu et que mes voix affaibliront votre candidat. Soyez tranquille, votre coursier ne repartira pas les mains vides. Confiez-lui ceci qui lui garantira d'être mené à moi sans délai et sans qu'il ait à fournir la moindre explication.

Il retire la cornaline taillée montée sur anneau d'or qu'il porte à l'auriculaire et la remet au marchand.

Voilà, l'audience est terminée, l'affaire entendue. Il ne reste qu'à se mettre d'accord sur les montants. Jacques ne doute pas que les prétentions de Félix seront raisonnables ; maintenant qu'il sait que Jacques payera de sa poche, il ne va pas se montrer trop gourmand.

En avril 1448, Charles VII dépêche une délégation à Rome, dont Jacques Cœur fait partie, pour tenter de résoudre le conflit qui divise la chrétienté depuis si longtemps. Félix et Nicolas V avaient accepté de se retirer afin qu'on élise un seul et unique successeur au siège de saint Pierre. De l'avis de tous, cette solution semblait la plus raisonnable. Mais voilà soudain que les deux papes se ravisent et refusent de se retirer. Quel imbroglio ! Va-t-on se retrouver avec trois papes ?

Ce ne sont pas moins de onze galées appartenant à Jacques Cœur qui quittent Marseille avec les envoyés du roi et quantité de vivres et de cadeaux pour faire avancer leur cause à Rome, où la partie promet d'être délicate. Les Anglais sont déterminés à marquer les esprits des Romains, et, surtout, ceux des membres de la curie, pour garantir un maximum de voix à leur candidat. Ils sont déjà sur place et, de l'avis général, ont fait forte impression. Une partie de l'ambassade française voyage par la terre. On se rejoint et ce sont trois cents chevaliers qui font leur entrée dans la Ville sainte, leurs montures caparaçonnées de velours bleu ciel fleurdelisé, avec brides dorées et chanfreins ornés de plumes d'autruche blanches qui s'agitent au rythme des mouvements de leur tête. Et ce n'est là qu'un début : les Français organisent de somptueuses réceptions et prodiguent cadeaux et libéralités. Comme si souvent, cette munificence est l'œuvre du grand argentier. Mais ses efforts portent leurs fruits, et le candidat des Français, Nicolas V, est désigné comme seul et unique pape légitime. Encore une fois, et sans que l'entourage de Charles VII en sache rien, Jacques Cœur a su convaincre Félix de se retirer.

Le marchand, qui n'est pas homme à négliger la dimension matérielle des choses, offre à l'ancien pape des compensations plus que suffisantes. Quelques mois plus tard, à René qui lui demande comment il a obtenu ce succès, Jacques répond, avec un sourire narquois :

– La piété ne saurait subvenir à elle seule aux besoins du corps.

La délégation française quitte Rome après un séjour de quatre semaines, mais Jacques Cœur, tombé gravement malade, n'est pas en état de voyager. Le pape Nicolas l'héberge au Vatican. Il lui rend visite dans sa chambre et s'alarme de son teint livide :

– Mon cher Jacques, après ce que vous avez fait pour moi, permettez que je vous considère comme un ami. Votre fièvre m'inquiète, c'est à mon tour de vous porter secours. Acceptez d'être soigné ici.

Le marchand est trop affaibli pour refuser. Le médecin personnel du pape lui prescrit un traitement qui finit par agir. Le pape lui rend visite quotidiennement. Le patient reprend peu à peu des forces, parvient à se tenir assis et à avoir une conversation.

– Mon cher Jacques, j'ai comme l'impression que vos joues creuses ont repris un peu de couleur.

Le marchand sourit.

– J'ai plaisir à vous voir sourire !

– Très Saint-Père, si je ne suis déjà au paradis, c'est tout comme, en ce lieu où vous et votre personnel me traitez avec tant de bonté.

– Jacques, je sais votre loyauté et votre dévouement pour vos amis. Il me semble naturel de vous rendre aujourd'hui la pareille. Je me suis laissé dire que vous avez beaucoup œuvré, de votre propre chef, pour la chrétienté. Non, inutile de nier.

Vous savez, bien des secrets nous sont confiés dans le confessionnal. Grâce à vos efforts, et personne de vivant ne s'y est plus employé que vous, la chrétienté est de nouveau unie. Je me fais fort de le proclamer, que personne ne puisse l'ignorer !

– Votre Sainteté, un autre aurait tout aussi bien pu jouer ce rôle. Je n'ai pas fait grand-chose.

Le pape balaie l'humilité du marchand d'un revers de main.

– Vous avez tort de jouer les modestes, mon ami. Personne d'autre n'a rien entrepris et vous avez eu le mérite de réussir. La papauté romaine et toute la chrétienté vous sont redevables, et c'est une dette si grande que jamais nous ne pourrons nous en acquitter. Mais soyez certains que, si le besoin s'en fait jamais sentir, ma curie et moi-même serons toujours là pour vous soutenir.

– Il est vrai que nous vivons une époque périlleuse, soupire Jacques.

– Mon ami, je crois connaître la vraie nature de votre roi. J'ai vu comment il a abandonné Jeanne d'Arc à qui il devait sa couronne et son royaume. N'imaginez pas une seconde qu'il se soit découvert un penchant pour la gratitude maintenant que Yolande n'est plus là pour le guider.

– Votre Sainteté, notre roi a changé grâce à une jeune femme au cœur pur avec qui il connaît le vrai amour pour la première fois.

– Oui, j'ai entendu parler de la dame de Beauté, Agnès Sorel. Dites-m'en un peu plus sur elle.

Jacques lui explique qu'Agnès a su apaiser Charles VII et exercer une influence positive sur lui, si bien que ses défauts passés ont disparu.

Durant sa longue convalescence, le marchand a de nombreuses discussions avec le pape, au cours desquelles ils abordent en profondeur tous les sujets qui leur tiennent à cœur. Une solide amitié naît. Dans sa grande sagesse, Nicolas V tient à récompenser le marchand pour le rôle qu'il vient de jouer dans la réconciliation des chrétiens :

– Mon cher Jacques, acceptez-vous que je vous témoigne ma reconnaissance pour le rôle que vous avez joué dans l'ombre ?

– Très Saint-Père, je vous dois d'avoir la vie sauve. Nous sommes plus que quittes !

Avant son départ, Jacques se voit accorder le renouvellement de la dispense que lui avait octroyée Eugène IV, prédécesseur de Nicolas. Non seulement Jacques pourra commercer avec les infidèles à perpétuité, mais il pourra aussi transporter les fidèles en Terre sainte, activité fort lucrative. Homme raisonnable, le pape comprend quelle est la position d'Agnès Sorel et que son amour pour le roi est sincère. Il lui accorde l'insigne privilège de disposer d'un autel portatif lui permettant de se faire dire la messe partout où elle se trouve, avantage des plus exceptionnels, surtout pour la maîtresse d'un roi.

Le marchand rapporte autre chose qui ne manquera pas de combler la favorite : une absolution papale pour l'ensemble de ses fautes. Le document, rédigé de la main du pape, décrète que le péché d'adultère avec le roi sera effacé à la mort d'Agnès. Seul le pape est en mesure d'accorder un tel pardon. Le marchand ne peut pas rêver meilleur présent pour remercier celle qui le soutient depuis toujours. D'une certaine manière, c'est aussi une façon de rendre grâce à Yolande, à qui ils doivent tant l'un et l'autre.

Chapitre 21

Agnès Sorel prend souvent conseil auprès de Jacques Cœur, son plus proche confident hormis le roi. Un jour, elle lui écrit pour lui soumettre un dilemme particulièrement délicat : doit-elle accepter de servir de modèle pour la Madone d'un diptyque destiné à une église ? Une pécheresse coupable d'adultère peut-elle commettre pire blasphème que de prêter ses traits à la mère du Christ ? « Pourtant, mon cher Jacquet, ce serait un tel honneur… Et n'est-ce pas à Dieu que je dois le visage qui est le mien ? »

L'œuvre a été commandée pour la chapelle qu'Étienne Chevalier, proche ami de la favorite, a élevée à la mémoire de son épouse, dans la ville de Melun. Jacques connaît bien Chevalier, le trésorier du roi. C'est un homme droit et honnête, qui était dévoué à sa femme et considère Agnès comme une sœur. À la lecture du courrier, Jacques sent que la dame de Beauté ne peut se résoudre à décevoir cet ami dans le chagrin. Dans ce cas, l'affaire est entendue. Il lui répond : « Acceptez de poser pour le diptyque sans scrupule, dès lors que le roi y consent. » Jacques perçoit, entre les lignes de la missive d'Agnès, une réelle angoisse. Il comprend mieux ses craintes en découvrant le tableau achevé.

Coiffée d'une magnifique couronne et assise sur un trône, elle porte un manteau rouge doublé d'hermine dont l'un de ses seins est entièrement dégagé. Le Christ qu'elle s'apprête à allaiter a les traits du troisième enfant du roi et de sa maîtresse. La pose n'a rien de choquant en soi. La Vierge à l'allaitement est un motif très courant à l'époque chez les peintres et les sculpteurs. Que la favorite serve de modèle à Marie-Madeleine, passe encore, mais à la Vierge ! Le diptyque, si admirable qu'il soit, n'en provoque pas moins un vrai scandale. On ne parle plus que de cela à Bourges et nombreux sont ceux qui critiquent sévèrement Agnès. Lorsque Macée aborde le sujet avec lui, Jacques est bien obligé de convenir qu'elle a commis certaines erreurs.

– Ses tenues sont de plus en plus extravagantes, admet-il.

– J'ai ouï dire qu'elle exige d'avoir des traînes beaucoup plus longues que celles des autres dames de la cour et des hennins plus hauts. Surtout, on m'a raconté qu'elle porte des décolletés franchement osés qui laissent voir jusqu'aux tétons.

– Moi, je ne l'ai jamais vue jouer les séductrices, dit Jacques.

Macée affiche une mimique peu convaincue, comme quand les enfants tentaient de la berner.

Personne n'est vraiment surpris quand la guerre avec l'Angleterre reprend en 1449, malgré la francophilie d'Henri VI dont la mère était française. Son épouse Marguerite d'Anjou n'hésite pas, elle, à soutenir ouvertement la France, son pays natal, n'en déplaise à la population anglaise. Côté français, on s'indigne, et tout particulièrement le parti angevin, que l'Angleterre se refuse à rendre le Maine à René d'Anjou, conformément au traité négocié lors du mariage de sa fille à Henri. Plusieurs escarmouches surviennent à la frontière franco-normande, mais Charles VII hésite encore à lancer une offensive de grande envergure.

Il finit par convoquer son grand argentier, car le marchand saura lui donner un conseil avisé, en fonction des coûts et des bénéfices escomptés. Les cinq années de paix que l'on vient de connaître ont été très bénéfiques pour le pays. Quel intérêt y aurait-il à replonger dans les horreurs de la guerre, malgré l'impudence de l'adversaire ? Devant l'insistance de la reine et d'Agnès Sorel, Jacques Cœur est convoqué au palais pour discuter du financement d'une nouvelle campagne contre l'ennemi de toujours. Le marchand est assez étonné du parti qu'a adopté la favorite. En fait, prise entre le roi qui serait plutôt pacifiste et une reine belliciste, elle a voulu ne froisser personne. Une idée lui est venue pour les réconcilier :

– Pourquoi les dames de la cour ne se rendraient-elles pas au front pour soutenir nos vaillants chevaliers ? Elles pourraient les distraire entre les combats.

La cour accueille cette proposition avec des « Hourra ! » et des cris enthousiastes.

Du point de vue du marchand, la guerre est bonne pour les affaires. Voilà des années que le roi l'incite à emmagasiner armes, chevaux et armures en vue d'un éventuel conflit. Jacques Cœur est donc parfaitement prêt pour équiper l'armée du roi et prêter les sommes qui garantiront la victoire. Ses liens avec les banquiers italiens et espagnols lui permettent de réunir le financement. Préparé depuis longtemps à cette éventualité, le marchand apporte tout son soutien à cette campagne qui devrait permettre de bouter les Anglais hors de France une bonne fois pour toutes !

Nul doute que les troupes anglaises seront menées par le redoutable comte de Shrewsbury. À quatre-vingts ans passés, ce formidable guerrier n'a cessé de s'illustrer dans l'incessant conflit entre ces deux nations. Mais les Français ont également des officiers valeureux et misent beaucoup sur l'armée permanente que Charles VII a pu instaurer.

Au lieu de se rendre sur le front avec les autres dames, Agnès est contrainte de rester en son manoir de Bellevue à

Loches, très éprouvée par sa quatrième grossesse. Environ à la même époque, Jacques Cœur a vent de rumeurs sur le compte d'Antoinette de Maignelay, la cousine qu'Agnès a généreusement fait venir à la cour. Il se murmure que celle-ci passe beaucoup de temps à tenir compagnie au roi en l'absence de sa favorite. Le marchand a rendu tant de services au fil des ans qu'il dispose d'un réseau d'obligés qui lui confient ce genre de secret. Par loyauté envers la dame de Beauté, il se sent un devoir de vérifier la véracité de ces dires. Quand il découvre que la vile cousine profite effectivement de l'absence d'Agnès pour la trahir, il ne sait comment réagir. Faut-il espérer que tout rentrera dans l'ordre après la naissance ? Antoinette n'est certainement qu'une passade, les hommes sont tous volages dès qu'ils se trouvent loin du foyer. Antoinette est elle aussi réputée pour sa beauté, mais, contrairement à sa cousine, c'est une ambitieuse qui ne recule devant rien pour parvenir à ses fins. Autant le reconnaître, elle n'inspire guère confiance à Jacques Cœur. Dès qu'elle est arrivée à la cour, il a percé à jour sa vraie nature. Il ne reste plus qu'à espérer que cette tocade passera vite à Charles. Un nouveau fait vient conforter le marchand dans ses soupçons. Le roi rend à Antoinette la terre que sa famille a perdue autrefois, cadeau des plus généreux… dans le simple but de se rendre agréable à Agnès que la bonne fortune de sa cousine devrait combler ? Jacques ne doute pas que la chose sera présentée ainsi, mais il n'est pas dupe.

Le grand argentier est présent sur le terrain aux côtés du roi pour ce qui devient bientôt une équipée triomphale. Les villages et les bourgs conquis par les Anglais tombent les uns après les autres. L'armée française n'a pas sitôt atteint les remparts de Rouen que les portes leur sont ouvertes par la population en liesse. Il faut dire que Charles VII a fière allure ! Jacques Cœur l'a pourvu d'une tenue digne d'un héros conquérant. Sa toque de castor et de satin carmin, ornée d'un galon doré, arbore un magnifique diamant sur le revers.

Il monte un splendide destrier blanc, caparaçonné de velours bleu pâle à surpiqûres fleurdelisées. Il est escorté de ses archers écossais et de pages au costume resplendissant – courte tunique rubis, collant du même coloris et manches constellées de pierres semi-précieuses. Un cheval blanc sans cavalier, mené par un fantassin, porte un coffre rempli de joyaux. Il est flanqué de deux étalons noirs que montent les cousins du roi, René d'Anjou et Charles du Maine, protecteurs symboliques des insignes de la royauté.

Suivent Pierre de Brézé, Jean Dunois et Jacques Cœur. Charles VII, qui a réglé le cortège dans ses moindres détails, a tenu à ce que les trois hommes soient vêtus à l'identique : tunique de brocart grenat parée de martre, toque de velours noir et épée au pommeau serti de rubis et de diamants. Toujours d'une modestie scrupuleuse, Jacques ne cache pas à Jean Dunois qu'il ne se sent pas à sa place, mais ses deux compagnons lui assurent que le roi tient à reconnaître son rôle clé dans la victoire. Aucun de ses sujets ne doit ignorer que le grand argentier a procuré le financement sans lequel l'armée française n'aurait jamais pu défaire les Anglais. Jacques Cœur doit admettre qu'il éprouve une pointe de fierté à parader derrière Charles, en compagnie de Pierre et de Jean, un quatuor de protégés de Yolande.

Durant son séjour à Rouen, Jacques apprend une nouvelle peu rassurante : il semblerait qu'Agnès ait pris la route pour rejoindre le roi à Jumièges en Normandie. Qu'est-ce qui a bien pu la pousser à entreprendre ce voyage par litière en plein hiver ? Selon un des agents du marchand, elle serait en possession de renseignements qu'elle tient à transmettre à Charles de vive voix. Jacques n'y croit guère.

Le marchand, qui a la réputation d'être les yeux et les oreilles du monarque, n'a pas son pareil pour sonder le cœur des sujets de Charles. Soucieux de défendre la dame de Beauté, il surveille depuis un certain temps cette jeune Antoinette de Maignelay qui fait les yeux doux au roi en l'absence de sa maîtresse. Cela dit, on lui prête aussi une certaine tendresse pour le séduisant André de Villequier, ancien chambellan du roi de retour à la cour après une période de disgrâce. Agnès pourrait être rassurée qu'Antoinette entretienne une liaison, si ce n'est que Villequier fait partie de son escorte. La rivale est donc seule à la cour, sans son amant ni la favorite pour la retenir de jouer de ses charmes.

D'ailleurs, Agnès souhaitait garder Antoinette auprès d'elle à Loches, mais n'a pu s'opposer à son départ dès lors que la reine Marie exigeait de l'avoir parmi sa suite. Cette insistance a de quoi étonner car la reine veille d'ordinaire à écarter toute femme séduisante de son entourage. Qu'est-ce qui a bien pu la motiver à emmener cette demoiselle qu'elle n'apprécie guère ? Elle ne chercherait quand même pas à se venger d'Agnès en favorisant sa rivale ? Non, c'est impensable.

Un autre fait étrange ne manque pas d'intriguer le marchand. La reine a demandé à son médecin, le célèbre Robert Poitevin, qui avait soigné la dauphine Marguerite, de rester à Loches pour veiller sur Agnès dont la grossesse est compliquée. L'homme est d'une loyauté irréprochable envers la reine et Jacques ne doute pas qu'il s'acquitte de sa mission avec le plus grand soin. Toutefois, à son âge avancé, est-il en état d'accompagner Agnès dans son périlleux trajet ? Quelle folie de prendre la route par ce froid terrible, quand on est soi-même très affaibli ! Quelle mouche l'a piquée ? Personne à la cour n'ignore combien elle est fatiguée. Aurait-elle eu vent d'un complot contre la vie du roi ? Le soupçonne-t-elle de lui être infidèle ? Jacques sait par ses informateurs que le médecin lui a transmis des courriers. Lui a-t-on dévoilé la trahison d'Antoinette ? Une conjuration menaçant Charles ? Si Agnès a jugé qu'elle ne pouvait confier ses craintes à personne dans son entourage et devait s'imposer ce trajet déraisonnable, c'est que le danger vient d'un proche du roi, quelqu'un qui se ferait fort d'intercepter toute mise en garde venant d'elle.

Réunie à Jumièges, la cour est tenue informée du lent périple de la favorite. Le roi est à la fois ravi à l'idée de la revoir et un peu inquiet pour elle. Néanmoins, la guerre l'occupe trop pour qu'il pense à autre chose. Jacques n'en est pas moins décidé à découvrir si le souverain consacre ses nuits à la seule stratégie militaire.

Après bien des péripéties, Agnès arrive saine et sauve. On l'installe dans un confortable manoir à Mesnil-sous-Jumièges. Les deux amants se retrouvent avec joie. Auréolé de ses succès militaires, Charles est comblé chaque fois qu'il voit les yeux de la belle Agnès scintiller d'admiration. Jacques se tient informé grâce à un homme de confiance placé comme domestique chez le roi. Apparemment, Agnès voulait prévenir Charles d'un complot qui le viserait. Mais lui a balayé ces craintes d'un revers de main, s'imaginant sans doute qu'elle se languissait de lui et s'est trouvé ce prétexte pour braver les éléments et le rejoindre.

Au manoir, le marchand constate que l'arrivée de la favorite a mis le roi de bonne humeur. Tous les courtisans sont ravis de le voir si bien disposé. Malgré tout, Jacques est inquiet pour la santé d'Agnès. Si Charles est aveuglé par ses beaux yeux et son sourire, lui perçoit quelques signes alarmants et s'en ouvre au souverain. Quoi qu'il en soit, le roi et sa maîtresse connaissent quinze jours de parfait bonheur, en compagnie de leurs entourages le jour, en tête à tête la nuit et même parfois pour une sieste l'après-midi.

Au cours de son bref passage à Jumièges, il n'a pas échappé à l'œil perspicace du marchand qu'Antoinette de Maignelay a changé d'attitude vis-à-vis de sa cousine. Il ne saurait dire précisément en quoi, mais cela ne fait aucun doute. Avant de repartir, il glisse un mot à Marie de Belleville, venue de Loches avec Agnès, et lui demande de veiller attentivement sur sa maîtresse. Alors que le roi prend soin de ne point trop regarder Antoinette, cette dernière se comporte différemment envers lui et celle dont elle prétend hypocritement être l'amie. Jacques décèle une confiance qu'elle n'avait pas auparavant, à la limite de l'arrogance, voire un soupçon d'animosité envers le roi et sa favorite. Obligé de se rendre à Rouen pour le compte du monarque, Jacques Cœur doit quitter Jumièges, inquiet de laisser Agnès.

Le jour arrive où Charles doit rejoindre son armée. Après des adieux passionnés, il enfourche son destrier blanc et lance à sa belle, comme il part au galop :

– Je serai de retour pour la naissance ! Comptez-y !

Chapitre 22

Peu après le départ de Charles pour le front, Agnès est prise de contractions. L'accouchement est long et douloureux. La fillette qu'elle met au monde n'a pas sept mois et ne survit pas. Pas le temps de s'apitoyer sur son sort, la mère doit être sauvée. La dame de Beauté est méconnaissable. Deux médecins de renom, ceux du roi et de la reine, sont à ses côtés et lui prodiguent leurs soins. On lui diagnostique une paralysie de l'intestin et on lui prescrit du vif-argent, traitement habituel à l'époque.

Prévenu, le roi se précipite à son chevet pour la réconforter, mais sa visite est brève car le devoir l'appelle. Marie de Belleville est aussi présente, ainsi que Jeanne de Brézé, l'épouse de Pierre, qui est la nouvelle favorite d'Agnès ; elle est venue de Rouen toutes affaires cessantes et a croisé Jacques Cœur en chemin. Antoinette et d'autres demoiselles se rendent aussi utiles pour prêter main-forte aux médecins. Jacques est rassuré d'apprendre qu'Étienne Chevalier, ami proche d'Agnès, est également sur place ; lui veillera à ce que tout soit entrepris pour la soulager. Enfin, le brave P. Denis, fidèle confesseur, prie à longueur de journée, à genoux dans un coin.

Durant son séjour à Rouen, Jacques reçoit régulièrement des nouvelles de son amie. Il ne cesse de repenser à un détail qui le tracasse. Pendant son passage à Jumièges, Marie de Belleville est venue le remercier à la demande de sa maîtresse pour le remède qu'il lui avait fait parvenir à Loches par l'entremise de Jean Poitevin. Le marchand n'a pas le souvenir d'avoir recommandé quoi que ce soit, ni à Agnès ni au médecin. Mais bon, peut-être la chose lui a-t-elle échappé. Malgré tout, cela lui semble étonnant, lui qui d'ordinaire est si pointilleux.

Dix jours ont passé depuis l'accouchement, on essaie les soins les plus variés, des potions à base de plantes comme des onguents. Étienne et les dames de compagnie en sont réduits à patienter tandis que les soignants vont et viennent. Voilà qu'Antoinette se présente avec un bol rempli d'une épaisse préparation blanchâtre à base de vif-argent que la malade a accepté de prendre. On y a ajouté une généreuse dose de miel pour rendre le goût plus agréable et les médecins sont persuadés que le breuvage viendra à bout des mauvaises humeurs qui rongent la pauvre femme. Il n'y a plus qu'à espérer et à prier.

Mais les nouvelles qui parviennent à Jacques sont de plus en plus alarmantes : loin de s'améliorer, l'état de la patiente se dégrade. Ses cris de douleur déchirants sont comme des couteaux plantés dans le cœur de ses amis, impuissants à l'aider. Ceux-ci échangent des regards dont tout espoir s'est évanoui. Les heures s'écoulent dans une lenteur insupportable, les seuls instants de répit venant quand Agnès trouve quelques minutes de sommeil. Chaque lettre de Jeanne de Brézé est un moment d'angoisse pour le marchand. Après trois jours de vive inquiétude, il peut enfin regagner Mesnil-sous-Jumièges. Dès qu'elle apprend son retour, Agnès demande qu'on le fasse venir, ainsi qu'Étienne Chevalier. Tous deux sont choqués en découvrant le spectre de celle qui fut un parangon de beauté. Elle leur demande d'être ses exécuteurs testamentaires. Le cœur lourd, ils acceptent cette responsabilité.

– Je n'ai aucun regret, leur confie-t-elle. Je n'ai aimé qu'un seul homme, mon roi, et de tout mon cœur.

Elle s'identifie à sa sainte patronne, Marie-Madeleine, et lui demande d'intercéder en sa faveur auprès de Dieu et de la Vierge Marie. Il ne leur reste plus qu'à signer le document, comme le médecin, puis ils se retirent dans la pièce voisine pour prier avec Marie de Belleville et Jeanne de Brézé. Antoinette les rejoint bientôt. Quand on les prévient qu'Agnès a demandé son livre d'heures, ils comprennent que la fin est proche. On sort l'autel portatif offert par Nicolas V pour qu'elle puisse assister à une dernière messe. Elle réclame aussi l'autre présent du pape, l'indulgence pour tous ses péchés, sur son lit de mort. On cherche en vain le précieux document, elle a dû le laisser à Loches. On n'a plus le temps de le faire venir. Le P. Denis, bonne âme qu'il est, la croit sur parole et lui accorde l'absolution pour lui permettre de prendre la communion. Étienne et Jacques patientent avec les dames de compagnie. Le P. René finit par quitter la chambre et il annonce en un murmure :

– Son corps de poussière a rendu l'âme à six heures du soir, en ce 9 février de l'an de grâce 1450.

Il s'agenouille pour prier avec eux.

Un coursier est immédiatement dépêché pour prévenir le roi. Dès son arrivée, Charles confie à Étienne Chevalier, proche confident d'Agnès, le soin d'organiser de magnifiques funérailles. Elle aura droit aux honneurs réservés d'ordinaire aux princesses royales. Charles l'avait élevée au rang de duchesse avant de repartir au front, titre qu'elle avait jusque-là rechigné à accepter. Sans doute avait-elle raison de penser que l'indulgence de la reine et d'une partie de la cour n'était pas sans limites. Le monarque ne dissimule en rien son chagrin et choisit d'honorer de façon grandiose la seule femme qu'il ait jamais aimée.

Il ordonne que le cœur de la défunte soit placé dans une superbe urne conservée en l'église de Jumièges. Le corps sera embaumé par le docteur Poitevin et transféré en grande pompe en la cathédrale Notre-Dame de Loches, le cortège conduit par Étienne Chevalier. À la demande de Charles, Jacques Cœur est du voyage et assiste aux obsèques. Le monarque commande pour le tombeau un gisant d'Agnès en albâtre, ses cheveux ceints d'une couronne de duchesse, titre rarement conféré directement à une femme.

À la demande de Pierre de Brézé, le poète Jacques Milet compose un vers qui sera gravé sur la base, vantant sa beauté, sa gentillesse et sa générosité. Ce monument à la gloire de la dame de Beauté marque une profonde rupture avec la tradition. Jamais une simple femme, maîtresse du roi, qui plus est, a eu droit à pareil hommage officiel. Même si le roi n'a pas hésité à s'afficher avec elle de son vivant, à lui accorder une place bien visible, la cour n'en est pas moins stupéfaite de l'ampleur de son dévouement. *Sans parler de la reine*, songe Jacques.

Le testament d'Agnès stipule que tous ses biens, qui lui venaient du roi, seront distribués à l'Église et aux pauvres. Ni sa famille ni ses trois filles n'y figurent. Nées en dehors des liens du mariage, ses filles reviennent de droit à leur père et dépendent de son bon vouloir. De l'avis des deux médecins royaux, la mort a été provoquée par une fièvre puerpérale, phénomène des plus courants à l'époque. Tous ceux qui étaient présents aux couches ont pu constater combien Agnès en a été éprouvée.

Au-delà des souffrances physiques, la dame a certainement vécu comme une terrible épreuve de voir son propre corps se dégrader ainsi. Toutefois, dès qu'un haut personnage disparaît, les rumeurs d'empoisonnement vont bon train. Intrigues de palais et poison ont toujours fait bon ménage. Mais les soupçons ont vite fait de s'effacer devant les faits – la grossesse compliquée, le voyage déraisonnable par le plus terrible hiver de mémoire d'homme, l'accouchement pénible et l'enfant mort-né.

Certes, Agnès comptait un certain nombre d'ennemis à la cour, inimitiés qui ne tenaient pas à sa personne en tant que telle, mais à ses liens privilégiés avec le monarque. On lui prêtait sans doute une influence plus grande qu'elle n'était en réalité. La plupart des gens qui ont approché Charles VII décrivent un homme qui n'écoutait personne. Néanmoins, il existe une faction à la cour qui la jalousait de siéger au Conseil du roi. Quand ils en discutent ensemble, Jacques Cœur et Pierre de Brézé conviennent qu'il y a deux personnes qui cohabitent en Charles VII, l'hédoniste et le souverain, et que toutes deux agissent ou pensent rarement de concert.

Trois mois après la mort d'Agnès, Antoinette de Maignelay s'impose comme la nouvelle favorite. Toutefois, il y a une différence de taille : alors que Charles n'était disposé à partager la dame de Beauté avec personne, il trouve un mari complaisant pour sa nouvelle maîtresse, qui donnera son nom aux enfants, conformément à la tradition. Son choix se porte sur André de Villequier, ancien chambellan et favori du roi. À l'époque du scandale qui avait éclaté suite au décès de la dauphine Marguerite, Jacques avait été frappé du côté avaricieux du bonhomme. Lui et Antoinette sont bien assortis ! À en croire les ragots, ils sont amants depuis un certain temps. Peut-être est-ce même Antoinette qui a soufflé son nom au roi comme mari acceptable. L'union est célébrée sept mois plus tard, cérémonie des plus fastueuses. Le roi se montre d'une étonnante générosité envers Villequier, à qui il offre des terres et le poste de gouverneur de La Rochelle, ville qui a le mérite d'être située loin de la cour.

Jean Dunois se voit retirer les domaines qu'il avait reçus en récompense des nombreux services rendus, au profit de la belle Antoinette. Villequier obtient la seigneurie normande de Saint-Sauveur-le-Vicomte, son épouse les îles d'Oléron et de Marennes et une rente annuelle de deux mille livres. Jacques confie, avec un plaisir non dissimulé, à Marie de Belleville que c'est deux fois moins que n'en recevait Agnès. Le marchand n'a jamais apprécié cette Antoinette. Pierre de Brézé non plus, mais lui fait montre de davantage de tact. Tous deux ont senti d'emblée qu'elle se servait des autres et n'éprouvait que de la jalousie envers Agnès, aucune affection sincère. En opportuniste de talent, Antoinette a su manœuvrer à la perfection.

Au départ, la dame de Beauté avait fait venir cette cousine à la cour pour allaiter ses enfants, et aussi pour lui tenir compagnie. Cette ambitieuse ne pouvait se contenter de pareil rôle. Et ce n'en est pas terminé des cadeaux du roi : voilà qu'elle reçoit le fief d'Issoudun confié auparavant à Agnès. Le château est magnifique, d'autant que la dame de Beauté l'avait pourvu d'un magnifique mobilier procuré par Jacques Cœur. Le marchand est outré d'imaginer la nouvelle favorite prendre ainsi la place de sa chère amie.

D'ailleurs, l'ascension fulgurante du couple d'intrigants soulève bien des interrogations. Se pourrait-il qu'ils aient misé sur la mort d'Agnès ? Antoinette aurait-elle inventé un complot fantaisiste contre le roi pour convaincre sa maîtresse d'entreprendre le voyage qui l'a peut-être conduite à sa perte ? À Jumièges, elle est restée au chevet d'Agnès jusqu'à sa mort, comme pour mieux la surveiller. Cela dit, si elle partageait déjà la couche de Charles, son avenir était sans doute assuré, que cette chère Agnès meure ou non. Nombreux sont ceux à la cour, dont Jacques, qui soupçonnent Charles de ne pas avoir attendu la mort de sa favorite pour goûter aux charmes d'Antoinette. Avec quatre grossesses en six ans, Agnès l'a souvent laissé seul à la cour durant des mois d'affilée.

Jacques n'a pas eu l'impression que sa beauté s'était fanée d'être enceinte, sauf peut-être pour cette dernière grossesse. En tout cas, personne n'a remarqué que les ardeurs du roi aient faibli. Charles avait la lucidité de reconnaître l'amour sincère qu'elle lui portait. Elle appréciait d'être gâtée, mais pour autant elle n'exigeait jamais rien de lui et l'on peut affirmer que ses sentiments étaient désintéressés.

Les amis d'Agnès s'alarment surtout de ce que la nouvelle favorite n'a aucune des qualités de la précédente : son cœur et son esprit ne brillent guère par leur pureté, on devine qu'elle encouragera les mauvais penchants de Charles et l'incitera à une vie de débauche pour mieux le manipuler à sa guise. Il y a là de quoi être profondément désabusé si l'on songe que Yolande a consacré sa vie au roi et qu'Agnès lui vouait un amour profond. La disparition de la dame de Beauté est un grand malheur pour la monarchie et pour le pays. Jacques n'a personne d'autre que Macée à qui confier ce sombre constat.

Guillaume Bouffier est un autre personnage qui jette le discrédit sur la cour. Présent dans l'entourage d'Agnès à Loches, il l'a accompagnée à Jumièges. Comme d'autres jeunes gens qui gravitent autour de Charles VII, il passe souvent au magasin de Jacques Cœur pour s'y offrir les objets les plus luxueux. Le garçon aime vivre dans l'opulence et ne se refuse rien. Le marchand se demande où il trouve les moyens de s'offrir étoffes, fourrures et chevaux. Bouffier a une passion pour les étalons et le roi la finance généreusement. Pourquoi donc ? Bouffier serait-il un espion pour le compte du monarque ? Jacques s'est toujours méfié de lui et le croit capable de tout, y compris de commettre le plus odieux des crimes.

Après les deux cérémonies à la mémoire d'Agnès, à Jumièges puis à Loches, Charles VII est trop occupé par la guerre pour afficher sa douleur en public. Il faut dire que la suave Antoinette est là pour le consoler de son chagrin. Les amis d'Agnès portent eux aussi son deuil en silence. La vie reprend son cours, les affaires n'attendent pas.

Chapitre 23

En vingt ans, Jacques Cœur s'est taillé un empire commercial à force de travail et de sagacité. Ce sont plus de trois cents agents qui le représentent dans les ports d'Europe et du Levant, et sa flotte de galées arborant le pavillon du roi de France impose le respect. Il jouit d'une renommée internationale qui n'est pas sans rappeler celle de son ami Cosme de Médicis, qui a lui aussi démarré comme simple marchand avant de gravir les échelons du pouvoir. À Bourges, on entend souvent le dicton « riche comme Jacques Cœur », preuve que sa fortune y est jugée sans pareille. Une autre légende court, selon laquelle ses chevaux porteraient des fers en argent massif, le minerai provenant de ses mines !

L'hôtel particulier qu'il a fait construire dans sa ville natale est destiné à lui survivre pour témoigner de sa réussite. Bien des aspects de sa personnalité y sont présents : ses voyages, son goût pour les arts, ses découvertes, son intérêt pour la faune et la flore, pour l'alchimie, pour les jeux et les énigmes. D'ailleurs, la demeure recèle nombre de secrets et de détails insolites. L'édifice s'organise autour d'une imposante tour. Il y a également une vaste cour centrale et trois des huit escaliers – dont la présence garantit l'indépendance de chacune des parties – sont coiffés d'une tourelle.

Pour Jacques, qui a toujours eu une âme de bâtisseur, son hôtel est le projet d'une vie. Le chantier dure quatre ans. Chaque meuble, chaque tapis, chaque tenture a été choisi par

Jacques avec un soin extrême. Plus que tout, il s'est passionné pour la conception architecturale du bâtiment et son style. Lors d'une visite de Jean de Villages et de son épouse Perette, le marchand ne résiste pas à la tentation de leur faire faire le tour du propriétaire.

– Mon cher neveu et ma chère nièce, permettez-moi de vous exposer mon idée directrice. Vous avez certainement remarqué la forme irrégulière du bâtiment…

Emporté par son enthousiasme, il ne leur laisse pas le temps de répondre.

– Cela est dû à la présence, d'un côté, du mur d'enceinte romain, et, de l'autre, d'habitations modernes. Malgré les deux façades de styles différents, ne trouvez-vous pas que l'ensemble dégage une réelle harmonie ?

Si étonnant que cela puisse paraître, force est de reconnaître qu'il a raison. Côté mur romain, on trouve trois tourelles de tailles et de styles très différents, dont une seule avec balustrade, et disposées sans souci de régularité. Côté rue, la façade présente deux tours et des statues dans le goût du gothique flamboyant.

– Regardez maintenant le balcon entre les deux tours, ma devise est gravée sur la superbe balustrade ajourée : « À cœur vaillant, rien d'impossible. » Alors, qu'en dites-vous ?

Jean et Perette ne peuvent s'empêcher de sourire devant l'enchantement de leur oncle. Quand le jeune couple retrouve Macée à l'intérieur, Jean lui confie :

– Ma chère tante, moi qui suis toujours en voyage pour les affaires de votre mari, je n'avais pas imaginé que votre nouvel hôtel était presque achevé !

– Et qu'en penses-tu, Jean ?

– Je dois dire que le bâtiment est très agréable pour l'œil et que les mystères de son aspect stimulent la curiosité.

– J'ai remarqué, note Perette, d'étranges sculptures de part et d'autre de l'élégant balcon côté rue. Elles représentent deux fenêtres à moitié ouvertes, où un homme et une femme semblent scruter la rue. Je dois dire que c'est là une bien curieuse décoration à l'extérieur d'une demeure !

Jean décoche un regard sévère à son épouse.

– N'ayez crainte, je ne suis pas vexée ! s'amuse Macée. Et savez-vous ce qu'on dit de ces statues ? Qu'elles vous représentent l'un et l'autre ! J'ignore si telle était la volonté de votre oncle ou du sculpteur, mais l'idée me plaît bien, si l'on songe que toi, Jean, tu exerces ta vigilance pour le négoce de Jacques et que toi, Perette, tu veilles attentivement sur ta vieille tante !

Le sourire affable de Macée finit d'apaiser les deux jeunes gens.

À l'intérieur, où les fenêtres et portes de tailles et de largeurs différentes créent une étrange sensation, les murs sont ornés de frises en hauteur où l'on peut déchiffrer devises et dictons, certains au sens plus clair que d'autres. Jean de Villages, employé fidèle et membre par alliance de la famille, ne se permettrait jamais d'afficher une curiosité qui pourrait être mal perçue. Malgré tout, il interroge sa femme :

– Perette, comment se fait-il que votre oncle affectionne tant les tableaux et les phrases où se cachent des énigmes ? Du moins, il cherche à le faire croire à ses visiteurs… Enfin, quelqu'un qui aurait de vrais secrets à dissimuler n'en ferait pas des devinettes exposées au vu et au su de tous, si ?

Perette adore son mari quand il lui pose ce genre de questions faussement naïves. Elle-même a hérité de la perspicacité familiale.

– Je dois vous avouer que j'ai toujours soupçonné l'oncle Jacques d'appartenir à quelque confrérie, voire à plusieurs. Ce ne sont pas les sociétés secrètes qui manquent dans notre bonne ville, sans compter celles que vous avez pu croiser à l'étranger et dont vous m'avez parlé ! Je ne connais pas la réponse, mais je suis d'avis qu'une dimension importante nous échappe dans sa vie, dont même tante Macée refuse de parler. Cela étant, je suis convaincue qu'il s'agit d'une juste cause.

Jean de Villages dévisage longuement son épouse.

– Oui, vous avez sans doute raison. Il est certainement impliqué dans quelque chose qui ne nous regarde pas, sans quoi il nous en parlerait.

On en reste là sur ce sujet. Outre les inscriptions et les tableaux énigmatiques, la moindre surface arbore des cœurs, des coquilles et le nouveau blason familial. Peints, sculptés ou gravés, sur le chapiteau des colonnes, les plafonds, les encadrements de fenêtre et les cheminées. La devise du marchand – « À cœur vaillant, rien d'impossible » – figure elle aussi un peu partout, gravée dans le bois comme dans la pierre, jusque sur les meubles. Jean et Perette savent que leur oncle y croit fermement, comme aux valeurs de la chevalerie.

– Vous avez raison, confirme Macée. Voilà où réside le secret de mon mari. Depuis le jour où son père l'a amené pour la première fois chez le duc Jean, il a toujours fait siennes les valeurs de la chevalerie : honnêteté, devoir et courage.

Pourtant, il est aussi un marchand qui a réussi, ce qui contredit ces nobles aspirations, car pour s'enrichir il faut généralement miser sur la rapacité ou la bêtise d'autrui.

Trois autres mots sont inscrits ici et là à travers l'hôtel : *faire*, *dire*, *taire*. Une référence à la devise des alchimistes : « De ma joie du grand œuvre : dire peu, faire beaucoup, taire toujours. » Les termes figurent parfois isolés, parfois ensemble. La confrérie des alchimistes de Bourges ne considère pas Jacques comme l'un de ses membres. Il possède des mines et les exploite, voilà tout. Après tout, libre à lui de se donner des airs d'initié au moyen de quelques jeux de mots et motifs apposés sur les murs de son hôtel particulier. Cela dit, songe Jean de Villages, pour quelqu'un qui a fait fortune en troquant de l'argent contre de l'or, il n'a peut-être pas tort de flatter les authentiques alchimistes au moyen de quelques symboles figurés sur ses murs… La visite se poursuit.

– Admirez ces motifs sculptés qui rappellent mon négoce… une galée toutes voiles dehors, un palmier et ses dattes pour symboliser mon commerce en Méditerranée, une activité chère à tes yeux, Jean… Ici, vous avez un acacia de Constantinople, ainsi que l'oranger que j'ai introduit en Provence, en même temps que le dattier.

Perette remarque des fleurs représentées sous l'oranger.

– Et ces fleurs, oncle Jean ? Vous les avez rapportées du Proche-Orient, ou peut-être de Naples ? Elles viennent forcément de loin, jamais elles ne pourraient survivre l'hiver à Bourges !

– Ce que tu es futée ! s'exclame Jacques, enchanté. Tu as raison, j'ai souvent échangé des plantes et des arbres de Provence contre des espèces qui poussent dans la campagne italienne ou même dans le parc du château. Effectivement, elles ne survivraient jamais ici, mais en Provence elles se sont parfaitement acclimatées.

– Et cette plume à la verticale ? Est-elle là pour rappeler l'oiseau fantastique dont vous nous contiez l'histoire quand nous étions petits ? Celui qui figure dans les récits des poètes de Perse et d'Arabie ?

– Nullement, ma chère nièce. Il s'agit d'une allusion au pigeon. Les Arabes m'ont appris l'art de dresser des pigeons voyageurs pour transmettre des courriers. Venez, je vais vous montrer le colombier sous les combles. Vous y verrez d'autres motifs de plumes.

Perette remarque un mur en pierre dont le haut-relief sculpté figure des silhouettes.

– Mais, n'est-ce pas vous là-haut, oncle Jacques ?

Il s'agit en effet du marchand, vêtu d'une tunique doublée de fourrure et coiffé d'une sorte de bonnet qui lui recouvre les oreilles. Il porte une chaîne à la ceinture, à laquelle pend un poignard.

– Vous avez l'air très sérieux, avec votre truelle à la main !

– Après tout, j'ai dessiné les plans et supervisé les travaux. Et regardez, dans l'autre main je tiens un bouquet de fleurs pour Macée !

Dix autres personnages sont représentés avec lui, dans des tenues non moins recherchées. Un peu plus loin figure une autre devise que l'on retrouve ailleurs dans la demeure : « En bouche close n'entre mouche », allusion à la réputation de discrétion du marchand, qui sait garder un secret comme un prêtre dans son confessionnal. Ici est représentée une curieuse scène : une femme allongée, coiffée d'une couronne vers laquelle elle tend la main, comme pour la retirer, une autre tête couronnée visible au milieu d'un feuillage, l'air préoccupé. Et un bouffon, avec sa marotte et son bonnet à grelot, qui affiche un air espiègle. Jean et Perette échangent un regard interloqué.

– Quelle est la signification de ce trio, oncle Jacques ?

Le marchand affiche un sourire énigmatique.

– Un secret, mes enfants. Un secret. Que je suis seul à connaître et qui n'est pas pour vos oreilles !

Dans une autre tour, il leur montre une chambre forte dont la porte blindée aux charnières dissimulées est d'une solidité telle que, si jamais elle se refermait par mégarde, l'on serait contraint d'abattre le mur pour l'ouvrir !

– Est-il vrai, mon oncle, que vous avez prévu de vastes

caves et un réseau de tunnels permettant d'acheminer tonneaux et fûts depuis Sancerre où vous avez vos vignes ?

– Tout à fait. Faire rouler des tonneaux me semble un moyen de transport plus efficace que la carriole à mules ! Suivez-moi, j'ai d'autres merveilles à vous montrer sur le toit.

Ils s'extasient devant une cheminée finement ouvragée.

– Mon oncle, les motifs de cœur et de coquille se retrouvent même ici, où seuls les pigeons peuvent en profiter !

Jacques est ravi de leurs mines ébahies.

– Venez par ici… Observez les gargouilles sous le balcon. Il y en a une qui représente un singe avec un jeune enfant sur le dos. Il paraît qu'un tel enlèvement a vraiment eu lieu.

– Vraiment ? demande Perette, inquiète.

– Je doute fort que ce soit vrai, dit Jacques. Où voulez-vous trouver un singe sous ces latitudes ?

La visite se poursuit, Jean et Perette ne savent plus où donner de la tête. Les magnifiques tapisseries, les épais tapis, la vaisselle d'or et d'argent, les objets d'art… c'est un festin pour les yeux ! Des pièces de cuir peint recouvrent certains meubles, touche de décoration à laquelle Perette n'est pas insensible. La jeune femme teste les bancs et les chaises, et même les coussins disposés sur les coffres.

– Notez la galerie qui surplombe la salle de réception. Des musiciens pourront y prendre place et distraire mes invités qui festoieront à la lumière des torches tenues par mes laquais !

Son bonheur agrémenté d'une pointe de fierté est communicatif.

À l'image des fenêtres, les embrasures des portes sont elles aussi de toutes tailles et hauteurs. Certaines sont très larges mais d'autres vraiment étroites.

– Mon cher oncle, même avec ma taille de guêpe, j'ai du

mal à passer ! s'amuse Perette. Jean, regardez les clous apparents sur le battant : leur tête est en forme de cœur !

Les architectes raffolent de ce genre de détail qui charme leurs clients. Pour sa part, Jean est fasciné par les instruments d'astrologie et d'astronomie représentés en pierre. À la tête de la flotte marchande de Jacques, Jean est bien placé pour savoir que son patron a beaucoup écouté les capitaines et que la lecture des astres ne recèle plus aucun secret pour lui. Comme toujours, Jean se demande si ce savoir ne cache pas autre chose. Bourges dispose depuis 1424 d'une superbe horloge astronomique. Celle-ci a toujours fasciné Jacques, doué d'un esprit mathématique.

– Jean, je vous ai souvent raconté mon émerveillement le premier jour où j'ai vu l'horloge astronomique. Durant des années, je me suis rendu quotidiennement à la cathédrale pour en étudier les mystères. De par ma réussite, j'ai eu la chance de pouvoir discuter avec bien des savants sur ces questions, ce qui a conduit certains à prétendre que j'avais percé le secret de la pierre philosophale et que je savais transformer le métal en or. Ces fariboles me réjouiront toujours !

Jacques les mène ensuite dans une chapelle aux proportions parfaites, à laquelle on accède par un escalier en colimaçon. La fresque du plafond représente un ciel d'un bleu lapis-lazuli constellé d'étoiles dorées, dans lequel flottent des anges aux aubes ondulées. Perette admire la banderole que déploient les séraphins, sur laquelle figure un verset. Elle note aussi l'âtre dans un angle.

– Quelle prévoyance, mon oncle ! Vous avez pensé aux fidèles qui prieront ici par les froides matinées d'hiver.

Les vitraux ne sont pas moins splendides. Quelques marches donnent un accès direct aux appartements privés de Jacques et de Macée. Les deux jeunes gens ont le tournis devant ces merveilles qui n'en finissent pas, mais Jacques tient à leur montrer la cour.

– Allez, nous avons presque terminé…

Il y a là deux statues équestres. L'une figure Charles VII en armure, sur un magnifique destrier. L'autre, Jacques Cœur sur une mule ferrée à l'envers.

– Serait-ce là une autre de vos énigmes ? s'enquiert Perette.

Jacques rit de bon cœur.

– Certains le verront ainsi, je n'en doute pas ! Alors qu'il s'agit d'une simple allusion à une anecdote bien connue : un homme qui avait découvert un filon d'or avait inversé les fers de sa monture pour que personne ne puisse suivre ses traces jusqu'à la mine !

L'hôtel compte également un jardin vraiment novateur, aménagé sur un terrain qui faisait partie autrefois des ouvrages défensifs de la ville. Les douves ont été comblées et on y a planté des espèces que Jacques a rapportées de ses voyages en France, en Provence et au Levant. Chaque fois qu'il séjournait à Naples, le jardinier lui remettait des boutures locales sur les instructions de la reine Isabelle. Quantité de plantes rares et exotiques ont été plantées ici, certaines n'ont pas survécu aux gelées hivernales. Aucune autre maison en ville ne dispose d'un jardin, les fleurs qui dépassent des murs sont un spectacle enchanteur et tout à fait unique.

Après quatre années d'efforts, de dépenses colossales et de réunions de chantier à n'en plus finir, le grand argentier du roi possède enfin l'hôtel particulier dont il rêvait, certainement l'édifice privé le plus extraordinaire jamais vu à Bourges. Il manque encore quelques finitions avant de pouvoir s'y installer, mais Jacques est déjà comblé et plus que satisfait du résultat, surtout quand il lit l'admiration sur le visage de Macée et des autres membres de la famille.

Chapitre 24

Jacques profite de ses nombreux passages à Bourges, où il supervise le chantier de son hôtel, pour initier des travaux à la cathédrale, l'ajout d'une sacristie et d'une – chapelle où lui et les siens devraient être enterrés. Nommé évêque de Luçon en 1441, son frère a renoncé à son poste de chanoine de la Sainte-Chapelle au profit de leur demi-frère. Jacques compte que des postes ecclésiastiques encore plus prestigieux reviendront à leur famille, renforçant son crédit auprès du roi et de la cour. Son optimisme est récompensé cinq ans plus tard quand Jean, son fils aîné, devient archevêque de Bourges à seulement vingt-cinq ans. Macée en éprouve une fierté toute maternelle, sans jamais oublier leurs origines modestes. Malgré la réussite de Jacques, c'est un honneur inouï qui est fait à Jean et toute la famille se sent humblement reconnaissante.

Un certain délai s'écoule avant que le Saint-Siège ne confirme la nomination. C'est chose faite en septembre 1450 et Jacques organise une fête pour l'occasion. Le marchand n'est pas peu fier de recevoir le nouveau prélat en son magnifique hôtel particulier. Jean fait son entrée dans la ville en grande pompe, flanqué des principaux conseillers du roi à cheval sur leur monture. Ses parents goûtent là un moment de grande satisfaction. Jacques Cœur, fils d'un petit pelletier, et son épouse Macée ne quittent pas des yeux ce fils que les plus puissants barons du Berry portent sur son estrade. Pour une fois, ce n'est pas le marchand qui a réglé la cérémonie, mais le clergé. La fête qui suit est d'un faste comme on n'en a jamais vu à Bourges.

Malgré la joie que lui procurent la nomination de son fils et l'achèvement de son hôtel, le marchand a toujours les antennes en éveil et il pressent que le vent pourrait tourner. Quelques semaines plus tard, il apprend avec stupeur que l'un de ses proches, un avocat qui siège au Conseil du roi, a été arrêté pour des irrégularités comptables. On l'accuse d'avoir confondu ses affaires et celles du royaume, au détriment du monarque. Macée s'en inquiète, mais Jacques tente de la rassurer :

– Ne vous tourmentez point, ma mie. Ma position est plus solide que jamais, j'ai la confiance de Charles. Jamais pareilles accusations ne me viseront. Je vous rappelle qu'à Rouen le roi m'a témoigné sa gratitude en public, assurant que la victoire n'aurait pas été possible sans moi.

Nous sommes au mois de juillet 1451, voilà déjà un an et demi qu'Agnès Sorel est morte. Jacques repense souvent à elle, avec une profonde tristesse. Comme sa bonne amie lui manque ! Il aimait tant lui rendre visite ! Le plaisir ingénu qu'elle prenait à écouter ses récits, son émerveillement sincère chaque fois qu'il sortait un trésor de l'une de ses poches cachées, tel un magicien, ses fous rires espiègles, son enthousiasme dès qu'il lui soumettait un plan à l'avantage du roi ou d'un autre personnage. Jacques y trouvait lui aussi son compte, bien entendu, mais Agnès ne voyait que l'objectif supérieur et désintéressé. Ce qu'ils pouvaient s'amuser en montant leurs petits complots !

Le 31 juillet, Charles et la cour sont au château de Taillebourg où le roi rend visite à ses quatre filles. Jacques Cœur, quant à lui, passe quelques jours chez des amis dans le voisinage. Des soldats du roi débarquent au manoir sans crier gare et arrêtent le marchand pour le meurtre d'Agnès Sorel !

Cette accusation absurde a été formulée par Jeanne de Vendôme, l'épouse d'un homme qui doit de l'argent à Jacques. Un Italien du nom de Jacques Colonna, également endetté chez lui, a confirmé ses dires. Tous deux ont certifié sous serment que la dame de Beauté a été empoisonnée par l'un de ses exécuteurs testamentaires. On se garde de préciser à Jacques quelles preuves appuient ces allégations. Il exige de pouvoir s'expliquer devant un avocat, un représentant du roi ou toute autre personne, mais on le bâillonne pour couper court à ses protestations, on lui ligote les poignets dans le dos et on l'emmène à cheval pour être jugé.

Chapitre 25

Est-ce un cauchemar ? Mes accusateurs sont des personnages secondaires de la cour, à qui je n'ai jamais cherché querelle. Que se passe-t-il ? Où me mène-t-on ? Pourquoi m'a-t-on bâillonné et ligoté comme un vulgaire criminel ? Je ne comprends pas…

Voilà des heures que nous chevauchons à bride abattue. J'ai entendu l'un des soldats mentionner Poitiers. Si c'est là que nous nous rendons, il nous faudra voyager deux jours durant et sans relâche. Quel sort m'y attend ? On m'a détaché pour me nourrir, mais personne ne m'adresse la parole. J'ai dormi au bord du chemin, c'est le matin et nous allons repartir.

Une nouvelle journée a passé. C'est le soir, l'un de mes gardes dit que nous sommes arrivés. On me remet le bâillon, ainsi qu'une cagoule, je ne vois plus rien et ne puis m'exprimer. On me fait descendre du cheval, on me pousse dans une direction, mes pieds foulent la terre, puis un escalier en pierre. Les éperons des soldats tintent au contact des marches. Un grincement annonce l'ouverture d'une porte. Je me retrouve dans ce qui doit être une cellule. Débarrassé de ma cagoule et de mon bâillon, je reconnais mon escorte. Ce sont des gardes du roi. Inutile de discuter avec eux, ils ont reçu leurs ordres. La porte se referme dans un claquement et je m'assieds sur le sol de terre battue, dans le noir.

J'ai le tournis. Malgré le traitement indigne que l'on m'inflige, il faut garder la tête froide et réfléchir. Macée avait donc raison de s'inquiéter de l'arrestation de mon ami.

L'intuition féminine se trompe rarement. On m'accuse d'avoir empoisonné Agnès Sorel, étant l'un de ses exécuteurs testamentaires. A-t-on aussi arrêté les deux autres, Étienne Chevalier et le docteur Poitevin ? Étienne était très proche d'Agnès, un compagnon fidèle et dévoué. Lui n'avait rien à gagner et a même tout perdu avec sa mort, il ne peut qu'être innocent. Le docteur Robert Poitevin est un homme pieux, un proche de la reine dont il est le médecin personnel. S'il voulait empoisonner Agnès, il avait tout loisir de le faire à Loches, sans entreprendre un voyage compliqué jusqu'à Jumièges. L'entourage de la favorite savait qu'il la soignait pour divers troubles internes. Quelle raison aurait-il eue de supprimer Agnès ? Sur les ordres de qui ? En tout cas, il n'avait aucun profit à en tirer.

Je suis le troisième exécuteur testamentaire, mais comment peut-on m'accuser de son meurtre ? Agnès était une amie, ma meilleure cliente. Elle m'adressait quantité d'acheteurs. Pour quel mobile aurais-je commis pareil crime ? Et puis, qui peut accorder le moindre crédit aux affirmations de ces deux courtisans mineurs ? Ils ne savent rien de l'entourage immédiat du roi ni de ce qui a pu se tramer autour d'Agnès à Jumièges.

Mais bien sûr, quel idiot je fais ! Tout le monde a intérêt à me voir écarté. Y en a-t-il un seul qui ne me doive pas de l'argent ? Oui, le dauphin. Pourtant, de tous ceux qui ont tiré profit de la mort de la favorite, nul ne la haïssait autant que lui. L'humiliation de sa mère lui était insupportable, jamais monarque n'avait mis en avant sa maîtresse avec une telle impudence. Mais il semble improbable que Louis ait trempé dans la mort d'Agnès depuis son lointain exil du Dauphiné. Ou bien ai-je tort ? Qui d'autre que lui serait prêt à encourir la colère et la vengeance du roi ? Se pourrait-il que Louis ait fait administrer un poison à Agnès, déjà affaiblie après la naissance ? Quand il a été chassé de la cour il y a trois ans, Louis a menacé la favorite, une scène qui est restée gravée dans tous les esprits. En effet, la dame de Beauté était en partie responsable de son bannissement. Elle l'avait en quelque sorte supplanté auprès du souverain.

Le dauphin est très impopulaire et a soif de pouvoir. Il attend avec impatience le jour où il régnera à son tour. Mais de là à assassiner Agnès… Pourtant, qui possède un mobile plus fort que lui ? Il était de notoriété publique que le dauphin haïssait la favorite. Il ne demandait pas mieux que de revenir à la cour, mais Agnès suppliait Charles de s'y opposer, certaine qu'il tenterait de la supprimer.

Se pourrait-il qu'on me soupçonne d'avoir été son complice pour m'assurer une position privilégiée auprès du futur roi ? Charles sait-il que je corresponds en secret avec son fils ? Cela dit, si le dauphin voulait se débarrasser de la maîtresse de son père, il disposait de moyens beaucoup plus simples que de recourir à mes services. Louis est le seul personnage puissant du royaume qui ne me doit ni argent ni faveurs, il n'a donc aucun intérêt à me dénoncer. Je lui serais plus utile vivant, non ? Comme je l'ai été à son père tout au long de son règne.

L'assassinat n'est pas chose si rare dans les familles royales. Plusieurs morts violentes ont marqué la vie de Charles VII. Deux de ses oncles ont connu une fin tragique, le séduisant Louis d'Orléans et Jean sans Peur. Quant à ses deux frères disparus avant lui dans des circonstances troubles, il semble très probable qu'on les ait empoisonnés parce qu'ils étaient dauphins et qu'on souhaitait favoriser l'accession au trône d'un autre.

À qui profite la mort d'Agnès ? Il y a Antoine de Chabannes, comte de Dammartin, favori du roi. Il lui serait facile de souffler à Charles que Louis s'est servi de moi pour empoisonner Agnès. Jacques Cœur, celui qui sait tout se procurer, qui rend tous les services. Non, je dois me fier à ma raison et je ne puis soupçonner ni le dauphin ni Chabannes.

Écartons ces soupçons et fions-nous au docteur Poitevin, à ce qu'il nous a confié dans l'antichambre de la morte. Plusieurs facteurs ont contribué à son décès : l'épuisant voyage de Loches à Jumièges, l'accouchement difficile, les humeurs qui lui rongeaient l'estomac. Quand elle m'a reçu à son arrivée à Jumièges, j'ai senti qu'elle ne survivrait pas à la naissance. Il n'y avait qu'à la voir pour comprendre qu'il n'était pas nécessaire de l'empoisonner, qu'il suffisait de laisser faire la nature.

Quiconque souhaitait entamer l'influence d'Agnès sur le roi connaissait certainement l'attrait de celui-ci pour Antoinette et pouvait donc espérer qu'elle prenne la place de la favorite. Voilà qui fait d'Antoinette et de son amant des suspects tout désignés. Ce que j'aimerais avoir l'avis de Macée sur la question, elle qui comprend si bien le pouvoir que les femmes exercent sur les hommes ! Serai-je autorisé à voir mon épouse ? Je n'arrive pas à croire qu'Agnès ait été empoisonnée.

Les heures défilent. Un craquement se fait entendre et l'abattant d'une sorte de guichet se soulève. On me tend une écuelle. Un potage insipide, dans lequel flottent des morceaux de quelque chose – impossible de distinguer si c'est de la viande ou des légumes. Je m'allonge par terre et je dors. Je me réveille quand l'abattant s'ouvre à nouveau et m'écrie :

– J'exige des explications ! Où m'a-t-on conduit ? Je veux parler à votre maître !

Une nouvelle écuelle est déposée, la même soupe infecte, et l'ouverture se referme. Il y a aussi un seau en métal dans un coin, dont je devine l'utilité. Combien de temps cela va-t-il durer ?

Je repense encore une fois à tous ceux qui ont approché Agnès au cours de ses derniers jours. Nombreux sont ceux qui ont vu leur influence s'accroître après le décès de la favorite. Ainsi, j'ai remarqué que Guillaume Bouffier, le fidèle valet d'Agnès qui était toujours à ses côtés et l'a accompagnée de Loches à Jumièges, traînait souvent autour du roi avec qui il avait de fréquents conciliabules. Guillaume ne donnait pas l'impression d'être accablé de chagrin. Le roi lui est très attaché et l'avait peut-être chargé de veiller sur sa favorite. Lors du récent mariage de Guillaume, Charles lui a fait présent d'une des propriétés préférées d'Agnès, la seigneurie de Roquecezière. A-t-il réclamé cette rétribution pour services rendus ?

Je commence à y voir plus clair et je me rends compte que j'ai eu tort de sous-estimer la jalousie des courtisans. Me suis-je montré d'une assurance imprudente ? Ai-je péché en ne sachant pas rester à ma place ? Sans doute que oui. Je me suis toujours réjoui du succès des autres quand il était mérité. Naïf que je suis d'imaginer que tout le monde voit les choses ainsi ! Quand a-t-on commencé à me juger un peu trop encombrant à la cour ? Quand j'ai été nommé responsable de la Monnaie de Paris ? Grand argentier du roi ? Quand Charles a anobli ma famille ? A-t-on incité le roi à me destituer ? Les deux courtisans qui m'accusent y ont-ils été poussés par d'autres ?

Voilà des jours, des semaines, que je croupis dans mon cachot. J'ai le temps de réfléchir, mais comment ne pas devenir fou ? La nourriture est un peu meilleure, j'ai droit à une bougie et à du matériel pour écrire. On m'a apporté une paillasse. J'ai mesuré ma geôle : douze pas sur sept. Il y a un soupirail muni de barreaux. L'air circule tant bien que mal et les nuits sont très fraîches. Hier, on m'a apporté une couverture.

Malgré les circonstances éprouvantes, je suis encore capable de réfléchir. Je prends des notes. Il est difficile de distinguer le jour de la nuit. Je dors quand je suis fatigué et j'entends sonner les heures à un clocher voisin. De temps en temps, un gardien pénètre dans ma cellule pour me donner mon repas au lieu de le passer par le guichet. J'interroge ces hommes, mais personne ne daigne me répondre. Au bout de quelques semaines, des messages me parviennent, dissimulés sous l'écuelle. Mes amis ont su contourner grilles et verrous, tout le monde est prêt à se vendre si le prix est le bon. Je suis certain qu'on finira par me secourir. Il faut garder son sang-froid et attendre patiemment. Je dois aussi m'entretenir physiquement. Plusieurs fois par jour, je m'étire, j'agite les bras et je marche sur place. Sinon, mes muscles finiront par s'atrophier. On m'apporte une nouvelle bougie tous les trois ou quatre jours, ainsi qu'un bol d'eau tiède et une serviette pour mes ablutions. Aujourd'hui, j'ai même eu droit à des habits propres ! Quel bonheur ! Prévoit-on de me présenter à un juge ?

J'ai été fier que mon fils soit nommé archevêque de Bourges, cela se conçoit. J'ai tenu à organiser une réception dans notre demeure, symbole de la réussite de notre famille. L'entrée triomphale de notre fils dans Bourges a été un moment de gloire pour Macée et moi, mais nous n'y étions pour rien, c'était le clergé qui en avait décidé. Le banquet que j'ai offert était aussi en l'honneur de notre fils. Aurais-je dû cacher ma fierté de père ?

Ai-je eu tort de bâtir mon hôtel dans ma cité natale ? Je l'ai conçu comme un mélange des palais que j'ai pu admirer au cours de mes voyages et il n'a pas son pareil en France. J'imagine volontiers que les courtisans étaient rongés par la jalousie devant tant de magnificence.

Oui, c'était une lourde faute que d'organiser ce festin en hommage à notre fils nommé archevêque dans sa propre ville. Malgré tout, Macée et moi avions bien le droit de savourer ces instants. Mais bon, je reconnais qu'il était déraisonnable d'afficher les richesses de notre famille dans cette ville où je n'étais au départ que le fils d'un simple pelletier, un vulgaire marchand de peaux.

Quand je repense à l'honneur que le roi m'a fait à Rouen, j'ai encore peine à y croire. Jamais je n'oublierai ces instants auxquels il m'était donné de participer, chevaucher juste derrière mon souverain, flanqué de ces illustres soldats que sont Pierre de Brézé et Jean Dunois. Nous portions tous trois la même tenue éblouissante, selon la volonté de Charles VII. Vous devinez quelle était mon émotion d'être ainsi distingué, aux côtés de deux illustres guerriers. Le roi tenait à faire savoir que ses succès militaires me devaient aussi quelque chose, à moi le marchand de Bourges qui lui ai permis de financer son armée.

Comment expliquer ma disgrâce ? Je retourne en vain les faits dans ma tête. J'ai beaucoup donné aux pauvres, j'ai fait montre d'une grande charité. Donnais-je l'impression de vouloir m'acheter une bonne conscience ou de me faire pardonner ma cupidité ?

Des hommes sont là, qui m'observent par l'ouverture. Oui, c'est bien moi, toujours vivant, assis dans la pénombre. J'ai les cheveux longs et de la barbe. Je me ronge les ongles pour les tailler. Un peu de jour s'infiltre par le soupirail. On a dû entrouvrir le volet. C'est plus facile pour rédiger ces notes.

Charles VII prévoyait-il ma disgrâce depuis un certain temps ? Depuis la mort d'Agnès Sorel, voire avant ? Me soupçonne-t-il d'être défavorable à sa remplaçante ? Toute ma vie, j'ai veillé à dissimuler mes sentiments. Je suis réputé pour mon expression impénétrable. La vie sentimentale du roi n'est pas mon affaire, libre à lui de choisir qui il veut comme maîtresse. Antoinette de Maignelay aurait sans nul doute fréquenté mon magasin, comme Agnès avant elle.

Contrairement au reste de la cour, j'ai gagné ma fortune, je ne suis pas un héritier et rien ne m'a été donné. Je me suis enrichi par la force de mon travail et de mon intelligence, et j'ai souvent mis ma réussite au service du roi et du royaume. J'ai des demeures dans les principales villes de France, dont Paris, et près de quarante domaines en tout, mais j'ai cinq enfants et une grande famille étendue dont je dois me soucier. Je possède des mines dans le Forez et une impressionnante flotte de navires commerciaux qui sillonnent la Méditerranée. Jamais je n'ai utilisé mes puissants moyens pour spolier quiconque. Qu'ai-je bien pu faire pour devenir le bouc émissaire du roi et de la cour ?

Quand me fournira-t-on une explication ? J'interroge ceux qui m'apportent mes repas et vident mon seau, mais je me heurte à leur silence. Mon cachot est sombre, mais sec. Je me suis habitué à ma paillasse, je ne souffre pas du froid. Pourquoi me laisse-t-on sans explication ?

Certes, je suis devenu, peu à peu, l'homme le plus riche de France, profitant notamment de l'endettement de la noblesse. J'ai acquis la plupart de mes terres grâce à des traites impayées, grâce aux destructions de la guerre, grâce aux rançons qu'il fallait verser pour la libération d'un fils. J'ai souvent fait crédit et beaucoup prêté. Ces gens-là doivent me haïr au plus haut point ! Comment ai-je pu ne pas le pressentir ? Mon péché fut de tenter les nobles, et même le roi, avec les fabuleuses marchandises que je ramenais du monde entier. Je me figurais que leurs dettes étaient le gage de mon pouvoir, mais il aura suffi que le soutien de la dame de Beauté me soit ravi pour que mes créances se muent en une corde à mon cou. Si je sonde mon cœur, j'y relève des fautes coupables et des erreurs de jugement. Le roi savait certainement que je négociais secrètement avec le dauphin, mais je ne complotais pas contre Charles, j'agissais uniquement dans mon intérêt. Je dois ménager l'avenir de ma compagnie, de ma famille. Louis sera roi un jour et j'aurai besoin de lui comme protecteur. M'a-t-on dénoncé au roi ? A-t-il appris que j'ai joué les intermédiaires pour le second mariage de Louis, avec Charlotte de Savoie, âgée de six ans et petite-fille de l'ancien pape Félix V ? Charles était opposé à cette union. Serait-ce Louis qui lui a dévoilé mon rôle ? Le roi estimait que c'était à lui et à personne d'autre de choisir une épouse à son successeur.

Pourquoi ai-je accepté d'intervenir pour le dauphin ? Les affaires, bien entendu ! J'espérais garder Louis comme client et je ne voyais pas la nécessité d'en informer son père. Après tout, Louis était exilé en Dauphiné. J'ai été surpris d'apprendre que Charles avait défendu à son fils, au début de 1451, de me consulter en quoi que ce soit. Précisément à l'époque où le fils sollicitait sa permission d'épouser Charlotte de Savoie. Peu de temps avant, j'avais convaincu Félix V de se retirer pour unifier la papauté, au bénéfice de Nicolas V, candidat soutenu par Charles VII. Ce dernier estimait peut-être qu'il n'était pas judicieux que le trône de France échoie un jour à la progéniture de cette demoiselle dont le grand-père avait été mêlé à la querelle papale. Le roi avait exprimé son refus catégorique en février, mais Louis avait organisé la cérémonie avant que les hérauts ne lui signifient la décision. Charles pense-t-il que j'ai joué un rôle clé dans l'insubordination de son fils ? Si oui, je suis donc accusé du crime de lèse-majesté, la pire ignominie à part le régicide. Mon avocat a négocié la dot de la mariée, trois mois avant mon arrestation. J'espère pour lui qu'il a eu le bon sens de se réfugier en Dauphiné. Il se pourrait bien que mon emprisonnement soit lié à cette affaire.

Pour aggraver mon cas, j'ai financé l'expédition de Louis de Savoie contre la puissante famille Visconti de Milan, une alliée de la France. Quelles étaient mes motivations ? Je m'en suis toujours tenu à des considérations financières, jamais diplomatiques ni personnelles. Enfin, ce n'est pas tout à fait exact. Je me suis toujours soucié des intérêts de mon pays, un terrain on ne peut plus politique. Mais je n'ai jamais ambitionné de détenir du pouvoir politique ni une quelconque place. Le commerce, voilà mon domaine. Dès qu'il est question de mener des négociations, un profit peut en être tiré. Pareillement, en me mettant au service de la France, j'espère en récolter les bénéfices à long terme. Pour moi, les sentiments n'entrent jamais en ligne de compte.

Chapitre 26

Depuis combien de temps suis-je enfermé ici ? On m'a changé deux fois de lieu, les yeux bandés et sans un mot d'explication. Un nouveau message me parvient à presque tous les repas. Mes agents savent y faire pour graisser les pattes. J'ai appris que, si je suis innocenté pour la mort d'Agnès, le roi est disposé à me pardonner tous mes autres errements. C'est bien la preuve qu'il me sait innocent, car il n'aurait aucune peine à me faire condamner. Pourtant, quelles preuves pourrait-on opposer à un innocent ?

Ces accusations iniques et honteuses ont affecté ma famille, mes employés, tout ceux qui existaient dans mon orbite. On m'a tout confisqué : mon hôtel, mes domaines, mes biens et ma fortune. Que vont devenir mes enfants et mes amis qui travaillaient pour moi ? Et moi, quel sort me sera réservé ? Je continue d'attendre dans ma cellule, sans même savoir si l'on me jugera un jour.

Une lettre me parvient qui m'annonce la plus triste des nouvelles. Macée, épouse de mon cœur, est morte. Je sais qu'elle a demandé plusieurs fois à me voir, en vain. J'ai beaucoup souffert pour elle en songeant à ce qu'elle endurait par ma faute, l'humiliation d'être chassée de son hôtel, et même de sa maison d'enfance que lui avaient léguée ses parents.

Peu de temps après mon arrestation, je sais qu'elle est partie s'installer dans un de nos domaines à la campagne. Elle a sauvé ce qu'elle pouvait de l'argenterie et de son trousseau de mariage, elle a caché le tout dans notre manoir de Menetou-

Salon. Seul dans ma cellule, je pleure ma tendre épouse, la mère de mes enfants. Macée est morte, mon chagrin et immense. Elle était notre réconfort à tous. Une bonne épouse, fidèle, un soutien infaillible qui jamais ne doutait. Elle a élevé nos enfants conformément à mes attentes. Je suis effondré à l'idée de ne jamais la revoir.

Macée était ma plus grande motivation pour me sortir de ce cachot. Voilà qu'elle n'est plus. Mon cœur jumeau a cessé de battre.

Mon fils Jean, archevêque de Bourges, a des relations haut placées. Je lui ai même confié l'anneau de saphir que m'avait remis Yolande, celui qui permet d'avoir accès au roi sans délai et en toutes circonstances. Je doute fort qu'il me soit d'une grande utilité désormais. Même muni de l'anneau, Jean a peu de chances d'être reçu par Charles VII.

Plus mon isolement se prolonge et plus la douleur de la trahison me ronge. Moi qui ai toujours servi fidèlement mon roi et mon pays, il a fallu que je me retrouve enfermé pour comprendre combien j'étais devenu encombrant. Charles VII me doit plus d'argent qu'il ne pourra jamais me rembourser. Comptait-il que je renonce à mes créances après l'honneur qu'il m'a fait lors de notre entrée triomphale dans Rouen ? Cela m'était impossible, pour financer son armée il m'a fallu emprunter des sommes prodigieuses aux plus puissants banquiers du monde. Comment voudrait-il que j'annule une dette qui entraînerait ma banqueroute ? Mais Charles s'est chargé de précipiter ma ruine, d'une autre façon, bien plus douloureuse. C'est l'humiliation qui a tué ma tendre épouse.

Comment se fait-il que la reine ne se manifeste pas ? J'attendais un signe de soutien de la part de la fille de Yolande d'Aragon, ma protectrice. Il faut dire que nos relations étaient compliquées depuis l'ascension d'Agnès Sorel. Je croyais pourtant que Marie accepterait la démarche de sa mère, procurer une maîtresse estimable au roi pour le détourner des traînées qu'il affectionnait. Je finis par comprendre que Marie n'a d'autre choix que de s'en tenir au silence, comme elle a toujours fait. Sinon, comment expliquer qu'elle ait conservé Antoinette dans sa suite ? Qu'elle ait dépêché son propre médecin à Loches pour soigner Agnès ? Ces choix m'incitent à penser que Marie, tout compte fait, est bien la fille de sa mère, attachée aux intérêts supérieurs de la monarchie.

Je compte beaucoup d'amis ecclésiastiques et le clergé fait tout son possible pour me soutenir. Mon frère Nicolas, évêque de Luçon, jouit d'une certaine influence, sans compter mon fils Jean, archevêque de Bourges. Un billet m'informe que l'archevêque de Paris, Jacques Juvénal des Ursins, tente de convaincre le roi de me remettre à l'Église qui me jugerait pour avoir renié mes vœux. Éduqué à la Sainte-Chapelle, j'étais destiné à entrer dans les ordres et je portais la tonsure, comme tous les séminaristes. Si cette démarche pouvait aboutir, la peine encourue serait beaucoup plus légère…

Moi qui me suis toujours targué de savoir lire dans le cœur des hommes, comment ai-je pu croire à l'amitié du roi ? Me suis-je laissé aveugler par le prestige de sa position, comme bien des gens qui côtoient les monarques ? N'a-t-il pas trahi Jeanne d'Arc, la bergère de Lorraine qui s'est dévouée pour le faire sacrer et lui rendre son royaume ? Comme il a été prompt à oublier ses exploits ! Il a aussi renié les Angevins, lui qui devait tant à sa « Bonne Mère ». Même Agnès Sorel, son premier amour, il ne lui est pas resté fidèle.

Une lettre m'apprend que mes biens ont été répartis entre les nouveaux favoris du roi, en particulier Antoine de Chabannes, qui était l'un des camarades du dauphin avant de devenir son ennemi juré. Antoinette de Maignelay a obtenu le manoir de Menetou-Salon, où Macée a caché l'argenterie et le linge – pourvu qu'elle les ait bien dissimulés ! Marie, la chère tante d'Agnès, et son fils ont également reçus des domaines m'ayant appartenu. Pense-t-elle que j'ai eu quelque chose à voir avec la mort de sa nièce adorée ? Les hommes du roi ont-ils persuadé la famille de ma chère Agnès que je suis coupable ?

Si la dame de Beauté a été effectivement empoisonnée, comment se fait-il que le médecin de la reine ait déclaré, après l'avoir autopsiée, qu'elle était morte de cause naturelle ? Robert Poitevin, le plus éminent spécialiste du royaume, n'a pas pu se tromper. À moins qu'elle n'ait été empoisonnée par lui… Par accident ? Délibérément, sur ordre de la reine ? Pourtant, ni l'un ni l'autre n'ont intérêt à m'éliminer. Comme Poitevin est le seul à avoir examiné le cadavre, s'il l'a empoisonnée, il lui a suffi de mentir dans ses conclusions. Et, s'il est innocent, il aurait dénoncé la présence de poison s'il en avait décelé. Le roi s'est engagé publiquement à abandonner toutes les autres poursuites si je suis innocenté pour la mort d'Agnès. Même si la reine et son médecin sont impliqués, le témoignage de Poitevin suffit à me disculper. Tout le monde a admiré le beau geste de la reine, dépêcher son médecin personnel à Agnès qui vivait une grossesse compliquée. Du jamais-vu, l'épouse qui se soucie de la santé de la maîtresse de son mari, enceinte de lui, qui plus est ! Me serais-je illusionné en pensant que Marie s'était résignée à la présence d'une favorite ?

Accepter la présence sous son toit d'une ravissante créature dont votre mari est follement épris, cela ne va pas de soi, même si d'autres malheurs vous accaparent – les grossesses à répétition et les enfants perdus en bas âge. Même quand votre éducation vous a appris que le roi et le royaume priment sur toute chose, il ne doit pas être facile pour une femme plus âgée et moins jolie de vivre au quotidien avec une rivale si jeune et si belle. Marie se serait-elle ouverte à son fils de sa souffrance d'être ainsi trahie et humiliée publiquement ? Le dauphin aurait-il organisé l'empoisonnement d'Agnès ? Ou bien serait-ce le bon docteur, lui qui est si attaché à la reine, lui qui a mis au monde le dauphin et tous les autres enfants qu'elle a perdus, qui aurait émis l'idée de rejoindre Agnès à Loches ?

D'après mes informateurs, il lui aurait apporté des courriers anonymes. Connaissait-il leur contenu ? Serait-ce lui qui les avait rédigés ? A-t-il suggéré à Agnès qu'elle se rende auprès du roi par cet épouvantable temps hivernal ? Lui-même et Agnès auraient pu y laisser la vie. Aurait-il agi ainsi de son propre chef, ou sur les ordres de la reine ? Marie doit bien avoir un peu de l'étoffe de sa mère, Yolande d'Aragon. Elle a dû hériter en partie de son tempérament espagnol. Yolande n'a pas hésité à faire supprimer certains favoris du roi qui jouaient un rôle néfaste. Marie ou le bon docteur Poitevin ont-ils jugé qu'Agnès devait être éliminée à son tour, dans l'intérêt supérieur du royaume ?

Si la dame de Beauté a bel et bien été assassinée, voici ma liste de suspects, ceux qui avaient un mobile et les moyens de commettre le forfait.

Antoinette de Maignelay… Le roi lui laisse entrevoir la possibilité de prendre la place de sa cousine, ou l'idée lui vient toute seule. Avec la complicité d'André de Villequier, son amant et un courtisan des plus ambitieux, elle se procure le poison et le fait parvenir à Loches par l'entremise du docteur Poitevin, en prétendant qu'il vient de moi et est destiné à Agnès. Il m'est déjà arrivé de transmettre par le médecin des remèdes que j'avais rapportés du Levant, et qui avaient fait des miracles.

Dès lors que Poitevin est persuadé que cela venait de moi – et pourquoi en douterait-il, Antoinette appartenant à la suite de la reine et étant une cousine très proche d'Agnès ? –, il lui administre le breuvage durant tout le trajet jusqu'à Jumièges. Comme Agnès n'a pas succombé d'une fausse couche au cours du périlleux trajet, Antoinette continue de lui donner le poison dès son arrivée. Oui, Antoinette et André me paraissent tout à fait capables d'ourdir un plan aussi odieux. Antoinette saurait trouver les arguments pour convaincre le roi de lui permettre d'épouser André. S'ils parvenaient à leurs fins, tous deux seraient riches et puissants. Antoinette connaît les penchants du monarque pour la débauche, elle n'hésiterait pas à s'en servir pour le manipuler. Agnès écartée, les deux amants ne rencontreraient plus la moindre opposition à la cour.

Le docteur Poitevin… Il s'émeut du sort de la reine, de l'humiliation qui lui est infligée. Il rédige la lettre anonyme. Il persuade Marie de l'envoyer à Loches pour veiller sur Agnès. Dans sa bonté, Marie accepte. Arrivé à Loches, il commence par donner du poison à Agnès à faible dose, pour calmer les douleurs à l'estomac dues à de mauvaises humeurs. Il continue de lui en administrer durant le voyage, puis à Jumièges, et encore après l'accouchement. Peut-être a-t-il agi seul, Marie souhaitant simplement venir en aide à Agnès. La reine voyageait avec la cour, elle pouvait consulter le médecin du roi et donc se passer du sien. Malgré tout, si forte que soit sa loyauté envers la reine, j'ai peine à concevoir que le médecin ait décidé d'assassiner sa rivale, crime bien plus odieux que l'adultère, simplement pour venger son honneur. Imaginons que ce soit la reine qui ait envoyé Poitevin à Loches. Elle redoutait peut-être que la favorite n'accouche cette fois d'un fils bien portant, naissance qui aurait pu ternir le lustre du dauphin. Marie espérait peut-être qu'Agnès fasse une fausse couche durant le voyage, voire qu'elle en périsse. Donc, soit Poitevin a conçu le crime par dévotion pour la reine, soit c'est Marie qui a tout planifié par amour pour Charles.

Une autre idée me vient : Robert Poitevin savait que le dauphin détestait son épouse Marguerite d'Écosse et que celle-ci ne pouvait, ou ne voulait, lui donner un héritier. Le docteur partageait peut-être l'avis de Louis que Marguerite n'avait pas l'étoffe d'une future reine. Poitevin, qui l'avait mis au monde pour le plus grand bonheur de Marie, serait-il complice du dauphin ? Aurait-il supprimé sa première femme dans l'intérêt de la France ? Agnès et Marguerite s'adoraient. Le dauphin les haïssait l'une et l'autre. Toutes deux sont décédées alors que le même médecin veillait sur elles. Elles ont reçu le même traitement avant de mourir. Les deux autopsies ont été menées par Robert Poitevin, qui était seul à chaque fois, sans témoin pour confirmer ou infirmer la présence de poison.

Guillaume Gouffier… L'un des favoris de Charles VII, l'un des rares gentilshommes à être admis dans le lit du roi, privilège des plus singuliers. Gouffier est le seul à qui Charles a dévoilé le secret que Jeanne d'Arc lui avait glissé à l'oreille à Chinon. La cour entière aurait voulu percer à jour ce mystère. J'ai souvent tenté d'arracher cette confidence au roi, sans succès. La reine Yolande elle-même m'a confié n'y être jamais parvenue. D'après mes informations qui sont toujours les plus fiables, Gouffier n'a jamais parlé. A-t-on acheté son silence ? Le roi lui accordait une ligne de crédit illimitée chez moi. En d'autres termes, Gouffier est un homme d'une parfaite discrétion, en qui son maître peut avoir entièrement confiance. En revanche, il n'aurait pas été loyal envers sa maîtresse. Toutefois, quel mobile avait-il pour éliminer Agnès ? Gouffier serait-il à la solde du dauphin ? Ou s'est-il acoquiné avec Antoinette ? Présent à Jumièges, il a très bien pu ajouter subrepticement du poison aux remèdes.

Si Agnès a réellement été empoisonnée, ce sont là mes principaux suspects. Cela dit, Étienne Chevalier et Antoine de Chabannes ont eux aussi beaucoup à gagner à me faire condamner, compte tenu des énormes sommes qu'ils me doivent. Peut-être bien, mais eux ne m'ont pas accusé d'avoir assassiné Agnès Sorel. Guillaume Gouffier non plus. À la vérité, une bonne partie de la cour aurait intérêt à m'écarter, mais presque personne n'avait une raison impérieuse de supprimer Agnès. La dame de Beauté est peut-être morte de cause naturelle, tout compte fait, et les accusations ont été fabriquées pour justifier mon arrestation. Mais cette thèse s'écroulera quand Robert Poitevin témoignera qu'il n'a décelé aucune trace de poison. La cour en a parfaitement conscience, les charges ne tiennent pas.

Le temps passe, les semaines deviennent des mois. Encore une fois, on me transfère en un autre lieu. La geôle a beau changer, les souffrances et privations restent les mêmes. Mes amis font pourtant tout leur possible pour améliorer mon sort, j'ai droit à des couvertures supplémentaires, à une nourriture correcte et aussi à des plumes et du parchemin pour écrire. Les mêmes pensées s'agitent dans ma tête, je crains de sombrer dans la folie. Celui qui aurait le plus à gagner de ma condamnation est le roi. Pourtant, je demeure persuadé qu'il aimait sincèrement Agnès, même s'il s'autorisait quelques incartades avec sa cousine dès que la dame de Beauté était absente de la cour.

Même quand mon esprit sombre dans le désespoir et imagine les complots les plus fous, je ne peux pas croire que Charles ait projeté de la tuer. Malgré sa beauté fanée et le désir amoindri, l'amour était toujours là et je suis convaincu que le lien qui les unissait allait bien au-delà du charnel. Formée par la reine Yolande, Agnès était un personnage d'envergure. Mais bon, une fois sa maîtresse morte, Charles a vite compris quel avantage il aurait à m'accuser. Jamais il n'aura les moyens de me rembourser les sommes qu'il me doit.

Un billet m'informe que Guillaume Gouffier sera l'un de mes juges. Je me suis montré fort généreux lors de son mariage, il a reçu un beau mobilier pour sa demeure. Mais, comme la plupart des gens qui me doivent de l'argent, il s'est retourné contre moi. Peut-être sont-ils tous convaincus que j'ai été impliqué dans la mort d'Agnès. Mais non, voyons ! Il faudrait être aveugle ou idiot pour penser cela. Je suis le seul à n'avoir aucun mobile.

Pourtant, voilà que je vais être jugé pour l'assassinat de la maîtresse du roi. Je ne peux pas croire une seule seconde que Charles me croie coupable. Ce que l'on souhaite avant tout condamner, ce sont ma réussite, mon arrogance et ma présomption, et le pire de mes crimes : avoir accumulé davantage de richesses que le roi et mener plus grand train que lui.

(plus tard => Louis XIV et Fouquet !

Chapitre 27

On me refuse le droit de m'expliquer à mon procès, auquel je n'ai même pas la possibilité d'assister. Mes amis ont toutefois identifié quels gardiens étaient les plus sensibles aux pièces d'or, ce qui leur permet de me tenir bien informé du déroulement de la procédure. Apparemment, les témoins falots se succèdent à la barre. Puis vient le tour de Robert Poitevin, et toutes mes angoisses disparaissent. Il se présente, il est le médecin de la reine Marie. Celle-ci l'a dépêché à Loches car la santé d'Agnès Sorel la préoccupait. Apparemment, sa grossesse ne se déroulait pas très bien. Arrivé à Beaulieu-lès-Loches, le médecin a prescrit un traitement et est resté au chevet de la dame de Beauté. Devant l'insistance de sa patiente, il s'est senti obligé de l'accompagner jusqu'à Jumièges.

Le médecin a fourni une description détaillée de ce périple par des conditions épouvantables, en plein hiver : les chevaux qui dérapaient sur le verglas, le vent glacial qui sifflait et s'infiltrait dans la litière malgré les rideaux de cuir, les cavaliers et leurs montures emmitouflés dans des peaux de loup. Il est toujours resté auprès de la favorite et lui administrait quotidiennement son remède. Robert Poitevin livre son témoignage sans détour, il était là quand les contractions se sont déclenchées. Il ne cache rien des couches effroyables. Il confie à la cour que la dame de Beauté a mis au monde une fille après seulement sept mois de grossesse, mort-née. Il décrit la détérioration de l'état de santé d'Agnès après la naissance, jusqu'à son décès quinze jours plus tard.

L'évolution a été plutôt lente, il a lui-même pratiqué l'autopsie et n'a décelé aucune trace de poison. Cette déposition ne laisse pas de place au doute.

Quand je reçois ce compte rendu, je reprends espoir. Me voilà disculpé ! Le cauchemar est enfin terminé, même si rien ne pourra ramener ma chère Macée. Je suis innocenté, ces accusations ridicules ont volé en éclats. J'aurai de nouveau la faveur du roi, mes biens me seront rendus, ma famille retrouvera son prestige.

Une fois encore, je me suis complètement trompé dans mon analyse de la situation. Moi qui ai la réputation d'être l'homme le plus clairvoyant du royaume, comment se fait-il que je sois si peu lucide sur mon propre compte ? Apparemment, le fiel qui se déverse sur moi n'est pas près de se tarir. Pourtant, le tribunal parvient rapidement à un jugement : en l'absence de mobile et de preuves, je suis innocenté d'avoir empoisonné Agnès Sorel. Toutefois, la cause de sa mort reste à déterminer. Le roi a promis d'écarter toutes les autres charges si j'étais acquitté du meurtre de sa favorite.

Mais je n'ai pas été acquitté, le procès se poursuit. On me reproche maintenant des irrégularités financières au détriment de la Couronne. Maigre consolation, mes deux accusateurs sont condamnés pour faux témoignage et sévèrement punis. Leur commanditaire ne cherche pas, à supposer qu'il le puisse, à leur épargner un juste châtiment. D'ailleurs, ni l'un ni l'autre ne mettent en cause qui que ce soit. Voilà qui m'intrigue. Comme on les a condamnés à une longue peine d'emprisonnement, peut-être leur a-t-on garanti discrètement qu'ils seraient rapidement libérés et grassement récompensés. Qu'ils n'y comptent pas trop.

Mon nouveau procès débute. Il m'est reproché une liste interminable d'irrégularités financières. En gros, on m'accuse d'avoir mêlé mes intérêts à ceux de la Couronne, au détriment du roi. Pourtant, il s'est taillé la part du lion des profits que rapportaient nos activités. Mes geôliers s'enrichissent à force de me transmettre des messages, mais je préfère cela plutôt que d'attendre dans une parfaite ignorance. Mes fidèles soutiens m'informent que le procès vire à la farce. Pour ne pas perdre la face, le roi a décrété que la procédure se poursuivrait désormais à huis clos, à l'abri des regards extérieurs. Je vais être jugé par un tribunal exceptionnel composé de trois commissaires extraordinaires, ennemis déclarés des marchands. Je n'ai qu'à lire leurs noms pour savoir que je vais être reconnu coupable : ces trois personnages me doivent de grosses sommes. On me dit qu'ils convoitent déjà mes possessions et ont bon espoir que leurs dettes soient annulées avec ma condamnation. Je ne connais que trop bien ces trois messieurs : Guillaume Gouffier, Antoine de Chabannes et Otto Castelani, trésorier du roi qui ambitionne de me remplacer comme grand argentier. C'est pour moi une certitude, je n'ai plus la moindre chance d'être acquitté. Une fois de plus, je me suis mépris sur ma situation. Comment ai-je pu penser une seconde que le roi permettrait que je sois jugé équitablement et relâché ?

Voilà vingt-deux mois que je suis emprisonné. J'ai connu cinq geôles différentes, aussi inconfortables les unes que les autres. Le cachot ne change guère, toujours sombre, froid et humide. Ces déplacements incessants doivent avoir une explication. Veut-on déjouer toute tentative d'évasion ? Pourtant, à chaque fois mes gardes finissent par adoucir mon quotidien, preuve que mes partisans savent où je me trouve. L'heure du jugement approche. Je suis à présent détenu dans le donjon du château de Lusignan, à proximité de Poitiers. Je me souviens de l'avoir vu représenté dans *Les Très Riches Heures* du duc de Berry. La mémoire est bien curieuse, de libérer pareil souvenir dans les circonstances qui sont les miennes.

La liste des forfaits qui me sont reprochés ne cesse de s'allonger. On m'accuse d'avoir réglé des marchandises avec de l'argent provenant des mines françaises, ce pour quoi je dispose d'une autorisation expresse du roi. D'avoir troqué de l'argent contre de l'or, ce que j'ai effectivement fait, mais pour notre profit mutuel. D'avoir mis en circulation des monnaies sous-titrées dans ma jeunesse, faute pour laquelle j'ai obtenu un pardon du roi. D'avoir recruté de force des rameurs pour mes galées, encore une fois avec l'approbation du roi. D'avoir refusé l'asile à un esclave chrétien qui s'était réfugié sur l'un de mes navires, alors que c'était un infidèle et que je n'avais pas le choix, sous peine de compromettre les relations avec mes partenaires musulmans. De m'être livré à des fraudes financières en Languedoc, au préjudice du roi, ce qui n'est peut-être pas entièrement faux... Il y a de nombreuses autres charges, dont la plus grave est d'avoir commercé avec les infidèles, mais je disposais d'une dispense signée du pape et du roi. Si je leur ai vendu des armes, j'y étais autorisé.

On m'annonce que mon procès à huis clos va se tenir. On m'apporte des habits propres, j'ai enfin la possibilité de me laver. On m'impose de garder ma barbe et mes cheveux longs. Après un si long séjour dans la pénombre, ma vue a baissé. On me fournit la liste des charges retenues contre moi. J'ai le secret espoir de pouvoir me défendre...

Les trois juges qui me font face portent la toge rouge et la toque noire. Je crois bien déceler le même petit sourire de mépris chez chacun d'eux, mais peut-être est-ce mon imagination qui me joue des tours. Voilà trois hommes à qui j'ai rendu de grands services, qui se proclamaient mes amis depuis des années. Ils affichent un air satisfait, de se trouver dans cette modeste salle aux murs blanchis à la chaux, percés de petites fenêtres en hauteur. On ne m'a pas permis de présenter des éléments à ma décharge. Je n'ai pas pu récupérer mes livres de comptes pour établir mon innocence. Mais là n'est pas le but. Je dois être jugé coupable, pas innocent. Dès lors, à quoi bon démontrer ce qui est exclu d'emblée ? Je me défends néanmoins, avec toute l'intelligence et le courage que je parviens à rassembler. Même sans preuves écrites, mon innocence est criante. Mais la sentence est connue d'avance. Le 29 mai 1453, dans le château ayant appartenu à mon premier protecteur, le défunt duc Jean de Berry, le jugement est prononcé : je suis reconnu coupable et condamné à mort.

Chapitre 28

Au moment où j'ai l'impression qu'il m'a oublié, Dieu vient à mon secours. Est-ce la Pucelle qui veille sur moi au ciel ? Ou peut-être la reine Yolande, ma protectrice de toujours ? Dès que la nouvelle de ma condamnation parvient à Rome, le pape Nicolas V adresse une requête en urgence à Charles VII : ma vie doit être épargnée. Tout compte fait, j'ai la chance de pouvoir compter sur de fidèles amis qui savent être reconnaissants ! Par son intervention, le pape me témoigne la gratitude du Saint-Siège pour mon rôle dans la solution qui a mis fin au grand schisme qui menaçait de déchirer l'Église catholique. Nicolas rappelle à Charles que, grâce à mon entremise discrète, Félix a accepté de renoncer à la papauté pour se contenter du chapeau de cardinal.

Si j'ai la vie sauve grâce au pape, je n'en suis pas moins condamné à passer le restant de mes jours à l'isolement. On m'enferme dans la prison la plus épouvantable et inaccessible qui soit, la forteresse médiévale de Poitiers, le lieu humide et sombre où a débuté ce cauchemar. Cette fois-ci, j'ai droit à une vraie fenêtre : petite, en hauteur et munie de barreaux. Toutefois, elle demeure ouverte en permanence, me procurant un peu de jour et un courant d'air glacial. Je dispose toujours de plumes et de parchemin, ce qui me permet de poursuivre le journal de mes tribulations. On m'a apporté des vêtements chauds. Que deviendrais-je sans les amis prévenants qui veillent sur moi ?

Aux dernières nouvelles, la royauté a confisqué l'ensemble de mes biens terrestres à perpétuité. Mes sots de débiteurs s'imaginent qu'ils sont libérés des sommes qu'ils me doivent. Envers moi, certes, mais, en s'adjugeant mes possessions, le roi tient désormais mes débiteurs. S'ils pensaient rembourser leurs dettes par ce tour de passe-passe, ils ont sousestimé la cupidité du monarque. Je connais bien Charles : il a toujours eu en tête de me faire condamner, puis de contraindre mes débiteurs à lui régler ce qu'ils me devaient. Je peux concevoir que, dans son chagrin d'avoir perdu Agnès, une puissante colère se soit emparée de lui, avec le besoin irrépressible de punir quelqu'un. Mais je n'arrive pas à m'expliquer son acharnement contre moi. Il sait, mieux que quiconque, combien j'étais dévoué à Agnès et que jamais je ne m'en serais pris à elle. J'ai toujours pensé que le caractère de Charles VII n'avait pas de secret pour moi. La reine Yolande, mon illustre protectrice, ne cessait de me mettre en garde contre ses humeurs changeantes et ses loyautés fluctuantes. Le roi exerce le pouvoir dans la solitude, il est contraint de diviser pour régner. Je croyais ne pas être dupe, et je lui faisais confiance. J'espérais qu'il voyait en moi son plus fidèle sujet.

J'ai connu une formidable réussite comme marchand. Mon talent pour lire dans le cœur des hommes et des femmes a été la clé de mon ascension. Je m'imaginais que j'aurais toujours un temps d'avance sur les machinations du roi et les complots du dauphin. J'avais tort. J'ai commis l'erreur de croire à l'honneur, du moins que l'honneur allait de soi pour ceux qui m'étaient supérieurs par la naissance. J'ai appris à mes dépens que, dans notre monde, l'honneur est l'apanage du peuple et non de l'aristocratie. J'ai toujours eu la réputation d'être lucide et avisé, mais je perçois à présent combien je suis naïf.

Mes informateurs m'apprennent que la cour, sous l'influence d'Antoinette de Maignelay, est retombée dans les mœurs licencieuses d'antan. La nouvelle favorite procure de jeunes demoiselles au roi. Celui-ci les couvre de présents : de somptueux vêtements et des bijoux. Tout ce petit monde voyage de château en château, en quête de plaisirs et de distractions. Le roi s'affiche dans les tenues les plus luxueuses, avec une prédilection pour les chapeaux ornés de pierres précieuses. Il lui arrive de le retirer pour l'offrir à une demoiselle qui a ses faveurs, avant ou après leur tête-à-tête. La reine Marie suit la cour et ne formule jamais la moindre objection. Quand s'est-elle jamais plainte ? Le roi est donc retombé dans ses travers et tant les efforts acharnés de sa « Bonne Mère » que l'amour sincère d'Agnès n'auront servi à rien. Ces deux femmes avaient transformé un homme inconséquent et faible en un monarque remarquable et victorieux. Seulement, voilà qu'il retombe dans les errements de sa jeunesse, son attirance pour la médiocrité et la dépravation.

Ma cellule exiguë laisse peu de place à l'espoir. Mes geôliers succombent encore à la tentation de l'argent, même dans ce trou à rats des billets me parviennent régulièrement. On envisagerait de me soumettre à la question pour que je dévoile où j'ai caché une partie de ma fortune. Mes amis ont obtenu, contre des écus sonnants et trébuchants, que des roseaux soient disposés au sol, mais les murs de ma cellule restent humides en permanence. Je tousse beaucoup et je ressens une douleur à la poitrine qui ne me quitte jamais, à moins que ce ne soit mon cœur brisé. Les jours s'écoulent, ma santé se détériore.

Voilà plus d'un an que je croupis dans mon cachot. Aujourd'hui, une lueur d'espoir s'est présentée sous la forme d'un billet de Jean de Villages, rédigé avec le code que nous employons. Il a mis au point un plan pour mon évasion. Mon Dieu, pourvu que ce soit vrai ! Si je reçois des messages, il m'est impossible d'en envoyer. Je ne puis lui répondre. Je prie pour que mon ami arrive avant qu'on ne me soumette à la torture. Personne ne survit jamais à la question, je n'ai aucune illusion à ce sujet.

Grâce aux pots-de-vin, je ne suis pas enchaîné dans ma cellule et je dispose d'un divan au matelas acceptable. Rien n'est prévu pour les ablutions, mon pot de chambre est vidé une fois par jour et la même personne me passe mon repas par une trappe murale. C'est l'unique être humain avec qui je suis en contact, même pas un visage, rien qu'un avant-bras décharné et une main crasseuse à laquelle manque l'auriculaire. Je passe mes journées à écrire et à méditer. Il m'arrive de fredonner des chants grégoriens, en guise de prière quotidienne. Ma foi s'exprime ainsi. Maintenant que j'ai l'espoir de sortir d'ici, j'ai le cœur à chanter, mais point trop fort pour ne pas éveiller les soupçons de mon gardien. Il doit penser que je deviens fou. Peut-être à raison.

Je sais que le roi ne pourra pas m'atteindre hors de France où j'ai tissé un réseau de fidèles soutiens au fil des ans. Des amis, des employés et des relations d'affaires. Ils vont venir me libérer, j'en suis sûr. Il me faut être patient, ne pas laisser mon esprit ruminer sur la torture. Je dois employer mon temps à réfléchir, mais pas à cela. Je dois m'efforcer d'imaginer l'itinéraire prévu par mes amis. Je dois anticiper le choc de me retrouver en plein jour et la douleur de mon corps ankylosé qui a perdu l'habitude de se mouvoir. Allez, un peu d'exercice. Je dois m'étirer et marcher, sans quoi je n'irai pas loin le jour où je sortirai enfin d'ici. J'ai la tête pleine de projets d'évasion, c'est une bouffée d'air. Pourvu que le jour de ma libération soit proche !

Chapitre 29

Nous sommes à la fin octobre, en l'an 1454. Ce n'était donc pas une chimère. Le jour tant espéré, vers lequel tendaient toutes mes prières, est enfin là ! Mon cœur se met à battre plus vite, j'ai soudain peur que mes pieds refusent de se mouvoir. Mes hommes ont soudoyé mes geôliers. J'entends des voix, le cliquetis d'un trousseau de clés. Des voix douces et sympathiques, rien à voir avec les ordres aboyés auxquels je suis habitué. On m'attrape délicatement par le bras et on me sort du cachot.

– C'est Jean, mon cher oncle. Jean de Villages. Le jour risque de vous aveugler, après un si long séjour dans la pénombre. Permettez que je vous noue un foulard sur les yeux. Je vais vous guider. Vous allez enfin quitter cette prison. Nous avons préparé votre évasion. Vous m'entendez ?

Je dois avoir l'air sidéré. Jean s'adresse à moi comme à un enfant.

– Nous sommes dans un couloir… Attention, voici des marches, cinq en tout…

Il les descend une par une, à mon rythme. Je me laisse faire.

– Vous allez sentir le vent à l'extérieur. Je vais vous aider à enfourcher votre cheval. Respirez profondément et faites-moi confiance, mon cher oncle.

Il me serre dans ses bras. Je suis bouleversé. Je ne dois pas pleurer. Je suis loin d'être tiré d'affaire, mais cette présence amicale m'est déjà un réconfort.

– Il n'y a pas de temps à perdre. Nous avons une longue chevauchée pour rejoindre la Provence où nous attend votre ami le roi René. Non, ne dites rien. Je vous fournirai davantage d'explications lors du premier arrêt pour nous reposer.

Je monte en selle avec son aide et j'inspire profondément, comme il me le conseille. L'odeur est si différente dehors, le parfum de feuilles mortes et d'herbe mouillée m'enivre !

– Je vais vous attacher à votre selle, mon oncle. Je doute que vos muscles soient en état de supporter la chevauchée.

Bien attaché à ma selle à dossier, je me laisse mener au galop. Jean a parfaitement raison, il nous faut rejoindre au plus vite la Provence, territoire souverain de René d'Anjou, fils de l'exceptionnelle Yolande. Je sais qu'il me soutient et je sens que sa mère me prête main-forte depuis le ciel. La première halte ne vient qu'après plusieurs heures. Jean me détache et me pose doucement à terre. Comme je ne tiens pas debout, il me fait asseoir sur une couverture déployée au sol.

– Voici à boire et à manger, mon oncle.

Il me tend un gobelet en cuir, de l'eau avec une larme de vin. Je mange une bouchée de pain et un morceau de viande. Je soulève légèrement le foulard sur mes yeux. J'arrive un peu à voir, mais Jean me conseille de le garder encore, le temps que mes yeux s'habituent. Il a apporté un onguent et propose de me masser les cuisses, se doutant que je dois avoir de sérieuses courbatures. J'accepte volontiers.

– Mon cher oncle, pardonnez-moi d'avoir tant tardé à vous libérer ! Il y avait beaucoup à faire. Il nous faudra éviter de croiser les gardes royaux. Le roi sera bientôt informé de votre évasion, aucune somme n'aurait suffi à acheter le silence du capitaine responsable du donjon, et Charles enverra ses meilleurs hommes à vos trousses. Avec l'aide de votre fils archevêque et de vos nombreuses relations dans les milieux ecclésiastiques, nous avons prévu des sanctuaires tout au long du parcours, des monastères, des abbayes et des prieurés qui sont tenus de vous offrir l'asile. Cela m'a pris du temps, je voulais m'assurer que je pouvais avoir entièrement confiance en mes interlocuteurs. Même un homme de foi n'hésiterait pas à vous vendre, tout est affaire de prix.

Il assène cette vérité d'un ton fataliste.

– Mon cher neveu, sache que j'ai conscience de tout ce que tu as entrepris pour me faire libérer. Depuis que j'ai été informé de ton projet il y a quelques semaines, j'ai veillé à faire un peu d'exercice dans ma cellule pour préparer mon corps à cette épreuve. Je ne suis pas si fragile que j'en ai l'air et mes yeux commencent à s'acclimater. Savoir que je suis enfin sorti de ce trou à rats décuple mes forces comme même mon imagination fertile n'aurait pu l'imaginer ! Vois, je ris pour la première fois depuis mon arrestation !

Les attentions de Jean m'émeuvent au plus haut point.

– J'aimerais pouvoir vous ménager et avancer à un rythme plus tranquille, mon oncle, mais les hommes du roi sont peut-être déjà derrière nous !

Le périple promet en effet d'être long et pénible, mais la liberté est à ce prix. J'endure stoïquement les efforts et les douleurs. La première nuit, ce sont les braves moines de l'abbaye de Saint-Savin, bâtiment de granit rose du Haut-Poitou, qui nous offrent l'hospitalité. L'accueil est chaleureux, on nous offre un bon bol de soupe et j'ai même droit à de l'eau chaude pour faire ma toilette, luxe oublié depuis le début de mon incarcération. Avec une serviette humide et tiède, Jean m'aide à décrasser mon corps meurtri. Les moines ont prévu un baume pour mes membres ankylosés qui me procure un soulagement intense. Je m'endors alors qu'on est toujours en train de me masser. Nous repartons avant l'aube, munis de nouvelles provisions et de bénédictions. Nous sommes douze : Jean, deux de mes anciens employés et huit rudes soldats soigneusement sélectionnés par René dans son armée d'Anjou.

– Nous ne pouvions pas en prendre davantage, m'explique Jean, au risque de nous faire repérer.

Notre itinéraire, méticuleusement préparé par mes fidèles amis, nous mène d'un établissement religieux à un autre. Durant les longues heures de chevauchée, je prie en silence pour qu'aucune précaution n'ait été négligée. La route jusqu'en Provence est longue, parsemée d'embûches.

Nous faisons une halte à l'abbaye bénédictine Saint-Martial, près de Limoges. Mon benjamin est chanoine à la cathédrale et j'y dispose également d'autres appuis. J'ai à peine le temps de descendre de cheval que mon fils Henri accourt et me serre dans ses bras. Les paroles sont superflues. Le repas est délicieux, l'abbé nous conte les difficultés auxquelles l'abbaye a été confrontée durant la guerre contre les Anglais. Je dois reconnaître que je l'écoute d'une oreille très distraite. Nous goûtons à l'excellente liqueur des moines et il n'en faut pas plus pour que je dorme du sommeil du juste. Nouveau départ aux aurores, le cœur lourd de quitter aussi vite nos valeureux hôtes. Nous disposons de nouvelles montures, comme il a été convenu lors des préparatifs. Malgré la fatigue et mes muscles endoloris, je sens que je reprends des forces. J'ai l'impression d'être un pantin quand je me déplace, une jambe puis l'autre.

L'étape suivante nous mène à Cahors chez un évêque recommandé par mon fils Jean, qui s'est vu retirer sa mitre d'archevêque. Le lendemain, nous prenons la direction de

Toulouse. J'ai enfin recouvré la vue. Je distingue notre objectif au loin, le clocher de l'abbaye qui se détache sur le soleil couchant. Nous arrivons au crépuscule et les moines nous prodiguent encore une fois réconfort et encouragements. Des informateurs nous rattrapent, porteurs d'un message urgent : il nous faut hausser l'allure, les hommes du roi se rapprochent un peu plus chaque jour. Nous gagnons l'ancien monastère jacobin aux environs de Carcassonne. En pénétrant dans la chapelle, ce sont de magnifiques chœurs qui nous accueillent. Les moines sont réputés pour leur chant grégorien.

– Suis-je arrivé au ciel ? demandé-je à l'abbé. Sont-ce les anges célestes qui m'accueillent ?

Il me sourit et me mène à ma cellule, dont la couche me surprend par son moelleux. Au matin, nous nous autorisons une incursion dans la cité fortifiée de Carcassonne pour y rencontrer un de mes fidèles soutiens qui doit me procurer des fonds. On ne sait jamais quand il faudra verser une somme conséquente pour acheter Untel ou Untel. L'expédition manque tourner à la catastrophe et nous échappons de justesse à nos poursuivants. La nouvelle s'est répandue que des cavaliers en fuite sont recherchés par la justice royale. Quelqu'un repère notre groupe et signale notre présence dans une église. Dans un vent de panique, nous fuyons par une porte que nos amis bloquent avec des madriers. En même temps que nous prenons la fuite, nous entendons les gardes du roi qui tentent de s'introduire de force dans l'église. Sans la présence d'esprit des moines qui ont entassé des bancs pour les retenir un peu plus, nous étions capturés. Je remercie le Seigneur pour ce réseau qui m'a permis une fois encore de m'échapper, mais j'ai une pensée pour ceux qui seront inévitablement châtiés par le roi.

Nous trouvons refuge chez des dominicains de la région, le temps de nous remettre. Puis nous nous hâtons vers Narbonne. Le danger est loin d'être écarté, on nous informe que nos poursuivants sont sur nos talons. Nous tentons de brouiller les pistes en modifiant notre itinéraire, quelques lieues vers l'est avant de revenir à l'ouest, mais les hommes du roi ont vite fait de retrouver notre trace. Devant la mine inquiète de mes amis, je comprends que l'étau se resserre.

L'abbaye cistercienne de Fontfroide nous accorde l'asile. Il s'agit du plus important monastère de France, situé dans les terres aux environs de Narbonne. Je connais bien l'abbé pour lui avoir rendu service autrefois.

– Mon cher Jacques, je n'ai jamais oublié la générosité dont vous avez fait preuve il y a vingt-cinq ans, quand ma famille et moi étions dans le besoin. Je n'ai cessé de prier pour vous et j'ai toujours eu l'espoir de pouvoir vous rendre la pareille.

Il m'étreint avec affection. Sa reconnaissance me va droit au cœur. Moi qui en étais venu à penser que la bonté n'était jamais récompensée ! Il nous donne à manger et des chevaux frais.

– Je vous dois bien plus, mais j'espère que cela vous aidera.

Il me bénit et nous voilà déjà repartis. Nous n'osons plus nous attarder nulle part, les soldats du roi sont trop proches. Je suis si épuisé que je ne sais plus quel jour nous sommes ni à quel moment de la journée, je sais seulement qu'il ne faut plus s'arrêter.

– Vous feriez mieux de m'attacher de nouveau à ma selle, comme au départ ! proposé-je à mes compagnons. Nous avons intérêt à chevaucher de nuit aussi !

La détermination du roi ne fait plus aucun doute, il mettra tous les moyens pour que je sois capturé et ramené en chaînes. Nos informateurs nous apprennent qu'on dépense sans compter pour tenter de libérer les langues. Au moins, nous avons atteint une région où je sais pouvoir compter sur un certain nombre de soutiens. Je suis un peu soulagé de me trouver en Languedoc, non loin de Montpellier. Quand on me détache de ma selle, je m'effondre dans les bras de Jean. Mes jambes refusent de me soutenir.

On me porte dans l'abbaye Saint-Félix où nous passons la nuit. Les moines prennent soin de moi, on me lave et on me fait boire du bouillon. Mon cœur bat toujours aussi vite depuis la frayeur de Carcassonne et une ombre suffit à me donner des sueurs froides. Les moines se déplacent discrètement dans leurs sandales de cuir et pourtant je sursaute au moindre bruit, ne serait-ce que le cliquetis des perles d'un rosaire. Je sais que l'ennemi se rapproche, mais il m'est impossible d'aller plus loin ce soir.

Je suis presque chez moi et je connais bien ces terres. Je ne peux envisager de me réfugier dans mon hôtel de Montpellier qui a certainement été confisqué. Je touche au but, mais le péril n'a jamais été aussi grand. Un avis de récompense pour ma capture a été annoncé dans tous les villages du Languedoc. Je me fais l'effet d'un cerf traqué par la meute et qui cherche refuge au milieu d'un lac. Les chiens se jettent à l'eau, nagent furieusement et tiennent la proie en attendant que les chasseurs l'achèvent. Vais-je connaître un sort similaire ? Telle est l'interrogation sur laquelle je m'endors.

Cette fois-ci, nous devons notre salut à mes anciens employés de Montpellier qui nous tirent *in extremis* d'une situation délicate. Je me dis que je devais être un patron assez juste et équitable, pour que tant de gens soient disposés à m'assister au risque de s'attirer la fureur du monarque. Via la côte, nous atteignons Beaucaire dans un état de grand épuisement. Nous devons passer la nuit dans l'abbaye Saint-Roman, érigée au Ve siècle. Dès les portes franchies, un parfum de lavande nous accueille en Provence. Jean de Villages nous a quittés pour s'assurer que le navire était prêt. Nous devons embarquer à l'aube et fuir par le Rhône, ultime étape vers la liberté. Je suis sur le point de me coucher quand j'entends des cris, des pas précipités et des bruits métalliques sur la pierre.

Que se passe-t-il ?

J'appelle à l'aide, je suis incapable de bouger. Est-ce la fin ? Après tout ce que j'ai enduré, le périple et les cachettes, vais-je être capturé alors que la liberté me semblait promise ? Soudain, Jean est à mes côtés, il me tire précipitamment vers la sortie et appelle ses fidèles complices d'un sifflement bref. Je reconnais le signal, celui que l'on utilisait toujours pour donner l'alerte sur les galées et sur les quais. Apparemment, Jean a fait demi-tour dès qu'il a appris la présence de nos poursuivants à Beaucaire. Dans un furieux vacarme, nos soldats parviennent à creuser une brèche dans le mur extérieur du monastère et à nous rejoindre avant les hommes du roi. Le combat s'engage, les épées s'entrechoquent et l'on m'évacue à la hâte.

J'avoue humblement que j'ai été saisi d'épouvante en entendant mes adversaires si proches. Ils n'étaient pas là pour me prendre vivant mais pour m'éliminer. On aurait raconté que j'avais trouvé la mort en tentant d'échapper à la justice. Mes poursuivants sont bien conscients, comme moi, que Beaucaire représente leur dernière chance de me reprendre. Sur l'autre rive du Rhône qui constitue la frontière, j'aurai quitté la France de Charles VII pour le refuge de la Provence de René d'Anjou, territoire souverain où les hommes du roi n'ont aucun pouvoir pour m'arrêter.

Cette phase du plan est la plus délicate. On me conduit dans une cache où je me repose. La traversée s'effectuera avant l'aube. De l'autre côté du fleuve, j'aperçois la forteresse de Tarascon, pâle et menaçante. Mais, par cette nuit où se joue mon destin, je la trouve plutôt rassurante. Tarascon, c'est la liberté. Louis II a fait bâtir la forteresse à l'époque de son mariage avec Yolande, en cette cité qui serait sa nouvelle capitale provençale. Le couple y a connu des jours heureux, jusqu'à la mort de Louis, et Yolande y est toujours restée attachée. Mon ami René en est le maître aujourd'hui. J'ai l'impression que le salut est à portée de main, mais il me reste ce fleuve à franchir.

Il fait toujours nuit quand on me réveille. J'ai l'impression d'avoir dormi à peine une heure et non cinq. Le roi a dépêché de nombreux renforts pour tenter de m'intercepter. Jean de Villages a repéré un bras du fleuve peu fréquenté, où des passeurs nous attendent. Il prévoit que nous traversions là où le Rhône est le plus large, et non le plus étroit, comme doivent supposer les soldats royaux. Pourvu qu'il ait raison… Je me baisse rapidement et j'attrape une poignée de terre. Manière de dire adieu à mon pays où je sais que je ne pourrai jamais revenir. L'aube est proche, mais le ciel demeure noir. Deux barques sont là pour nous.

Je prends place dans la première avec mes compagnons. L'autre transporte l'escorte d'archers angevins que René a envoyée pour nous couvrir. Aucun ennemi n'est présent, Jean a bien choisi son endroit. Les rames s'enfoncent discrètement dans l'eau sombre, bientôt nous sommes hors de portée d'un arc. De toute manière, les flèches peineraient à vaincre le vent de face que nous essuyons. Les premières lueurs pointent dans le ciel comme nos ombres spectrales se découpent sur les marches de la forteresse. Illuminée par le soleil, la haute tour n'est plus blanche mais d'un rose chatoyant. Je comprends que je suis enfin libre, une vive émotion s'empare de moi. J'ai échappé à la prison et à la mort. Je suis sur le point de m'évanouir quand j'aperçois René qui vient à ma rencontre. Il m'étreint dans une accolade chaleureuse.

– Mon cher Jacquet ! s'exclame-t-il d'une voix franche et puissante. C'est avec une sincère amitié que je vous accueille, comme ma mère avant moi, sur mes terres de Provence !

René a été le plus loyal des amis. Il a refusé que les hommes de Charles VII extradent Jean de Villages de Marseille. Il a accueilli mes vaisseaux dans son port pour qu'ils continuent à commercer. Il a fait rapatrier à Marseille les biens et les marchandises que je possédais à Montpellier, en prétendant qu'il en était propriétaire. J'imagine Yolande, sa mère et ma protectrice, qui sourit là-haut avec fierté.

– Après le petit-déjeuner, il nous faut entamer notre voyage vers Marseille. Je propose que nous nous rendions à Arles par le fleuve. C'est notre ancienne capitale, nous y serons bien accueillis. J'ai des soldats qui surveillent tous les points de traversée le long du Rhône. Charles VII ne se permettra jamais d'envoyer ses hommes en Provence, un territoire souverain. Des chevaux nous attendent à Arles, nous gagnerons Aix où nous passerons la nuit.

Ses paroles confiantes ont le don d'évacuer la tension de mon corps fourbu.

– Rien à voir avec la folle course que vous venez d'entreprendre, nous voyagerons tranquillement et vous pourrez vous reposer sur le bateau. Je me sentirai plus serein une fois que vous serez sous mon toit à Marseille. Tarascon est trop proche de la France à mon goût, inutile de tenter le sort et de s'exposer à une tentative d'enlèvement par les hommes du roi !

Le soleil est pleinement apparu à l'horizon. Avant le départ, je monte au sommet d'une des tours de la forteresse et je contemple le paysage. J'adresse un dernier regard à la France, baignée des premiers rayons du jour.

Chapitre 30

Le trajet jusqu'à Arles se déroule paisiblement, comme l'a annoncé René, et je dors presque tout du long. Nous passons la nuit dans un magnifique palais et, au matin, René me propose avec sollicitude :

– Souhaitez-vous passer quelques jours ici pour vous reposer ?

Je dois avoir l'air exténué.

– Non, non, Monseigneur. Nous devons poursuivre vers Aix.

Les chevaux sont frais et nous n'avons aucune raison de nous hâter. Après une nouvelle nuit réparatrice à Aix, je me sens capable d'assister au dîner que René organise en mon honneur. Je suis ravi de revoir de vieux amis et il y a de la musique, comme partout où se trouve le roi René ! Le lendemain, nous nous levons tranquillement et nous prenons la direction de Marseille. Nous discutons peu en chemin, mais le sourire de René me laisse penser qu'il est moins inquiet sur mon sort.

Ils s'arrêtent au sommet d'une colline, aux abords de la ville. Le vaste port de Marseille scintille en contrebas. Le marchand descend de cheval et, quand il reconnaît son pavois qui flotte fièrement au grand mât d'un navire, il s'agenouille et se signe pour exprimer à Dieu sa reconnaissance. René se tourne vers lui, avec son air jovial coutumier, et lui agrippe l'épaule d'une main amicale.

– Mon cher Jacquet, le calvaire est terminé ! Vous êtes en sécurité chez moi, et toujours dans votre sphère d'influence.

Je vous invite à passer quelques jours dans mon palais confortable, nous avons bien des sujets à aborder.

Jacques ne peut retenir ses larmes. Il a une pensée pour Isabelle, l'épouse de René, décédée trois ans plus tôt, à l'époque de son arrestation. Il s'en veut d'avoir trop peu pensé à elle durant son épreuve. C'était une femme exceptionnelle qui avait tenu le trône de Naples avec une ténacité remarquable pendant que son mari était l'otage des Bourguignons. René s'est remarié entretemps et sa nouvelle épouse doit les accueillir au palais. Comme ils descendent au petit trot vers la ville, René confie à Jacques combien il a été choqué par la transformation du roi une fois que sa « Bonne Mère » n'était plus là pour le tenir, ni Agnès Sorel pour exercer son influence salutaire.

Livré à lui-même, il s'est laissé entraîner par Antoinette et est vite retombé dans sa débauche d'antan. Écœuré du comportement de son cousin, le bon roi René a décidé de quitter la France. Une nouvelle étape de sa vie s'amorce avec sa jeune épouse, il choisit de se retirer de la cour de Charles VII pour s'établir en Provence et diriger sa province souveraine. Jeanne de Laval les attend à leur arrivée, devant la porte monumentale. Jacques est surpris de sa jeunesse, elle a vingt ans de moins que René. Elle est vraiment très jolie.

– Bienvenue, mon cher Jacquet, dit-elle avec un sourire chaleureux qui illumine jusqu'à son regard. J'ai beaucoup entendu parler de vous et nous sommes heureux de vous accueillir à Marseille.

Elle lui montre sa chambre. Le premier soir, ils dînent puis écoutent des musiciens. Des amis sont présents, l'ambiance est joyeuse. Jacques dort comme s'il avait une vie de sommeil en retard à rattraper. Il goûte enfin, pleinement, sa liberté. Ces jours de repos lui font le plus grand bien, le palais de René est une villégiature des plus agréables, il admire les bateaux dans le port et se rend plusieurs fois à bord de vaisseaux lui appartenant. Les médecins de son hôte soignent ses divers maux, l'état de fatigue générale, l'atrophie musculaire et les douleurs dues à l'interminable chevauchée. Ses yeux ne se ressentent plus du tout de sa longue captivité, il a recouvré une vue parfaite. Jeanne vient souvent lui apporter des rafraîchissements dans ses appartements et prend le temps d'échanger quelques amabilités. C'est une jeune femme à l'esprit vif, qui partage visiblement les penchants artistiques et musicaux de son mari. Elle évoque ses souvenirs de Saumur et d'Angers, ne tarit jamais d'éloges sur la Provence et lui parle des poètes qu'elle souhaite inviter à la cour. Son enthousiasme est contagieux et ses yeux pétillent toujours de l'amour et de l'admiration qu'elle voue à son mari. Les enfants de René lui procurent du bonheur, sans effacer complètement le chagrin de ne pas encore en avoir eu avec René. Jacques se découvre de l'admiration pour cette Jeanne de Laval qu'il apprend à connaître, et il comprend tout à fait que René ait éprouvé le besoin de refaire sa vie après la disparition d'Isabelle. Qui sait, peut-être que lui aussi sera un jour capable d'aimer une autre femme que Macée.

Durant son séjour, le marchand apprend par René comment la cour a réagi à son évasion. Visiblement, Charles VII en fait une affaire personnelle. Il considère que sa fuite est un affront à la personne du monarque, d'autant qu'une bonne partie de la population a pris fait et cause pour le prisonnier. Personne ne peut croire qu'il soit impliqué dans la mort d'Agnès Sorel, en dépit des accusations sur les placards affichés dans tous les bourgs et villages. D'ailleurs, on les arrache souvent la nuit, pour la plus grande fureur des autorités. Les gens savent que Jacques s'est toujours montré fort charitable envers les pauvres et qu'il a prêté beaucoup d'argent au roi et à la Couronne.

Jacques dispose d'un comptoir à Marseille depuis de longues années, il bénéficie d'un puissant réseau de relations et d'amis dans le port. Au bout d'une dizaine de jours, René juge qu'il est suffisamment remis et lui propose d'aborder des sujets plus sérieux, une discussion en profondeur sur les événements survenus depuis la mort de la dame de Beauté :

– Mon cher ami Jacquet, je suis bien aise de voir que vous avez repris des forces et des couleurs ! Permettez-moi de vous dire que vous faisiez peur à voir à Tarascon ! s'esclaffe René en frappant sa puissante cuisse. Je dois dire que je vous préfère sans la barbe et sans la tignasse hirsute ! Bon, trêve de plaisanterie. Nous avons beaucoup à nous dire. Tant de choses à éclaircir.

Ils prennent place sur la terrasse, dans des divans moelleux, profitant des rayons automnaux.

– Tout d'abord, d'où ont bien pu surgir ces accusations insensées ? Tout le monde savait quels liens vous unissaient à Agnès, que vous lui deviez en partie votre réputation et votre fortune. Vous procuriez au roi les magnifiques tenues qu'il prenait plaisir à lui offrir. Dites-moi tout ce que vous savez et je vous confierai ensuite le fond de ma pensée.

Jacques entame son récit par leur dernière rencontre à Marseille, quand René lui avait demandé comment progressait le chantier de son hôtel particulier. René s'était permis de lui faire remarquer, très gentiment, que le roi et les courtisans risquaient de prendre ombrage d'un édifice aussi luxueux.

– Vous souvenez-vous de mes craintes ? s'enquiert René.

– Oui, et, pour être tout à fait honnête, je vous trouvais d'un pessimisme excessif, Monseigneur. Et puis, ce projet de bâtir une demeure me comblait tant que je me suis un peu laissé emporter.

– Oui, dit René d'un ton mélancolique, la satisfaction du bâtisseur. Je l'ai éprouvée à Naples. Mais j'ai appris à lâcher prise quand les choses nous échappent. Le cœur souffre moins, la douleur en est atténuée. Imaginons un instant que nous soyons débarrassés des sentiments : que la quête de la vérité en serait simplifiée !

Sur la table basse entre eux, on a disposé un plateau avec des jus de fruits. Il y a aussi des friandises, dont René raffole. Une douce mélodie leur parvient, portée par la brise. Sans doute des musiciens qui jouent quelque part dans le parc, une flûte et un instrument à cordes.

– Avec le temps, après avoir essuyé des revers de fortune et des malheurs, poursuit René, j'en suis venu à adopter une philosophie plus simple de l'existence. Il ne faut jamais supposer qu'autrui partage le même sens du bien et du mal que soi. Certains ont les mêmes valeurs, d'autres non, et d'autres encore ont une morale qui correspond seulement en partie à la nôtre. Vous m'avez narré l'histoire de votre arrestation et de votre captivité, vous m'avez confié vos doutes et vos soupçons, la manière dont vous vous expliquez les choses. Maintenant, à mon tour de vous livrer mes réflexions.

René se lève, se sert du vin coupé d'eau.

– Bon. Je connais Charles depuis l'enfance et, pour être franc, je n'ai jamais eu la moindre illusion sur son caractère. Pourtant, ayant six ans de moins que lui, il fut un temps où je le vénérais comme un héros. Il a toujours eu un côté mystérieux, on devinait de terribles secrets enfouis en lui. Je me souviens qu'il avait peur de la foudre. La première fois que j'ai pris conscience de la face sombre de son personnage, c'est quand il a ordonné à Jean Dunois de prendre d'assaut le château d'Azay-le-Rideau et de faire décapiter les deux cents soldats présents à l'intérieur, des Français, je vous prie, tout ça au prétexte que leur capitaine l'avait insulté ! Oui, en l'espace de quelques années, sa personnalité s'est profondément altérée. Quand il avait dix-sept ans, l'inique traité de Troyes l'a privé du statut de dauphin qui lui revenait de droit. À compter de ce moment, il y a eu deux Charles : d'une part, un roi plein de promesses ; d'autre part, un débauché qui ne croit pas en l'avenir et ne voit donc aucune raison d'adhérer aux principes que prêchait ma chère mère.

« Quand il a abandonné Jeanne d'Arc, nous avons été un certain nombre, dont mon frère Louis et d'autres personnes de notre entourage, à comprendre qu'il serait capable de trahir n'importe lequel d'entre nous, si besoin. Sauf peut-être ma mère. Elle seule pouvait le sermonner sans qu'il se vexe. Personne d'autre n'osait lui faire le moindre reproche. Je correspondais depuis la Lorraine avec ma mère et ma sœur, nous faisions le même constat. Quand Louis s'est pleinement consacré à monter une expédition pour récupérer son trône de Naples, ma sœur et moi avons jugé préférable de ne pas l'importuner avec nos craintes concernant le roi. Cependant, notre cadet Charles du Maine était très admiratif de Charles VII et espérait tirer des avantages personnels de son influence à la cour. Après tout, il était privé de son territoire du Maine, toujours aux mains des Anglais, contrairement à ce que stipulait le contrat de mariage entre ma fille et Henri VI.

« Malgré tout, les succès militaires aidant, Charles VII s'est assagi et, grâce à l'influence de ma chère mère, il était entouré de conseillers de qualité. Malheureusement, ma sœur Marie n'a jamais eu l'oreille de son mari. Il ne s'est pas attaché à elle. Il faut dire qu'elle menait une existence éprouvante, enchaînant les grossesses et les fausses couches.

Jacques écoute attentivement l'exposé de René.

– Quand Charles a rencontré Agnès à Toulouse en 1443, alors que nos deux cours étaient réunies, il était plus sage et plus mûr, et il a reconnu en elle la femme idéale qu'il avait toujours recherchée, belle et intelligente, sincère, loyale et honnête, capable de donner du bonheur comme d'en recevoir. En plus jeune, c'était un peu le portrait de ma mère, la seule femme qu'il avait jamais admirée. Comme ma mère l'avait prémédité et deviné, Charles est tombé amoureux d'Agnès et elle de lui. Toutefois, comme nous autres hommes ne le savons que trop bien, la passion ne dure jamais, au contraire de l'amour.

Le marchand écoute sans faire de commentaires.

– La fidélité n'est pas instinctive chez les hommes. Il n'y a qu'à voir la nature : combien d'espèces animales s'en tiennent à un seul partenaire pour la vie ? Certes, il y en a quelques-unes. Le cygne, le loup, l'aigle. Quand l'un des deux meurt, l'autre ne se laisse pas dépérir, il choisit un nouveau partenaire, comme nous autres humains quand nous devenons veufs.

« Moi, par exemple, dit-il en souriant. Ce qui ne veut pas dire que je n'étais pas épris de ma chère Isabelle, vous êtes bien placé pour le savoir. Quand ma mère est morte, plus personne ne critiquait le roi, ni n'osait lui refuser quoi que ce soit. Puis il a rencontré Agnès qui, sans le vouloir, lui a présenté un défi comme aucune autre femme avant elle. Jeune fille pure et vertueuse, elle voyait en lui un homme marié davantage qu'un roi. S'il voulait conquérir son cœur, il a compris qu'il devait lui offrir le sien, devenir son chevalier servant. Il a pris son temps, en prédateur patient. La moitié du plaisir réside dans la chasse. Quand elle lui a enfin succombé, il l'a vénérée comme aucune autre, son premier amour. Plus tard, il l'a trompée avec sa propre cousine, en prenant ses précautions pour qu'Agnès n'en sache rien. J'imagine que vous calmiez ses soupçons ? Oui, cela ne m'étonne pas. Elle vous faisait plus confiance qu'à quiconque et ne doutait pas que vous sachiez la vérité. Si vous lui certifiiez qu'il n'y avait rien, c'est que ses craintes étaient infondées. D'ailleurs, je suis convaincu que Charles a été clair avec Antoinette, qu'il mettrait un terme à leur relation si sa favorite découvrait la vérité. Il tenait à ne pas blesser Agnès, j'en suis certain.

Jacques se redresse, étonné du tour que prend le monologue. Que le roi ait eu des aventures pendant les couches d'Agnès, voilà qui allait de soi et n'était qu'une infidélité mineure, surtout si la favorite n'en savait rien. Le marchand voit que c'était néanmoins une trahison de l'amour pur et de la confiance qu'elle lui vouait, comme nulle autre femme exceptée son épouse Marie, qu'il bafouait sans vergogne.

– Quand Agnès est morte, il n'avait plus personne à séduire, à rendre fier de lui. À quoi bon jouer les chevaliers si vous n'avez plus de dame à éblouir pour jouir de son admiration sincère et désintéressée ? Bien sûr, d'autres femmes se jetaient à ses pieds, mais c'était l'admiration d'Agnès seule qui lui importait, car ses sentiments étaient purs et réservés à Charles, alors que cette femme d'une grande beauté aurait pu avoir qui elle voulait. Même la guerre contre les Anglais ne le motivait plus, les victoires venaient trop facilement. Il ne désirait qu'une chose, mais un obstacle se dressait entre lui et cette chose. Quel obstacle ? Voyons, vous-même, mon cher Jacquet.

– Que voulez-vous dire, Monseigneur ? demande le marchand, interloqué. Ma personne et ma fortune étaient à sa disposition, ses désirs étaient pour moi des ordres. Nul ne l'ignorait.

– Oui, cher ami. Il vous prenait au mot. Il vous a emprunté de fortes sommes, il vous devait beaucoup d'argent. Cela lui a permis de l'emporter face aux Anglais, une satisfaction pour lui. Mais ce qu'il désirait vraiment, c'était se venger. Pour apaiser la douleur de la mort d'Agnès. Son seul vrai amour, celle qui s'était donnée à lui sans retenue et qui n'était plus là pour partager les succès, pour l'admirer de tout son cœur. Quelqu'un devait payer pour son chagrin, souffrir, car il sentait combien cette absence avait laissé un trou, un grand vide dans sa vie. Il s'est vautré dans la débauche et la dépravation, sans en tirer aucun plaisir, et il n'en tirait que du dégoût pour lui-même. Il avait su s'amender autrefois, mais, sans Agnès pour l'aider, les vices d'antan ont repris le dessus. Si elle avait vécu, jamais il ne serait retombé aussi bas. Il se serait peut-être permis une petite incartade ici ou là, mais jamais il n'aurait plongé dans le stupre. Ma mère y avait veillé et Agnès ne l'aurait pas permis.

René marque une pause. On leur sert à boire et on leur apporte d'autres victuailles.

– Mais de là à m'accuser d'avoir assassiné Agnès… dit Jacques, incrédule.

– Le roi ne vous a pas accusé. Deux courtisans secondaires s'en sont chargés, sans doute poussés par d'autres, peut-être en pensant que Charles le souhaitait et les récompenserait.

René s'empare d'un pilon de poulet rôti, y mord à pleines dents et poursuit en le brandissant :

– Lentement, le chagrin de Charles s'est mué en une colère qui bouillait incessamment en lui. Malheureux comme la pierre, il a décidé que quelqu'un devait payer. Je ne crois pas que l'idée de vous accuser soit venue de lui, quelqu'un a dû le suggérer, peut-être même pas à lui, à l'un de ses favoris. Puis cela est venu aux oreilles du roi, votre nom comme bouc émissaire possible. Peut-être a-t-il jugé la proposition intéressante. *Jacques Cœur ? Pourquoi pas ? Je lui dois tant d'argent...* Je pense que l'inventeur de ce mensonge, et peut-être sa clique, se sont employés à le planter dans l'esprit du roi.

Une fois encore, René se dirige vers le buffet. Son embonpoint ferait pâlir un lutteur !

– N'oubliez pas, reprend-il, que rien ne prouve qu'Agnès a été vraiment empoisonnée. Le médecin de la reine, l'excellent Robert Poitevin qui a pratiqué l'autopsie, a déclaré lors de votre procès qu'il n'a trouvé absolument aucune trace de poison, quand tout le monde savait qu'Agnès était traitée avec du vif-argent. Mais à dose très faible et qui ne pouvait être que bénéfique, a-t-il témoigné.

En écoutant René, Jacques se souvient soudain que Poitevin était seul pour pratiquer l'autopsie. Cela l'avait étonné quand il l'avait appris par l'un de ses espions à la cour. D'ordinaire, le médecin s'entourait d'un ou deux assistants pour cette tâche délicate.

– J'ai mené ma petite enquête, poursuit René. Il s'avère que Poitevin a également autopsié le corps de la dauphine Marguerite. Là aussi, seul. Comment se l'expliquer ? Les aurait-il empoisonnées l'une et l'autre ? Ou bien a-t-il menti pour couvrir le vrai meurtrier ? J'ai longuement réfléchi à la question.

Jacques demeure silencieux, osant à peine respirer.

– Vous m'avez fait part de vos soupçons, poursuit René. Vous n'êtes pas loin de penser qu'Agnès a été empoisonnée. Je suis du même avis, mais votre liste de suspects me semble erronée.

René se lève et se ressert du vin. Le marchand suppose que l'entrevue est terminée, pour l'instant. Abasourdi, Jacques profite de ce répit pour digérer ces nouvelles informations. Malgré la déposition de Robert Poitevin au procès, René pense qu'Agnès a été empoisonnée. Auquel cas le médecin a dû en repérer des traces. Mais alors, pourquoi a-t-il prétendu le contraire ? Pourquoi a-t-on assassiné la favorite du roi ? Qui a conçu l'odieux complot ? Jacques redoute la réponse, mais il a besoin de savoir.

– Monseigneur, il faut m'expliquer. Je vous en conjure, dites-moi ce que vous savez et à quelle conclusion vous en êtes arrivé. Vous pensez peut-être que mon tourment est terminé maintenant que je suis en sécurité, mais songez que durant de longs mois, maltraité et en proie à la peur, je me suis torturé l'esprit. Je n'arrivais pas à m'expliquer que mon roi, pour qui j'ai tant fait et envers qui j'ai toujours été d'une parfaite loyauté, puisse m'abandonner de la sorte et ne cherche pas à me défendre contre des accusations qui risquaient de me coûter la vie. Et voilà que vous affirmez, Monseigneur, que la dame de Beauté, celle que le roi aimait tant, a été empoisonnée ? À l'insu de Charles, j'espère…

René écoute la supplique du marchand, puis s'empare d'une cuisse de poulet, l'air pensif.

– Bien. Jacquet, une longue amitié nous lie et la confiance règne entre nous. Je vais donc vous livrer le fond de ma pensée, mais sachez que je n'ai aucune preuve et que ce que vous allez entendre ne vous plaira pas.

On leur sert du vin et René s'assoit en face de Jacques, leurs genoux se touchant presque.

– Je pense que le désir de vengeance qui consumait le roi n'a pas échappé à un proche courtisan. Après la mort d'Agnès, Charles a été pris d'une idée fixe, punir quelqu'un puisqu'on l'avait privé de celle qui lui était plus chère que tout au monde. Il ne pouvait pas en vouloir à Dieu. Désigner un coupable est un trait de caractère chez lui. Il était déjà comme ça enfant et ça ne l'a jamais quitté. Donc, quelqu'un dans son entourage remarque cette rage et se fait la réflexion que le ressentiment de Charles pourrait être détourné au profit d'une cause qui servirait les intérêts du royaume et d'une bonne partie de la cour. D'autres facteurs alimentaient la rage du roi, comme sa jalousie de votre fortune, d'autant qu'il avait une dette prodigieuse chez vous et toujours besoin d'argent pour satisfaire les envies de sa nouvelle maîtresse, une personne des plus insatiables. Je pense que quelqu'un de proche lui a soufflé une solution à ces obsessions disparates, peut-être même sans que Charles en soit conscient au début. Je suis certain que les deux courtisans qui vous ont accusé y ont été incités contre une récompense sonnante et trébuchante.

Jacques est plongé dans une confusion encore plus grande qu'auparavant.

– Mais, si mes accusateurs agissaient sur commande, ils auraient forcément dévoilé le nom de leur commanditaire lors de leur propre procès pour obtenir une sentence allégée, non ? objecte-t-il, interdit.

– Peut-être ont-ils reçu un courrier anonyme contenant une somme d'argent et des instructions, avec la promesse d'une rétribution supplémentaire s'ils exécutaient les consignes. Je vois que cette conversation vous fatigue, Jacquet. J'en suis navré. Reposez-vous un moment, je dois me rendre au port pour voir l'un de mes capitaines. Un léger problème est survenu. Nous poursuivrons la discussion à mon retour.

Mais, ce soir-là, on reçoit de vieux amis du marchand et de René, et un magnifique concert est donné en leur honneur. Quand tous les invités sont partis, René et son épouse se sont déjà retirés. Deux jours s'écoulent avant que René et Jacques soient de nouveau en tête à tête, en mesure de reprendre leur conversation. Jacques n'a cessé d'y repenser, en proie à d'horribles doutes. Qui a pu souffler son nom au roi comme suspect pour le meurtre de sa favorite ?

Agnès était sa meilleure cliente, sans doute la seule personne de la cour qu'il avait toujours plaisir à voir. C'était un parfait enchantement que de se retrouver en sa compagnie, la pureté de son âme fournissant la preuve éclatante de son amour pour le roi. Bien entendu, Jacques avait eu vent des rumeurs qui chuchotaient qu'il était lui aussi amoureux d'Agnès. Macée elle-même le taquinait parfois à ce sujet, même si elle savait parfaitement que leur relation était pour Agnès une façon d'aider le roi, l'homme de sa vie, et pour lui une manière de favoriser ses affaires.

René a proposé à Jacques une promenade dans le parc, où il y a encore de magnifiques parterres de fleurs et de lavande, même en plein automne. Jacques n'en peut plus de contenir l'agitation de son esprit. Il se tourne vers René et lui demande, d'une voix où transparaît l'angoisse :

– Monseigneur, il faut que vous m'aidiez à résoudre l'énigme qui me tourmente, sur l'attitude du roi à mon égard. Je suis perdu et troublé.

René le regarde avec sympathie.

– C'est naturel ! Veuillez me pardonner de vous avoir laissé dans l'incertitude, faute d'avoir achevé l'exposé de mon hypothèse. Je veux bien livrer mes réflexions à vos oreilles. Mais ce que j'ai à vous dire va vous secouer et vous troubler. Êtes-vous bien certain de vouloir l'entendre ? Vous pourriez partir pour Rome, y jouir paisiblement de la protection du pape qui vous accueillera à bras ouverts. Vous entamerez une nouvelle vie, fort agréable, et n'aurez plus à vous soucier des épreuves. Avec la certitude que l'amitié et la loyauté ne sont pas toujours trahies.

Il faut que je sache, songe Jacques. *Pas pour me venger. À quoi bon ? Non, je tiens à savoir au nom de ma chère amie, Agnès Sorel. Je lui dois de découvrir qui lui a fait subir cela. Comment pourrais-je oublier sa fin épouvantable ? Comment oublier la mort de Macée, la ruine de ma famille et de mes associés ? Qu'on m'a arraché tout ce que j'avais patiemment construit ?*

– Je tiens à savoir, Monseigneur. Savoir qui est l'auteur de cette dénonciation calomnieuse, qui m'a trahi en soufflant ces odieux mensonges au roi. Je repense sans cesse au procès de Jeanne d'Arc : personne n'a pris la défense de cette pauvre innocente, sauf votre valeureuse mère, mais son intervention tardive a malheureusement échoué. Si elles avaient été en vie, la reine Yolande et Agnès m'auraient soutenu et le roi les aurait écoutées.

– Mon cher Jacquet, répondez-moi en toute franchise : Pierre de Brézé a-t-il jamais figuré sur votre liste de suspects ?

Cette révélation atteint Jacques comme un coup de poing à l'estomac. Il en reste sonné, le souffle coupé.

– Majesté, c'est… c'est insensé ! Pierre est un ami. Lui et Agnès étaient très proches, elle le tenait en haute estime. Il était l'un des protégés de votre mère qui avait pleinement confiance en lui. Vous êtes tous liés depuis vos jeunes années, le roi et Jean Dunois aussi. Pierre a toujours été dévoué à votre mère. Il a déployé son courage sur les champs de bataille au service du roi. Votre père l'avait repéré et ses qualités lui ont permis d'avoir toujours eu sa place dans le cercle des fidèles soutiens de votre famille. Votre suggestion ne tient pas debout !

– Je n'affirme pas qu'il a empoisonné la dame de Beauté, pas pour l'instant. Je dis en revanche qu'il avait intérêt à l'écarter, ainsi que vous, du fait de votre proximité avec le roi.

– Quoi ? Comment pouvez-vous supposer une chose pareille ? Pierre n'aurait jamais agi sans l'accord du roi, or Charles adorait Agnès. Non, je ne puis y croire. Vous faites erreur, Monseigneur, assurément.

– C'est ce que Pierre faisait croire, objecte René d'un air grave. Il avait su convaincre Agnès et tout le monde de sa fidélité envers le roi. Mais j'ai la preuve que le protégé de ma mère, celui en qui Agnès et vous aviez tant confiance, agit de concert avec le dauphin.

Encore une fois, Jacques prend un coup sur la tête. Pierre de Brézé, complice du dauphin !

– Mais Louis et Pierre sont les pires ennemis ! Pierre a été nommé au Conseil du roi, une place dont le dauphin estimait qu'elle lui revenait de droit. Pierre a proposé que j'en fasse également partie, plutôt que le dauphin, et cela n'a fait qu'ajouter au ressentiment de celui-ci. Louis jalouse Pierre qui a droit aux bonnes grâces du roi, et pour d'autres motifs encore.

Agité, Jacques bondit de son siège et se met à faire les cent pas.

– Leur opposition n'a duré qu'un temps, affirme René. Ils n'ont pas tardé à comprendre qu'ils avaient besoin l'un de l'autre, davantage que de vous. On a donc songé à se débarrasser de votre personne. Un autre serait nommé grand argentier et votre fortune reviendrait au roi. Pierre s'assurait ainsi la complicité du dauphin, et donc sa reconnaissance. Notre grand sénéchal a conçu un plan complexe et dangereux.

Jacques ne sait plus quoi penser. Malgré quelques réticences passagères, il a toujours eu pleinement confiance en Pierre de Brézé, comme en personne d'autre à la cour. Les paroles de René le plongent dans la confusion. Peut-être que les longs mois de captivité dans une cellule sombre et humide ont entamé ses capacités d'analyse. Comment se fait-il que Pierre n'ait figuré dans aucun des scénarios qu'il a imaginés durant ses trois années d'isolement ? Comme protégé de la reine Yolande, Pierre lui semblait au-dessus de tout soupçon. Mis à part quelques tractations avec le dauphin, dont Jacques a été tenu informé par ses espions, Pierre n'a jamais commis le moindre faux pas. L'animosité de Pierre envers le dauphin était-elle feinte, simple ruse ? Ou bien en sont-ils venus au même constat, que le roi devait être évincé ? Était-ce cela que dévoilait le courrier anonyme reçu par Agnès ?

René voit que son ami est perdu, que les pensées s'agitent dans sa tête, qu'il fouille dans sa mémoire à la recherche de mobiles et d'indices.

– Écoutez-moi, dit-il en prenant Jacques par l'épaule. Je vais vous expliquer.

Il le guide vers la terrasse où ils s'installent face au soleil couchant. Jacques songe qu'il doit avoir le teint bien pâle, pour que René l'oblige à boire un gobelet de vin.

– Pierre a commencé par écarter les membres du parti angevin qui étaient encore à la cour. Moi, j'avais déjà choisi de m'exiler en Provence pour y passer le restant de mes jours avec ma nouvelle épouse. Cette stratégie de Pierre était justifiée, les derniers Angevins ne songeaient qu'à défendre leurs propres intérêts, et j'y inclus mon frère Charles du Maine. Et puis, ils s'opposaient à l'excellente réforme militaire de Pierre. Celui-ci préconisait aussi des mesures pour moderniser l'agriculture et le commerce à travers le royaume. Votre position dominante de quasi-monopole rendait à peu près impossible toute concurrence. Du coup, les prix ne pouvaient pas baisser et demeuraient trop élevés. La classe moyenne, en pleine expansion, ne pouvait s'offrir les mêmes biens que la cour. Pierre a eu l'intelligence de nommer des bourgeois au Conseil du roi. Ils ont bien fait comprendre au monarque que votre situation de monopole présentait un sérieux problème. Dans un souci d'équité et d'efficacité, il fallait mettre un terme à votre monopole sur le commerce des produits précieux comme la laine, le cuir et les minerais. Mais tant que vous jouissiez de la protection d'Agnès et que celle-ci avait l'oreille du roi toutes les nuits, c'était impossible. Comme vous le savez, Pierre aussi était proche d'Agnès. Il entretenait cette relation dans l'espoir de la convaincre de ne plus vous soutenir.

Jacques n'en revient pas.

– Pourquoi Pierre n'a-t-il pas cherché à me mettre en garde ? balbutie-t-il. Il aurait pu me dire qu'il fallait laisser davantage de place à mes concurrents.

– Mon cher Jacquet, dit René avec empathie, auriez-vous tenu davantage compte de ses conseils que des miens à propos du luxe excessif de votre hôtel particulier ?

Jacques baisse la tête. Oui, René a raison. Aveuglé par son orgueil démesuré, il n'a pas perçu le danger.

– Vous avez raison, Monseigneur. Je ne l'aurais pas écouté. De toute façon, Pierre ne se serait jamais permis de me parler comme vous l'avez fait. Vous vous êtes exprimé en ami, vous n'en êtes pas moins roi et moi simple roturier. En raison de nos fonctions respectives, Pierre ne pouvait pas s'autoriser la même franchise.

Jacques écoute attentivement René lui décrire comment s'est effectué le rapprochement entre Pierre de Brézé et le dauphin.

– Sans dévoiler son jeu, Brézé a changé d'allégeance. Il a cessé de soutenir Agnès pour se mettre au service de Louis, l'un des plus farouches adversaires de la favorite.

Jacques n'arrive pas à comprendre ce revirement. Pierre a toujours œuvré pour le roi et ses intérêts. Pourquoi cette soudaine trahison ?

– En fait, Pierre a misé sur les deux camps, comme un banquier qui répartit les risques. Il a soigneusement échafaudé une stratégie. D'abord, il a convaincu Robert Poitevin qu'il était très inquiet pour la santé de la dame de Beauté et que la reine tenait à ce qu'il se rende à Loches. Pour convaincre la reine, il a souligné combien le roi serait affecté s'il arrivait quoi que ce soit à sa maîtresse. Il en tiendrait Marie pour responsable, si elle refusait de dépêcher son médecin auprès d'elle.

René s'empare d'une sucrerie et tend le plateau à Jacques. Celui-ci le prend distraitement et le pose.

– La cour qui se déplaçait vers le nord n'avait pas besoin de ses deux médecins, poursuit René, la bouche pleine. Pierre avait beau jeu d'expliquer à la reine qu'elle pourrait consulter celui du roi, si besoin. Ma sœur tient à ne pas encourir le déplaisir de son mari, et encore moins sa colère. Qui plus est, elle a confiance en Pierre et en son avis.

Jacques attrape son gobelet et René s'empresse de lui servir du vin, certain qu'il en a besoin.

– Étape suivante : Pierre rédige une lettre anonyme et la fait porter à Robert Poitevin par un page digne de confiance. Agnès s'est vu remettre à Loches deux autres missives par des fidèles de Brézé. Comme l'information provenait de trois sources distinctes, Agnès a été convaincue que le roi était en danger et a décidé de le rejoindre. Pierre la connaissait très bien, il savait qu'elle entreprendrait ce voyage risqué, même au péril de sa vie. Pierre a aussi confié à Poitevin un remède contenant du poison, en prétextant que cela venait de vous.

René se déplace sur la terrasse en même temps qu'il parle, mais Jacques reste comme pétrifié sur son siège.

– Il lui a confié le poison ? dit-il, incrédule. Mais, et si Agnès n'était pas partie pour retrouver le roi ?

– On aurait continué à livrer le remède à Loches, où le poison aurait lentement fait son œuvre. Un plan d'une simplicité diabolique.

– En effet. Quand j'ai vu Agnès à Jumièges, j'ai été surpris qu'elle me remercie pour ce remède, alors que je n'avais rien envoyé. Comme nous étions tous très inquiets pour son état de santé, je me suis dit que quelqu'un avait fait une confusion. Le docteur Poitevin était tellement épuisé qu'il s'est fait remplacer à son chevet par une religieuse. Était-elle aussi du complot ? De toute manière, il était trop tard.

René poursuit son récit sans tenir compte de l'interruption de Jacques :

– Poitevin et Marie étaient donc persuadés d'agir pour le bien d'Agnès, et les lettres ont eu l'effet escompté. Pierre pouvait espérer qu'Agnès meure durant le trajet, sinon le poison ferait l'affaire. Robert Poitevin a été du périple cauchemardesque, pour ne point déplaire à la reine et au roi, et lui-même a failli y rester.

Le pauvre Jacques perd pied.

– Mais pourquoi Pierre s'en serait-il pris à cette douce femme ? Quel a pu être son mobile ? Dire que cette chère Agnès s'est rendue pour lui à Paris et a pris de gros risques en prenant sa défense !

– Il est des gens, mon cher Jacques, qui privilégient le politique plutôt que la gratitude. Ils sont focalisés sur des idéaux plus nobles.

– Comme quoi ? s'indigne Jacques. Le meurtre ?

– Non, répond calmement René. L'intérêt du royaume. Agnès se mêlait trop de politique. Je ne doute pas qu'elle pensait agir pour le bien du roi. Ce n'était pas par ambition personnelle.

– Je n'avais pas idée, murmure Jacques.

– Oui, elle intervenait sans cesse, et vous n'étiez pas toujours présent. Pour être franc, je n'ai jamais pensé que les avis des uns et des autres avaient la moindre influence sur Charles. Cependant, comme Agnès était omniprésente au Conseil et s'y exprimait avec une certaine assurance, certains des membres supposaient qu'elle donnait le point de vue du roi en son absence. Peut-être était-ce effectivement le cas, mais cela commençait à inquiéter notre grand sénéchal. Les succès militaires suscitaient une certaine complaisance chez le roi, tandis qu'Agnès prenait goût à son pouvoir grandissant. Après tout, celle-ci avait été formée par ma mère, qui elle aussi avait exercé un rôle influent. N'a-t-elle pas laissé entendre à sa protégée que sa mission était de peser sur les décisions du Conseil ?

Jacques commence à comprendre, comme si le jour se levait enfin ou qu'on lui avait retiré le foulard qu'il avait devant les yeux. La lumière surgit grâce à la logique de René.

– Plusieurs fois, après avoir passé la nuit avec Agnès, le roi est revenu sur des décisions prises en accord avec Pierre.

C'est la vérité, Jacques avait eu vent de rumeurs sur Agnès à qui l'on reprochait ses interventions.

– Mais la plus forte raison que Pierre avait d'écarter Agnès, c'était le dauphin.

Bien sûr, songe Jacques. *Cela ne fait pas de doute. Le dauphin haïssait la favorite et celle-ci le redoutait. Jamais elle n'aurait permis que le roi autorise son fils à revenir en France, certaine qu'il voulait sa mort. Je n'oublierai jamais le jour où Louis l'a violemment giflée devant son père et toute la cour. C'est bien la preuve qu'il ne craignait nullement d'affronter son père à ce sujet.*

– Pierre menait des tractations secrètes avec le dauphin, comme vous le savez. Il voulait que le dauphin revienne à la cour et siège au Conseil. Voilà qui me semblait un objectif raisonnable et le roi n'y était pas si opposé que vous pourriez le supposer. Il tenait à se réconcilier avec son fils car il savait que celui-ci devait apprendre à régner. À cinquante ans, Charles était conscient qu'il ne lui restait pas dix années à vivre. Il lui semblait souhaitable pour le royaume de préparer son successeur. Mais dès qu'il en faisait part à Agnès, celle-ci ne voulait rien entendre, par crainte pour le roi et aussi pour elle-même. On ne peut dire qu'elle ait eu tort. Le dauphin ne chercherait sans doute pas à éliminer le roi, mais elle si. Donc, aux yeux d'Agnès, Louis ne pouvait être autorisé à quitter le Dauphiné. Toutefois, Pierre se souciait de servir la Couronne et non la favorite. Si le choix était entre Agnès et le bien du royaume, sans compter ses propres intérêts, ce n'était pas compliqué de trancher.

Plus René s'exprime et plus Jacques sent le sol se dérober sous ses pieds.

– Le propre avenir de Pierre n'est pas un facteur négligeable, enchaîne René. Il savait que Louis, une fois roi, renouvellerait entièrement le Conseil. Le dauphin ne s'en est jamais caché. Si Pierre parvenait à vous faire porter le chapeau pour la mort d'Agnès, Jacquet, il aurait de bonnes chances d'entrer au gouvernement, après un certain temps. Ils ont dû convenir qu'un délai raisonnable était nécessaire pour qu'on ne les soupçonne pas d'avoir été complices d'entrée de jeu. Après tout, Pierre a mené la riposte contre la rébellion du dauphin. Il serait donc rappelé, au moment voulu. Et reconnaissons à Pierre qu'il n'est pas motivé par sa seule ambition. Il dispose de réelles qualités pour exercer le pouvoir. Qui plus est, pouvant menacer le dauphin de dénoncer ses agissements, il n'avait pas à craindre que Louis ne se dédise.

C'en est trop… songe Jacques. *Mon univers s'écroule. Moi qui me suis toujours cru un bon juge du caractère des hommes… Cela dit, je suis persuadé d'avoir eu raison au début sur le compte de Pierre. Il a dû beaucoup changer après la mort de sa protectrice, la reine Yolande.*

– En aidant le dauphin à se débarrasser de la favorite, Pierre s'assurait un bel avenir politique, et sans qu'on puisse l'accuser de quoi que ce soit. Il prévoyait sans doute de tout dévoiler à Louis seulement après son accession au trône, pour ne pas se mettre à sa merci.

– Bien sûr ! Le docteur Poitevin faisait-il partie de la conspiration ? J'imagine que non. Peut-être a-t-il tué Agnès à son insu, en lui donnant du vif-argent. Vous savez certainement que c'est Antoinette qui lui a administré la dernière et très forte dose. Il y a des témoins. Pensait-elle sauver sa cousine ? Ou bien était-elle aussi de la conspiration ?

Jacques ne serait pas surpris d'apprendre cela sur la belle et retorse Antoinette. René boit une gorgée de vin.

– Agnès étant écartée, on pouvait prévoir qu'Antoinette prendrait sa place, ce qui s'est effectivement produit, et rapidement.

– Oui, j'en ai été informé dans ma cellule. Mais Louis et Pierre ne comptaient tout de même pas rallier la nouvelle maîtresse à leur projet pour la France ? Je ne peux y croire. Ils n'auraient pas couru le risque de se dévoiler à Antoinette et à son mari vénal, André de Villequier.

René vient s'asseoir à côté de Jacques, son gobelet à la main.

– Vous n'êtes pas au bout de vos surprises, mon pauvre Jacquet. Pierre a incité son épouse, l'innocente Jeanne, à quitter Rouen pour se rendre au chevet de sa pauvre amie à Jumièges. Il lui a glissé à l'oreille que, selon vous, Agnès aurait une chance de guérir si seulement Poitevin acceptait de fortement augmenter la dose de remède. Jeanne de Brézé, fidèle amie de la dame de Beauté, a donc persuadé Antoinette de lui donner davantage du vif-argent que vous aviez procuré. Vous n'y étiez pour rien, naturellement, mais Pierre l'avait affirmé à sa femme qui lui faisait entièrement confiance. Il s'est lamenté que Poitevin n'en fasse qu'à sa tête, alors que seule une forte dose était susceptible d'avoir l'effet désiré. Le plan était clair : tenter le tout pour le tout en employant une substance plus concentrée et en grande quantité, en vous désignant comme l'inspirateur de cet ultime recours. Antoinette est loin d'être une idiote, elle devait bien se douter que cela ne risquait pas de fonctionner, sinon les médecins auraient déjà essayé. Mais, comme la suggestion venait de Jeanne et que celle-ci semblait très convaincue, Antoinette n'a pas trop hésité, se disant qu'elle pourrait toujours se défausser sur celle-ci au cas où ça tournerait mal. Qui sait, elle s'est peut-être même persuadée qu'elle abrégeait les souffrances de sa cousine. Car celle-ci souffrait le martyre, à n'en pas douter. Antoinette a eu l'idée d'administrer le remède par friction aux jambes, comme Poitevin lui avait expliqué avoir procédé avec la dauphine Marguerite. Je dois avouer que j'ai été tenté d'interroger Poitevin sur ce point. Qui lui a suggéré de tenter cette méthode avec la dauphine ? Qui irait critiquer la solution préconisée par le propre médecin de la reine, quand bien même la patiente serait décédée ? Pourtant, le doute est là dans mon esprit, persistant, qui me fait m'interroger sur ce Poitevin… Songez-y : il a mis au monde le dauphin, lequel sera roi un jour. Le dauphin haïssait sa première femme, ainsi que la favorite. Deux femmes qui sont mortes alors que Poitevin les soignait. Lui seul a pratiqué leur autopsie. Cela pousse à s'interroger, non ?

René se remet à faire les cent pas, un gobelet de vin dans une main et une pâtisserie dans l'autre.

– Je suis triste pour Jeanne de Brézé, mais son mari aura su, avec la langue de velours qui est la sienne, la convaincre qu'elle a agi pour le mieux.

Accablé de ce qu'il entend, Jacques se sent mal. Toutes ces révélations lui donnent le tournis. Il a besoin de réfléchir. Dans les semaines à venir, il pourra y méditer à loisir. Toutefois, il semblerait que l'accablant récit ne soit pas terminé car René poursuit :

– Je pense que la dame de Beauté serait morte quoi qu'il en soit, des suites de ses épouvantables couches, mais Pierre ne voulait rien laisser au hasard. Il a certainement assuré

Villequier qu'Antoinette serait généreusement récompensée du soin avec lequel elle administrait le remède miracle de Jacques Cœur à Agnès Sorel. La mort de son grand amour a causé un profond chagrin à Charles, et Pierre n'a eu guère de difficultés à le persuader de se consoler entre les bras de la cousine d'Agnès. Pierre a aussi veillé à dédommager Antoinette et continue de le faire. Chaque mois, j'apprends qu'un nouveau domaine d'Agnès lui a été attribué, ou à cette canaille de Villequier.

René se lève, arpente la terrasse et grignote quelques douceurs. Puis il pose une question qui ne manque pas de surprendre Jacques :

– Mon cher Jacquet, savez-vous qu'Agnès comptait de nombreux ennemis, non qu'ils fussent jaloux, mais parce qu'elle usait de son influence sur le roi pour lui faire adopter une politique très divergente de celle que préconisaient ses conseillers ?

Jacques est sidéré. Il a toujours cru que Charles, en monarque expérimenté, savait écouter mais prenait seul ses décisions. René soutient le contraire.

– Mon cher Jacquet, je pense que vous aussi étiez amoureux d'Agnès et que cela vous empêchait de la voir avec une parfaite lucidité. Charles agissait le plus souvent selon son bon vouloir, je vous l'accorde, mais nombreux étaient ceux qui soupçonnaient la favorite d'exercer une influence dans certains domaines, et dans un sens contestable. Je suis curieux de voir quel avenir politique a Pierre de Brézé, en qui ma mère fondait tant d'espoirs. Je sais que Charles VII n'a pas confiance en lui, mais il ne peut non plus se passer de lui. Je sais comment fonctionne le roi, je ne serais pas surpris qu'il nomme Pierre à un poste important, mais qui l'éloignerait de la cour. Grand sénéchal de Normandie, par exemple. Une promotion prestigieuse – aujourd'hui il est simplement capitaine de Rouen, sa ville natale. Ses talents de stratège militaire lui seront très utiles comme grand sénéchal de Normandie pour refouler les Anglais, mais il sera loin des châteaux où Charles choisira de mener la cour.

Une question brûle les lèvres du marchand, qu'il se résout enfin à poser :

– Mais dans quel but ? Qu'est-ce que Pierre avait à gagner de ce crime odieux ?

Jacques lui-même, en s'entendant prononcer ces mots, est saisi d'effroi.

– Ah, mon ami, je vois dans quelle détresse je vous ai plongé. Comme ma chère mère, vous peinez à accepter que vous ayez pu vous tromper sur le compte de quelqu'un. Laissez-moi vous expliquer : Pierre est un homme patient. Il a su gravir les échelons du pouvoir lentement et habilement. Je n'ai pas le souvenir qu'il ait jamais agi sur un coup de tête. Quand le dauphin accédera au trône, il écartera tous les hommes de son père. Il ne s'en cache pas. S'il conserve Pierre, on pourra y voir un signe. Charles est certainement informé, comme je le suis, des signaux que Pierre adresse au dauphin pour ménager l'avenir. Éliminer Agnès Sorel, voyez-vous plus grand gage de loyauté que Louis pourrait exiger de la part de Pierre ? Réfléchissez-y un instant, mon ami. Je n'ai pas votre intelligence, mais je sais lire dans le cœur des hommes, comme ma mère avant moi.

René remplit leurs gobelets et tend un plateau de viandes froides au marchand. Jacques est incapable d'avaler quoi que ce soit. Le désarroi lui étreint l'estomac.

– Agnès et vous représentiez un sérieux obstacle aux objectifs à long terme de Pierre. Il n'attend pas des gains matériels. Si votre chute lui avait profité de façon trop soudaine et remarquable, on l'aurait probablement soupçonné d'avoir tout tramé. Alors que, s'il n'en tirait aucun bénéfice immédiat, personne n'avait aucune raison de le soupçonner d'être impliqué dans le meurtre d'Agnès, ou dans votre disgrâce. Pierre misait sur votre exécution. Il n'avait pas prévu l'intervention du pape. Mais faites-moi confiance, Pierre de Brézé aura droit à sa récompense. Comptez-y.

– Comment ça ? Que sous-entendez-vous ? Vous savez quelque chose ?

Abasourdi, Jacques peine à s'exprimer de façon cohérente.

– J'imagine qu'il a passé un accord avec le dauphin. Quand Louis accédera au trône, Pierre sera le seul homme de son père à garder sa place au Conseil. Davantage pour le remercier de vous avoir écarté de la scène politique que d'avoir supprimé Agnès Sorel. Si le roi devait vous rembourser les sommes qui vous sont dues, ses coffres resteraient vides un certain temps. Charles vous a fourni des garanties, vu que vous-même avez dû emprunter pour financer l'effort de guerre. Le scandale aurait été de grande ampleur, surtout après l'hommage que vous a rendu le roi au siège de Rouen, et les banquiers étrangers auraient exigé qu'il vous rembourse en partie. Donc le dauphin craignait de retrouver les caisses vides. Votre éviction était la solution rêvée. Charles ne serait plus tenu de vous rembourser quoi que ce soit, car vous seul étiez titulaire des gages, pas les prêteurs étrangers. Bénéfice supplémentaire : il récolterait les dettes qui vous étaient dues en France. Croyez-moi, il ne s'en est pas privé, et peu lui importe de ruiner nombre de courtisans. Il a la loi pour lui.

– Je ne puis croire qu'il refuse d'honorer sa signature auprès des créditeurs étrangers, dit Jacques.

– C'est mal connaître Charles, mon cher Jacquet. Il préférerait faire la guerre aux Visconti ou aux Médicis plutôt que de leur verser un liard ! Sa puissante armée, victorieuse, qui plus est, est un argument de taille face à des cités italiennes moins bien loties.

René s'enflamme, tout à sa démonstration :

– La contrepartie ne s'arrête pas là, bien entendu. Pour que Pierre se charge de vous éliminer et agisse sur la base des allusions sibyllines faites au dauphin – « Monseigneur, je ne serais pas surpris que la favorite succombe à cette grossesse très difficile… » –, il y fallait une forte motivation. Personnellement, je vois bien Pierre exiger un mariage pour sceller leur alliance. Il n'a qu'un seul fils, Jacques, né en 1440, bien plus jeune que les sœurs de Louis et d'un rang trop inférieur pour épouser une princesse de sang royal. Je suis prêt à parier que Jacques de Brézé épousera l'une des trois filles illégitimes que Charles a eues avec Agnès Sorel. Elles sont jolies et bien éduquées. Nul doute que Charles les légitimera. Une démarche inhabituelle, mais nécessaire pour les marier. Il adorait leur mère et lui a refusé le droit de se marier, comme c'est d'ordinaire le cas pour les maîtresses royales. N'ayant pas de père légitime, elles sont la responsabilité du roi. Elles sont vraiment charmantes, je comprends que le dauphin les apprécie tant. Un tel mariage dépasserait les plus folles espérances d'un homme du rang de Pierre de Brézé. Cela ferait de lui le beau-frère du nouveau roi et un personnage tout-puissant. Comme je vous l'ai dit, Pierre est très patient et le dauphin aura besoin de son savoir-faire quand il accédera au trône.

Le pauvre Jacques en reste sans voix, accablé de la perfidie du stratagème conçu par Pierre de Brézé, à supposer que René ait raison, pour écarter ses deux proches amis. Touché de le voir aussi affecté, René lui prend la main.

– Mon cher ami… et je pense vous avoir prouvé mon amitié comme vous m'avez prodigué la vôtre au fil des années... il me peine d'avoir dû vous dévoiler ce que je pense être l'épouvantable vérité de cette dramatique histoire. Je sais que vous allez bientôt embarquer pour Rome, où une nouvelle vie vous attend. Je doute que vous reveniez jamais en France. Je vous en conjure, ne ressassez pas les faits que je viens de vous narrer. Oubliez tout cela, on ne peut plus rien y changer. Vous pouvez simplement avertir votre bienfaiteur le pape qu'il ne doit aucunement faire confiance au roi de France, ni à son successeur.

Chapitre 31

La semaine suivante, Jacques embarque sur son navire *La Belle Macée*, à destination de Pise puis de Rome. Avec sa prévenance coutumière, Jean de Villages n'a pas choisi cette galée au hasard. Ainsi, sa chère épouse l'accompagne en quelque sorte. Comme il contemple le rivage qui s'éloigne, le marchand mesure sa bonne fortune. Il dispose toujours d'un hôtel particulier à Marseille, d'un entrepôt et d'employés loyaux. Sous la protection de René, son négoce continuera à se développer. Une escorte de deux galées armées accompagne *La Belle Macée*. *Je suis libre !* songe Jacques. *Libre, sain et sauf !* Il ne cesse de se répéter ces paroles, comme une ritournelle. Serait-il devenu fou ? Non, c'est l'ivresse de la liberté. Grâce au soutien infaillible de ses proches et de ses amis, il a été sauvé. Sinon, il aurait lentement dépéri dans sa cellule à Poitiers, l'angoisse de la torture le minant autant que le froid et la solitude. Une mort à petit feu sur laquelle Charles VII misait certainement.

Avant d'embarquer, il a appris la triste nouvelle du décès de son ami le pape Nicolas V. Celui-ci a eu le temps de transmettre la consigne aux cardinaux que son successeur devrait continuer de soutenir le marchand Jacques Cœur. Dès son élection, Calixte III s'engage à respecter ce serment. Lui et la curie savent que Jacques n'a pas ménagé ses efforts au service de la papauté romaine.

Tous les associés de Jacques, de Bourges comme d'ailleurs en France, se sont réfugiés avec leur famille à Marseille, ainsi que son fils Jean et ses autres enfants. Tous sont du voyage.

Il est préférable de s'éloigner de la France. Les adieux à René ont été très émouvants. Le cœur lourd, René et Jacques savent qu'ils ne se reverront jamais. Le marchand ne peut pas envisager un retour tant que Charles VII est vivant et il semble peu probable que son fils Louis se montre plus clément à son égard. Jacques a remis à René l'anneau de Yolande que son fils Pierre lui avait rendu.

– Mon cher ami, voici une bague que feu le roi Charles VI avait offerte à votre mère. Grâce à ce bijou, elle pouvait avoir accès au monarque à tout instant. Yolande m'en avait fait le présent car elle estimait que je pourrais en avoir l'utilité. J'ai pensé qu'elle méritait d'être portée par mon fils, archevêque de Bourges. Maintenant, le moment est venu qu'elle soit rendue au fils de Yolande.

Jacques glisse l'anneau doré, serti d'un magnifique saphir sur lequel est gravé le sceau royal, à l'annulaire gauche de René et les deux amis, le prince et le marchand, s'étreignent une dernière fois.

Le trajet se déroule sans encombre. Nous sommes au printemps 1455. Jacques apprécie la douceur de la saison, qui marque aussi sa propre renaissance. Il ne craint plus rien. Si d'aventure ils essuyaient une tempête, il braverait la pluie battante et hurlerait son bonheur face à la mer démontée. *Je suis libre !*

Mais non, le temps est clément. Un bon vent gonfle les voiles, sans que la mer soit agitée. Jacques se tient à la proue et repense à sa conversation avec René. Il n'a pas fini de digérer la stupeur et les surprises désagréables. Tout bien soupesé, René a certainement raison. Et Jacques est décidé à suivre le conseil de son ami : tirer un trait. *Je suis trop las pour me venger.*

Après Pise, on longe la côte jusqu'à Ostie, le port de Rome. Une délégation de conseillers du pape est venue à leur rencontre. On explique à Jacques quelle est la situation politique en Italie. Le trajet à cheval vers Rome est agréable, on leur réserve un accueil magnifique dans la Cité éternelle. Le nouveau pape s'est déplacé en personne, vêtu de blanc, entouré des cardinaux en rouge et des évêques en violet. Jacques met pied à terre et s'incline très bas. À sa grande surprise, le Saint-Père descend de sa litière et s'avance vers lui, les bras écartés.

– Soyez le bienvenu à Rome, mon cher Jacques Cœur ! Vous êtes l'ami de l'Église et de toute la chrétienté. Ému, Jacques baise l'anneau papal et essuie les larmes qui lui viennent aux yeux.

– Sachez que mon prédécesseur Nicolas V, poursuit Calixte, aurait aimé être encore là pour vous recevoir. Dans son dernier souffle, il a enjoint aux cardinaux de ne jamais oublier la dette que nous avons envers vous. Je renouvelle ici son engagement de vous prendre sous notre protection. Vous, votre famille et vos employés serez toujours les bienvenus au Vatican et dans les États pontificaux.

Le marchand de Bourges et ses proches prennent leurs quartiers au palais Farnèse mis à leur disposition. Au bout de quinze jours, on s'y sent à l'aise et un peu comme chez soi. Il y a des fleurs un peu partout, des tapisseries et du mobilier sont arrivés de Marseille. Jacques est pressé que le reste de ses affaires soit là, ainsi que d'autres parents et fidèles seconds qui ont fui la France de Charles VII. Il sent que sa santé est revenue. Il a l'énergie de redémarrer une nouvelle vie. Son seul regret est de ne pas avoir Macée à ses côtés. Elle lui manque tant, son soutien silencieux et serein. La galée qui porte son nom est solide et fiable comme elle. Jacques se dit qu'elle doit veiller sur lui, là-haut.

Des marchands et des banquiers de son réseau lui ont fait parvenir des messages d'amitié. Jacques n'est pas inquiet pour l'avenir. Il dispose de fonds suffisants et de lignes de crédit en dehors de France. Sa flotte est intacte. Sa famille peut s'installer sans crainte à Rome, de même que ses fidèles employés. Jacques décide d'oublier le passé, même s'il ne pardonnera jamais sa trahison à Charles VII. Les nombreux soutiens loyaux ont effacé le sentiment d'injustice.

Une année s'écoule. Jacques Cœur est heureux à Rome, entouré de ses proches. Le négoce se développe comme il l'espérait. Il continue à travailler avec le Levant et approvisionne en marchandises ses agents basés à Marseille. Dans le monde du commerce, on estime que Jacques a été injustement calomnié par le roi et par ses juges, et qu'on lui a infligé une peine très excessive pour les irrégularités financières qui lui étaient reprochées. La France ne lui manque pas. Seule Macée lui manque, ainsi que la vie de famille, et la respectabilité qu'il avait conquise par une vie d'honnête labeur. La traîtrise est souvent la norme, surtout dans les affaires, mais Jacques a le plus souvent été récompensé de la confiance qu'il accordait. La reine Yolande se moquait souvent de sa croyance aveugle en la noblesse d'âme des chevaliers. Par loyauté féodale, il avait toujours cru en son roi.

Pourquoi n'ai-je pas su tirer la leçon alors que j'ai pu, en de nombreuses occasions, voir la part sombre de Charles et l'iniquité des courtisans ? S'il était capable de trahir Jeanne d'Arc, elle qui s'était tant dévouée pour lui et pour le royaume, pourquoi n'ai-je pas su voir qu'il pourrait m'abandonner moi aussi ? Bon, inutile de s'appesantir sur les trahisons. Les épreuves sont derrière moi. Je suis libre et j'ai trouvé une terre d'accueil. Une nouvelle vie s'ouvre à moi !

Épilogue

En 1453, la chrétienté subit la perte de Constantinople, conquise par les Ottomans. Le pape Nicolas V prévoyait d'organiser une nouvelle croisade pour libérer la capitale des chrétiens d'Orient. Son successeur, le Catalan Calixte III, n'est pas moins déterminé à contenir l'avancée de l'islam en Méditerranée. Il sollicite l'aide des monarques d'Europe, mais personne ne répond présent, sans doute car beaucoup de pays sont épuisés par des années de guerre. En 1456, c'est au tour de Belgrade de tomber aux mains des infidèles. Rome n'est plus si loin !

Jacques Cœur ne veut pas rester sans rien faire, il se met à la disposition du pape, ainsi que plusieurs de ses navires. Âgé de cinquante-six ans, le marchand est en pleine forme et enthousiaste à l'idée de partir en croisade. Il a toujours voulu défendre la chrétienté et en profitera pour rétablir les échanges commerciaux. Et puis, il nourrit le secret espoir qu'en soutenant le souverain pontife dans sa guerre sainte, il pourrait obtenir un pardon du roi, comme cela fut déjà le cas dans sa jeunesse.

La flotte pontificale, composée de seize galées dont trois appartiennent au marchand, lève l'ancre le 11 juin 1456. La traversée de la mer Égée se fait sans incident. L'île de Chios a été choisie comme base pour passer l'hiver. Une triste nouvelle parvient bientôt à Rome : peu après leur arrivée, Jacques Cœur est tombé gravement malade et est mort le 25 novembre. Peiné, le pape déclare un deuil d'une semaine pour honorer la mémoire de l'homme qui a sauvé la chrétienté. Dans son testament, rédigé avant de prendre la mer, Jacques exhorte ses proches et ses associés à poursuivre les activités de négoce, comme s'il était simplement parti en voyage. Il n'y a aucune tombe sur l'île de Chios où aurait été enterré Jacques Cœur, ni aucune trace de son passage dans les archives locales. On peut s'étonner que l'homme qui a mené une croisade pour le pape n'ait pas droit à un monument.

Il n'a laissé à Chios qu'une légende. Une nuit, Jacques Cœur quitta Chios en catimini, avec ses trois navires, et vogua vers Chypre. Il y épousa une dame du nom de Théodora, qui lui donna deux filles et rien que du bonheur.

Postface

Charles VII mourut en 1461 et son fils fut couronné sous le nom de Louis XI. Comme prévu, le nouveau roi se sépara de tous ceux qui avaient siégé au Conseil de son père. Même Pierre de Brézé, sans conteste le plus compétent des ministres, fut remercié. Il se retira dans sa ville de Rouen où il avait été nommé grand sénéchal de Normandie, un poste important dans la lutte contre les Anglais, mais loin du cœur du pouvoir. L'année suivante, son fils unique Jacques épousa Charlotte, la ravissante demi-sœur du roi, deuxième fille d'Agnès Sorel et de Charles VII. Leur fils fut baptisé Louis et le roi accepta d'être son parrain. En 1463, Pierre de Brézé fut de nouveau appelé à siéger au Conseil où il retrouva son ancien rôle de principal ministre. Par le mariage de son fils, il appartenait désormais à la famille royale. Un petit noble de Normandie ne pouvait pas rêver plus grand honneur.

Louis XI disculpa Jacques Cœur à titre posthume et rendit ses possessions et son honneur à sa famille. Il reconnut que le grand argentier de son père était innocent et avait été injustement emprisonné. L'on décréta qu'Agnès Sorel avait succombé à la fièvre puerpérale après avoir mis au monde un fœtus mort-né.

En septembre 2004, le tombeau d'Agnès Sorel à la collégiale de Loches fut ouvert. L'analyse toxicologique des cheveux révéla la présence de mercure à un taux mortel. Il fut prouvé que le poison avait été ingurgité soixante-dix-huit heures avant le décès, survenu le 9 février 1450. Agnès Sorel avait vingt-huit ans.

Note de l'auteur

Vif-Argent est le troisième volet de ma trilogie angevine, la fresque historique qui m'absorbe depuis neuf ans. Tout est véridique, aussi bien les personnages que les principaux faits. Quant aux dialogues, détails sur l'habillement ou le mobilier, descriptions de valets et même d'animaux de compagnie, je me suis inspirée de la réalité de l'époque, sans pour autant m'en tenir aux seules sources précises. J'ai laissé libre cours à mon imagination pour le décor, mais jamais pour le principal, si ce n'est dans les dernières pages du roman où je me permets de suggérer la solution du meurtre d'Agnès Sorel, maintenant que la thèse du crime est avérée.

Quelle ne fut pas ma stupeur, alors que j'achevais mes recherches sur les trois personnages principaux de ma trilogie – Yolande d'Aragon, Agnès Sorel et Jacques Cœur –, d'apprendre qu'un éminent anatomopathologiste venait de prouver qu'Agnès Sorel était morte d'une dose fatale de mercure, trop forte pour avoir été prise par inadvertance ! Je ne pouvais quand même pas achever ma biographie sur un *post-scriptum* ! Il semble à peu près établi que la favorite a été assassinée. Cinq cent cinquante ans plus tard, j'avais peu d'espoir de pouvoir démasquer le meurtrier ! Il me fallait prendre le parti de la fiction historique, pour que ma thèse, en plus d'être plausible, y trouve sa place.

Remerciements

Voilà bientôt dix ans que la France de la première moitié du XVe siècle m'accompagne au quotidien, occupe la moindre de mes pensées et habite jusqu'à mes rêves. Mon labeur a donné naissance à la trilogie angevine : *La Reine des quatre royaumes* (2014), *Agnès Sorel, maîtresse de Beauté* (2015) et maintenant *Jacques Cœur, le Vif-Argent* (2016), parus aux éditions Télémaque.

C'est à dessein que j'ai choisi de publier ces livres à une année d'intervalle, afin que les lecteurs peu familiers de la période puissent garder le fil de cette histoire. Après tout, l'action se déroule un siècle avant la découverte de l'Amérique et il est important de situer les événements dans leur contexte.

La trilogie angevine a été pour moi l'occasion de délaisser les essais historiques pour m'essayer à quelque chose de plus romanesque. Je venais d'achever mes recherches sur la période et sur mes personnages, quand un éminent anatomo-pathologiste français démontra – par des analyses toxicologiques de cheveux – que ma deuxième héroïne, Agnès Sorel, avait été empoisonnée. On avait toujours cru qu'elle était décédée des suites d'un accouchement difficile. Comment pouvais-je espérer, plus de cinq cent cinquante ans après les faits, découvrir l'identité du meurtrier, sans parler de prouver sa culpabilité ? Je me contente d'émettre une hypothèse, de proposer un scénario plausible, mais est-ce la vérité ?

Sans l'aide d'un certain nombre de spécialistes de la médecine médiévale et des poisons, jamais je n'aurais pu envisager d'essayer de résoudre l'énigme. J'ai su qu'il y avait eu meurtre grâce au docteur Philippe Charlier du service de médecine légale et d'anatomie / cytologie pathologiques de Paris. La presse française s'est largement fait l'écho des preuves qu'il a apportées. Je ne pouvais pas passer cela sous silence.

Je tiens à remercier Wayne Syme de la Royal Society of Medicine avec qui j'ai correspondu à propos de l'utilisation médicinale du mercure au XVe siècle. Pour chacun des personnages, je commence en général mes recherches par l'angle médical. C'est toujours riche d'enseignements. Paul Moynagh a démontré que le porphyre ne pouvait pas être la cause de la folie de Charles VI, père de Charles VII, qui est l'un des personnages centraux de ma trilogie, et je lui en suis reconnaissante.

Le professeur émérite Robert J. Knecht, grand spécialiste de la Renaissance française, m'a généreusement prodigué ses conseils et a répondu à mes nombreuses questions – qu'il en soit ici remercié. J'ai aussi une dette toute particulière envers le personnel de la London Library, qui m'a rendu bien des services avec une efficacité remarquable. Ma gratitude va également à Gonzague Saint Bris pour ses explications approfondies sur les mœurs à la cour de Charles VI et de Charles VII. Je remercie sincèrement la romancière Philippa Gregory qui m'a beaucoup appris sur l'art d'écrire un roman historique. J'espère un jour égaler son professionnalisme et son style éblouissant. Grâce au professeur Philip Bobbitt, j'ai pu comprendre la complexité du système monétaire de la France médiévale, ainsi que diverses questions militaires.

Les ouvrages de Michael Brown sur les jardins médiévaux et les plantes médicinales m'ont fourni de précieux renseignements. Il m'en a aussi beaucoup appris sur les usages autres qu'alimentaires du sucre et des légumes. Lente Roode a droit à toute mon admiration et à ma reconnaissance pour m'avoir éclairée sur les guépards qu'elle élève pour les relâcher dans la nature à Hoedspruit en Afrique du Sud. Mille mercis également au docteur Sheila Kate Maxwell, qui m'a été d'une aide précieuse au début, il y a presque dix ans, pour mes recherches sur les aspects les plus méconnus de la vie quotidienne en France au XVe siècle, notamment l'habillement, l'organisation du foyer, les rituels de la toilette et bien d'autres choses sur l'envers du décor. Je tiens à remercier Jane Baile pour son éclairage sur l'horticulture et la diffusion des plantes et des légumes à cette époque.

Il me faut aussi exprimer ma gratitude envers l'aimable José Baselga qui, avec son père professeur de médecine légale à Barcelone, m'a beaucoup appris sur l'utilisation des dérivés du mercure comme remède et poison. Je dois aussi beaucoup à Jill Hamilton, pour son aide fidèle et pertinente sur bien des sujets, et même sur la promotion de mes livres, sans parler de ses encouragements bienveillants et indéfectibles. Qu'elle soit ici remerciée de tout cœur pour le temps qu'elle m'a consacré alors qu'elle-même travaille à sa thèse.

Une fois encore, je tiens à remercier Jean-Charles de Ravenel grâce à qui j'ai pu éviter les pièges de la syntaxe française, et qui m'a éclairée sur la subtilité des titres nobiliaires et des patronymes. Lui et son épouse m'ont prodigué leur soutien enthousiaste durant mes retraites hivernales. J'hiberne pour écrire depuis plusieurs années, et ma très chère amie Sibilla Clark met à ma disposition un charmant cottage où je trouve le temps et la disponibilité nécessaires pour écrire. Sans son hospitalité, sa gentillesse et son soutien, je n'aurais peut-être pas trouvé le courage de mener à bout cette saga.

Plus près de moi, je veux remercier mon « orfèvre en mots » – mon mari si patient – ainsi que ma belle-fille Sophie Winkleman, qui a un vrai don pour le langage. Mes deux Freddy ont aussi droit à toute ma gratitude – mon fils et mon frère à qui ce roman est dédié conjointement. Mon fils banquier m'a aussi aidée à comprendre les fluctuations monétaires de l'époque.

Dans certains médias, il a été soutenu que j'écrivais des romans sur mes ancêtres. Cela pourrait paraître évident étant donné que je descends d'une grande partie des personnages de ces ouvrages, mais je n'ai appris ces liens de parenté qu'après coup, par des généalogistes qui m'en ont fait part. Contrairement à ma mère et à mon frère, je ne suis pas portée sur la généalogie, et j'ignore le plus souvent qui étaient mes lointains aïeux. Toutefois, il me faut une fois encore exprimer toute ma reconnaissance à l'incomparable généalogiste Leo van de Pas, qui m'a ouvert les yeux sur ces liens de parenté présents dans chacun des volumes de la trilogie angevine, ainsi que dans mes trois précédents ouvrages. Il m'a guidée à travers la complexité des arbres généalogiques – naissances légitimes ou naturelles, mariages et décès dont il est question dans cette saga. Sans son aide patiente, je n'aurais pu démêler bon nombre des liens familiaux enchevêtrés de cette histoire, d'autant que le même prénom était souvent donné de génération en génération.

La géographie est un autre domaine qui m'est peu familier. Il faut dire que les frontières et les allégeances ont souvent changé au sein des territoires où se déroule ma trilogie, au gré des guerres, des traités et des unions dynastiques. Là encore, mon frère Freddy m'a été d'un grand secours. Il a aussi évalué la durée d'un voyage à cheval dans la France médiévale, celle d'un trajet en bateau à voiles ou à rames… Il a dû tenir compte des marées, de l'état des routes, des bandes de maraudeurs qui écumaient les campagnes. Avec autant de paramètres, vous imaginez que les calculs concernant la vitesse de déplacement des individus, des groupes ou des armées dépassaient de loin mes compétences en mathématiques. Il ne s'agit nullement d'un détail mineur, car la rapidité de transmission des informations a eu une réelle incidence sur le cours de l'Histoire. Par exemple, si le courrier était parvenu à temps à Yolande, reine des quatre royaumes, Jeanne d'Arc aurait eu la vie sauve. Je peux toujours compter sur mon frère, de même que sur mon mari, qui supporte mes absences quand je me retire pour écrire et qui corrige mes erreurs de grammaire ! Je suis reconnaissante envers Susan Opie qui a accompli un travail éditorial de première qualité sur les trois volumes de la trilogie angevine.

Au cours de mes recherches, l'idée m'est venue, au vu de l'intérêt de Jacques Cœur pour les sociétés secrètes, qu'il pourrait s'agir des prémices de la franc-maçonnerie. J'ai tenté d'établir un lien avec les loges maçonniques du XVIIe siècle, avec l'aide précieuse de Robert Cooper, conservateur de la Grande Loge d'Écosse. Il n'existe aucune trace écrite, mais, s'agissant d'une organisation secrète, c'est dans l'ordre des choses.

Ma trilogie s'achève et il me faut quitter les personnages avec lesquels je vis depuis presque dix ans, et dont la plupart sont chers à mon cœur. Cette séparation m'est douloureuse et je dois maintenant les livrer au jugement d'autrui. J'espère que mes lecteurs se lieront d'amitié avec eux, comme ce fut le cas pour moi.

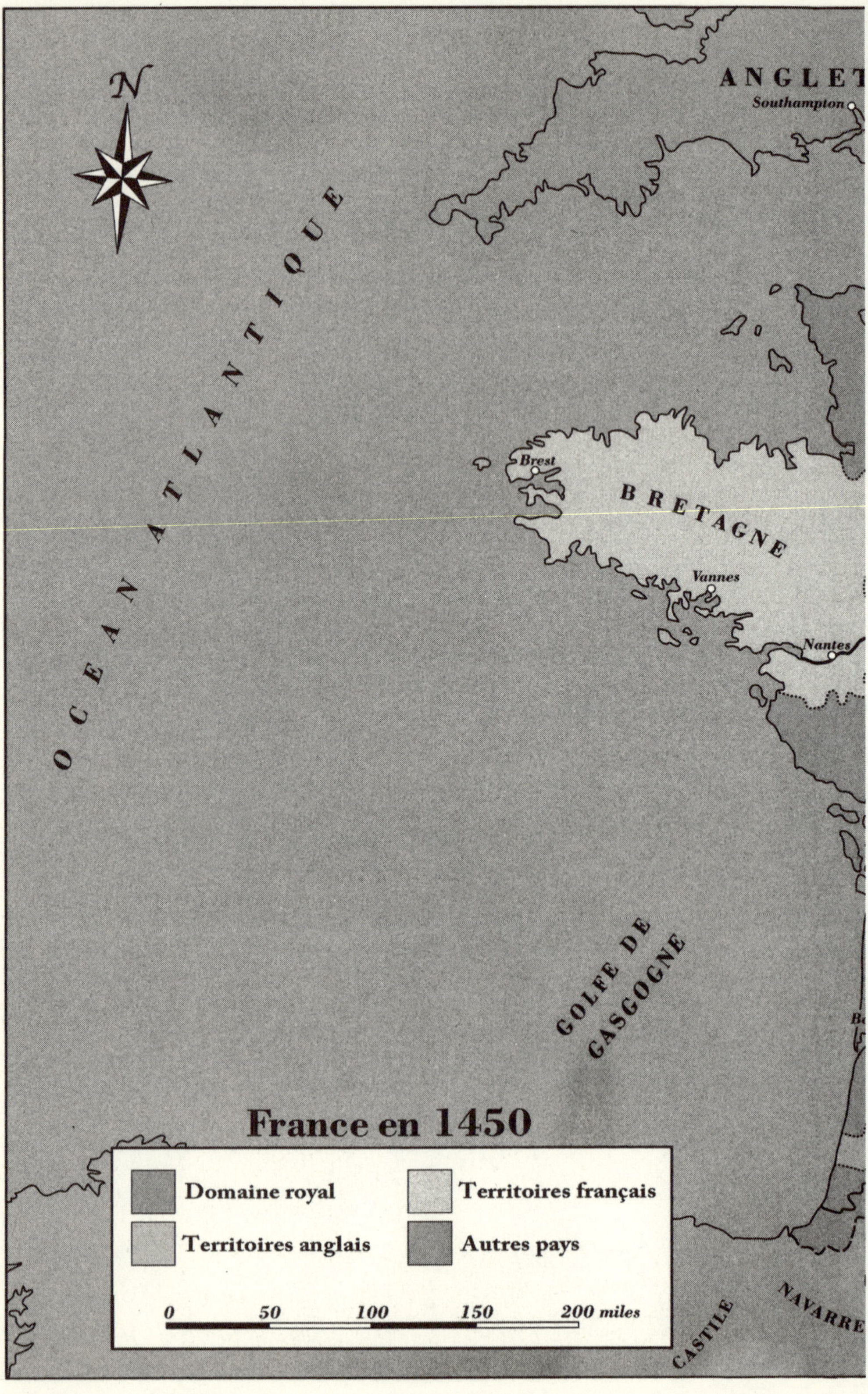
N
ANGLET
Southampton
OCEAN ATLANTIQUE
Brest
BRETAGNE
Vannes
Nantes
GOLFE DE GASGOGNE
France en 1450
Domaine royal
Territoires français
Territoires anglais
Autres pays
0
50
100
150
200 miles
CASTILE
NAVARRE

Londres
Canterbury
Douvres
ERRE
Calais
Bruges
Antwerp
FLANDRES
Ghent
BRABANT
Portsmouth
Boulogne
Azincourt
Crécy
Arras
Cambray
Somme
Guise
Meuse
Moselle
Luxembourg
Harfleur
Honfleur
Rouen
Seine
NORMANDIE
ÎLE-DE-
Senlis
Reims
Marne
Metz
Meaux
Châlons
PARIS
Vincennes
Marcoussis
Melun
FRANCE
Nancy
Vaucoulèurs
Domremy
LORRAINE
Chartres
Montereau
Troyes
Seine
MAINE
Patay
Orléans
Sarthe
ANJOU
Baugé
Blois
Gien
Auxerre
Cravant
Angers
Tours
Amboise
Dijon
Saône
Dôle
Loire
Saumur
Azay-le-Rideau
Mehun-sur-Yèvre
Loire
TOURAINE
Chinon
Loches
Bourges
Nevers
BOURGOGNE
BERRY
Chalon
Poitiers
Bourbon
Cher
POITOU
La Rochelle
Rhone
SAVOIE
Charente
Limoges
Clermont
Lyons
Angoulême
Périgeux
AUVERGNE
Dordogne
ondeaux
GUYENNE
DAUPHINÉ
Rhone
Cahors
Albret
Garonne
Avignon
Nimes
Beaucaire
Tarascon
ARMAGNAC
Arles
Montpellier
Aix
PROVENCE
GASCOGNE
Toulouse
Marseille
Toulon
Pau
Narbonne
BÉARN
Carcassonne
GOLFE DU LION
Perpignan
ARAGON

Cet ouvrage a été composé par IGS-CP
à L'Isle-d'Espagnac (16)
Achevé d'imprimé en septembre 2016
par Grafica Veneta S.p.A.
Dépôt légal : octobre 2016